刘东波 主编

南大日本学研究

第三卷

中国出版集团
中译出版社

图书在版编目（CIP）数据

南大日本学研究. 第三卷 / 刘东波主编. —北京：中译出版社，2024.6
ISBN 978-7-5001-8042-5

Ⅰ.①南… Ⅱ.①刘… Ⅲ.①日本—研究 Ⅳ.①K313.07

中国国家版本馆CIP数据核字（2024）第MD7549号

南大日本学研究（第三卷）
NANDA RIBENXUE YANJIU (DI-SAN JUAN)

出版发行 / 中译出版社
地　　址 / 北京市西城区新街口外大街28号普天德胜大厦主楼4层
电　　话 / (010) 68359827, 68359303（发行部）；68359725（编辑部）
邮　　编 / 100088
传　　真 / (010) 68357870
电子邮箱 / book@ctph.com.cn
网　　址 / http://www.ctph.com.cn

出 版 人 / 乔卫兵
总 策 划 / 刘永淳
出版统筹 / 杨光捷
责任编辑 / 范祥镇
文字编辑 / 王诗同
封面设计 / 冯　兴
排　　版 / 北京竹页文化传媒有限公司

印　　刷 / 北京中科印刷有限公司
经　　销 / 新华书店
规　　格 / 710毫米×1000毫米　1/16
字　　数 / 233千字
印　　张 / 20
版　　次 / 2024年6月第1版
印　　次 / 2024年6月第1次

ISBN 978-7-5001-8042-5　定价：79.00元

版权所有　侵权必究

中译出版社

本书编委会

主　编：刘东波

编　委（按姓氏笔画排列）：

王奕红　叶　琳　吕　斌　庄　倩　刘东波

李　斌　汪　平　汪闻君　郑墡谟　赵仲明

黄一丁　崔昌竻　彭　曦　雷国山

| 目 录 |

| 文 学 |

林芙美子战时作品中对真相的隐瞒与自我满足——以"南京"记述为中心　　童晓薇 003
上田秋成俳谐文学对中国文学作品的接受情况与特征　　胡文海　王玉婷 019
论《申报》中芥川龙之介文学的叙事　　谢银萍 037
村上春树《海边的卡夫卡》中的记忆建构　　孟 辰　段雨霖 058

| 思想文化 |

论我国古代的樱属植物认识
　　——兼论"中国无樱花论"的成因　　向 卿 077

| 历史学 |

日本平安宫朝仪正殿的"名""物"差异及其形成原因　　聂 宁 107
"津田飞鸿"与日本的近代国家形象　　黄 逸 122

| 法学 |

德日近代立宪主义思想的隔代"同频共振"　　洪 骥 139

| 语言学 |

日语访谈中体言结句的形态与功能探析　　卢 磊 161

| 翻译学 |

河上肇与《资本论》翻译及论争
　　——以"三种《资本论》邦译"为中心　　　　　　　　　　　徐　青　181

| 反战与和平 |

视角、结构与主线：《恶魔的饱食》叙事策略研究　　　　　　　吴佩军　201
战时太宰治文学的"爱国"书写
　　——以"船难者故事"为线索　　　　　　　　　　向志鹏　冉　秀　222
融入美国文化的败北与反思——《鸡尾酒会》中的美日同罪论　　孙延永　241
目取真俊《眼睛深处的森林》的因果叙事　　　　　　　　李　敏　胡　晴　254

| 融通论坛 |

山崎丰子《女系家族》中的"凝视策略"　　　　　　　　　　　韩亦男　269
从《宇津保物语》中的"琴"意象看平安时代
　　"国风文化"　　　　　　　　　　　　　　　　　　　　　　周　爽　288

| 书　评 |

跨学科和超领域教育实践的成果：
　　《表象文化：色彩》评述　　　　　　　　　　　　　　　　　梅定娥　305

【文学】

文　学

林芙美子战时作品中对真相的隐瞒与自我满足
——以"南京"记述为中心

深圳大学　童晓薇

【摘　要】1937—1938年，林芙美子作为从军作家先后两次来到南京。1937年底她进入惨遭大屠杀的南京城，却用笔呈现了一个一派祥和的城市，屏蔽了南京城的真实状况。9个月后，她作为第一批侵华"笔部队"陆军班成员再次来到中国战场，并因身体原因在南京休整。本文通过分析其执笔的战地报告《北岸部队》内容，深刻揭示了林芙美子作品的真实面貌。她用日记体的形式"记录"了这两周的生活琐事和个人随想。相比战场上的惊心动魄，这些记录琐碎、平淡，并无出奇之处，但她始终聚焦个人且片段化、情绪化的记述，实际上是碎片化了她所在的"南京"，再次遮掩了在战争中惨遭破坏与屠杀的南京的真实状况，使她的报告具有鲜明的对外对己的双重欺瞒性。在南京，她没有停下脚步反思，反而重振身体和身份的双重欲望，在协助侵略的道路上走得越来越远，具有不可推卸的战争罪责。

【关键词】林芙美子；南京；战争协助

一、林芙美子的《北岸部队》

　　1938年，林芙美子参加第一批"笔部队"①，作为陆军班唯一一位女性被派

---

① 1938年8月始日本军国政府征用一批批文人组建了为侵略战争摇旗呐喊的"笔部队"。更多信息请参照拙作《"笔部队"中的"两点红"：吉屋信子和林芙美子的小说与战地报告》，载《妇女研究论丛》2020年第1期，第110—120页。

到中国。当年 9 月 14 日,"笔部队"出发,海军班从羽田机场乘飞机到上海,陆军班则先坐火车到福冈,再从福冈飞往上海,10 月回国。

9 月 17 日,林芙美子开始了她震惊同行的单独行动。在上海,她脱离陆军班,先乘海军飞机飞往南京,再乘船到江西九江,参观九江前线并慰问了九江兵站医院后返回南京休整。10 月 17 日她再次飞往九江,乘坐小型运输船到达湖北武穴,从武穴与当地日军快速部队一起行军数日,27 日乘坐朝日新闻社的卡车进入汉口,实现了报道记者第一个进入汉口的"壮举"。《朝日新闻》(『朝日新聞』)打出大幅标题报道林芙美子的汉口从军之行,称她是"全日本女性的骄傲"[1]。

林芙美子一个月的中国战场行最终凝结为两部从军记:书信体的《战线》(『戦線』)和日记体的《北岸部队》(『北岸部隊』)。其中《北岸部队》在次年的 1939 年被全篇登载于《妇人公论》(『婦人公論』)新年特别号上,随即单行本也问世。《妇人公论》特意在林芙美子大作的标题旁配文赞美道:"热爱祖国,向士兵投注无限爱情的前所未有的大作诞生!女性灵魂捕捉战场人情的三百页大记录!"[2] 把《北岸部队》推到了林芙美子文学创作的一个新高度。在侵华战争和太平洋战争中,林芙美子都异常活跃,作为报社、杂志社特派员多次到中国以及东南亚战场从军慰问,留下了多部战地报告,她也被称为"报告报国的第一人"[3]。

《北岸部队》与《战线》虽然都是战地报告,但与以"记录"和"报道"为目的的纪实报告不同。两部报告中,林芙美子都延续了成名作《放浪记》(『放浪記』)的风格,继续聚焦于自己放浪的身体与内心,用大量笔墨书写了行军途中她个人化的情绪、感受,并频频使用"旅愁"二字来描述她的心境。高良留美子说:"《北岸部队》中还过剩地表现了作者内部——过往的'带刺的梦'、回

---

[1] 荒川とみよ『中国戦線はどう描かれていたか』、東京:岩波書店、2007 年、第 40 頁。
[2] 林芙美子『北岸部隊』、東京:中公文庫、2002 年、第 241 頁。
[3] 林芙美子『戦線』、東京:中央公論新社、2006 年、第 263 頁。

不去的不安、意义不明的绝望等等。让人感觉她是有意为《放浪记》的读者而写的，但事实上也正是这些表达使她的记录作为文学而成立。"①另一方面，《北岸部队》沿用了《放浪记》的日记体，这是林芙美子喜欢采用的创作方法。日记，首先是写给自己看的，是私人的，是真实心情的记录。但当日记由面向个人的"记录"变成对读者群意识的"书写"，虚构的创作就在所难免了。实际上《北岸部队》和《战线》是林芙美子从中国返回日本后根据自己另一本《汉口从军日记》(『漢口従軍日記』)改编而来的。菅聪子认为"公"与"私"构成林芙美子书写行为的二重性，"公"指"新闻记事"，"私"则指写日记。表面上二者都指向"真实"，但实际上采用日记的方式本身就是一种虚构。②换言之，虽然林芙美子试图用日记这种"私"行为来体现其战地报告书写"公"层面的"真实"，但她的视点始终是在"报告报国"框架下的自觉，"公"到底是"私"掩盖下的一种"虚构"。最终呈现的战地报告《北岸部队》在协助军方宣扬战争的正当化、在前线与后方之间搭建精神桥梁等方面发挥了重要作用。

二、1938 年初的南京

1937 年 12 月 31 至 1938 年 1 月 2 日，林芙美子作为每日新闻社特派员"视察"中国战场，在南京停留了三天。就在两周前，这个城市遭受了骇人听闻的大屠杀，屠城的正是她来慰问视察的日本军队。但林芙美子在随后的几篇战地随笔中对此只字未提。相反，她的笔下是一个安宁的南京。"玄武湖元旦景色一片祥和。来南京之前的路上满眼都是马和'支那人'的尸体，现在满眼是幸福的景色。站岗的哨兵生龙活虎，街上难民正在放鞭炮。"③对此，诸多研究者指出了林芙美子

---

① 岡野幸江など編『女たちの戦争責任』、東京：東京堂、2004 年、第 162 頁。
② 菅聰子「林芙美子『戦線』『北岸部隊』を読む」、『表現研究』92 号、2010 年。
③ 林芙美子「女性の南京一番乗り」、『サンデー毎日』、1938 年第 2 号、第 15 頁。

报告文本对事实的虚构和遮盖。川本三郎把林芙美子称作"不知道大屠杀的从军记者",认为"以现在的视点来看,人在南京街头,林芙美子的眼睛里却全然没有战争的现实,不免让人诧异"①。高山京子参照约翰·拉贝(John H. D. Rabe)的日记,指出1937年12月底到1938年1月,即便是南京安全区域仍常有日军暴行发生。强奸妇女,抢劫民宅,闯入女校劫掠女学生,抓走平民,城里有地方燃起大火,与林芙美子的报告落差非常大。其著作中提到"整体上看,林芙美子的南京视察相关文章未超出单纯的旅行记的范畴,且依赖主观,作为报告的价值极其低。"②曾婷婷等人的论文分析了林芙美子是如何通过系列置换手段建构了虚假信息并传递给日本民众,抹杀了当时日本民众获取南京大屠杀信息的可能性,并指出林芙美子女性文字中特有的细腻、哀婉、丰沛致使她所构建的南京空间变得有血有肉、真实生动,从而导致某些研究者忽略了虚假历史文本的危害。③

1937年12月31日,林芙美子与一班人马乘坐每日新闻社的卡车从上海出发经嘉定、无锡等地到达南京,在接下来的两天时间里,她乘坐小汽车在南京转了一圈,并在光华门前留下来了广为人知的照片。照片中的她头戴贝雷帽,上身着毛衣外套,下身着裙子,斜歪着身体,志得意满中透着些许妩媚。这本是她作为战争协助者真实的状态,从上海到南京的一路上,她反复讴歌日本军队的"英武",这种"自豪"不仅在南京光华门前,在南京期间都应该处于高潮。但她在相关战地报告中提到自己在南京的状态,却多次使用"痴呆状态"一词来形容。如在"静安寺路追忆"中写道:"我在南京坐车转了各种地方。一直是痴呆状态。"④也就是说"痴呆状态"不是偶发,而是在南京期间一直都有的。但她本人对这种状态没有解释。陈亚雪⑤的论文注意到这一点,认为"痴呆状态"

---

① 川本三郎『林芙美子の昭和』、東京:株式新書館、2003年、第236页。
② 高山京子『林芙美子とその時代』、東京:論創社、2010年、第153页。
③ 曾婷婷、周异夫:《国家认同路径下的虚假信息建构》,载《日本侵华南京大屠杀研究》2019年第3期。
④ 林芙美子『私の昆虫記』、東京:改造社、1938年、第18页。
⑤ 陳亜雪「林芙美子の南京視察旅行」、『要内海文化研究紀要』、2014年第42号、第13—30页。

是一种自我麻痹性痴呆，林芙美子在南京之所以始终处于这种状态，应该和真实残酷的"战场"给她造成的刺激有关，是一种精神苦闷的反映。这个分析是合理的。这也从一个侧面反映出当时的南京并非林芙美子笔下祥和的城市，而是一座惨遭冷酷屠杀的死城。但陈文把林芙美子协助战争原因只归咎于日本战时言论统制下个人的无奈和无力，并不全面和客观，否则很难解释为什么半年多后林芙美子又情绪高涨地加入"笔部队"陆军班。回日本后，林芙美子写了《到南京》(『南京まで』)等报告，内容虽然多见无常的悲观、缥缈的愁绪，但并未超越她一贯的写作风格。悲观、愁绪是她强调女性视角和个人情感的结果，而不是对战争和战场本身的反思。相反，她刻意强调自己作为女性在战场的独特性，在军国主义话语中处处彰显她的"在场"，是用女性视角对女性身体于帝国战略意义的自觉阐释。这一系列报告奠定了她后来的中国战地报告的风格。

1938 年初的南京是林芙美子个人欲望表达的城市，自此她开启了作为战争协助者的中国之旅。八个月后她作为侵华"笔部队"的一员再次来到中国，来到南京。

三、1938 年秋的南京

1938 年 9 月 17 日，林芙美子从上海乘坐海军军用飞机到达南京，9 月 19 日坐船去九江。因身体原因她临时决定返回南京休整。10 月 1 日她回到南京，17 日再次出发前往九江，前后在南京待了两周多的时间。《北岸部队》中她提到从上海飞南京虽只有一个小时旅程，看到的却是让人忍不住想吐的风景。俯瞰下的南京是一片混沌的湖沼地带，是阴暗潮湿的下界，简直像水果腐烂的部分。[1] 这与她九个月前第一次乘飞机到南京的感受大相径庭。那时旅程愉快，天

---

[1] 林芙美子『北岸部隊』、東京：中公文庫、2002 年、第 9 頁。

上有"美丽的白云，飞机平稳地在白云上飞翔"。这个变化耐人寻味。参照列斐伏尔（Henri Lefebvre）等人对文学空间的维度区分，其中精神维度空间，在文学叙事中又称作心理空间，是人内心、主观的空间，是人的情感和意识对外部世界染色、过滤、变形、编辑后所建立的空间。仅隔九个月，林芙美子对南京的空间印象发生了如此大的变化，或许反映出南京这个城市曾经发生的事情在她心里形成了巨大阴影。

在林芙美子将近两个月的从军历程中，南京是她滞留时间最长的城市，在南京的生活，却也是她惊心动魄的从军记中最为平淡无奇的一段。在这两周多的时间里，她生活悠闲，相关"记录"大多是日常琐事或个人随想，有时寥寥几句，有时笔墨颇多。表面上看，她在南京似乎从一名"从军作家"回归到了一个普通女性，南京仿佛是与她整个从军经历相割断的封闭的空间，但如果放在她整个战争协助的框架中，尤其是在与同时期其他作家的从军记相比较下，就会发现这些琐事记录中积蓄着她一贯的个人欲望，为粉饰侵略、协助战争发挥了同样重要的作用。

（一）身体的欲望

在南京日记中，林芙美子用笔较多的是她在南京的"吃"。若某一天实在乏善可陈，她也会写下：在××路××餐厅吃饭。尤其是10月1日回南京休整的两周，她经常去菜市场买菜，自己做饭，也和朋友出去用餐，使南京"日记"在《北岸部队》中呈现出特别的生活画面。例如佣人阿妈买来的芝麻蜜糖馅饼非常好吃，与红茶尤为相配。她常去太平路的大陆西餐馆喝咖啡，和友人去太平路上一家叫明湖春的中餐馆享用美食。明湖春开业于1919年5月，与洞庭春、鹿鸣春合称三春，是20世纪三十年代南京声名远播的名店。到南京的第二天她便去菜市场买菜，烤鸭一只只挂在摊上，看上去很美味，她买了一只鸭腿。鸭腿包在一张大大的荷叶里，叶子漏了，手上一股油乎乎的味道。她去得最多的是莫愁路的菜市场，并详细记录自己在菜市场买的菜，红辣椒、根芋、葱、猪肉……胃口不好，下点挂面，兴致来了，给门房的孩子带回一个烤红薯。并不厌其烦地记录了某天门房一家和佣人阿妈做的菜。

> 门房一家今天做了很有意思的饭菜，铁锅里倒油，倒入剥了壳的毛豆翻炒。待毛豆颜色变黄，盛到碗里，锅里再加油，油烧开，加水，水开后，把毛豆倒入，豆腐切小块放入。只用盐和酱油调味。煮好盖浇在冷饭上吃。门房一家扒拉着饭，一边说好吃好吃。佣人阿妈做的菜是这样的：打三个鸭蛋在容器里，打散，下锅做十张鸭蛋皮，包入猪肉馅，做成蛋饺。锅里热油，加盐、酱油和辣椒煮蛋饺。①

"吃"对林芙美子具有重要意义。在成名作《放浪记》中，因为贫穷，女主人公不得不经常忍饥挨饿。为了生活，她的身体要么是换取金钱的工具，要么是换取金钱的商品，只有在大快朵颐地吃或享受性的快感时，她的身体才还原成她的本体，重新成为身体本身，欲望得以重新生发，并刺激她的灵魂。她嘟囔"从早干到晚，每天也只能拿到六角钱的报酬。……这样一个女人窝里窝囊地活着，不如早点儿死了的好"，但当她"在热腾腾的米饭上，盖浇上昨晚的秋刀鱼"，大口地往嘴里扒着饭，立刻又觉得"活着也并不全是糟糕事儿"②。和朋友难得在西餐馆里，"领略着久违的肉香，愉快地食用油腻滑润的西餐"，她不禁感觉到一阵眩晕。狼吞虎咽后，不仅身体恢复了生机，"我们的思想开始萌生出绿芽"③。当她饥饿难耐，家里却只有剩下的白菜，连米饭都没有时，闻着隔壁传来的烤秋刀鱼的香味，她"悲伤且愤恨地咀嚼着两个单词：食欲和性欲！"④

---

① 以下所有来自《北岸部队》的引用均由笔者翻译，不再一一注明页数。
② 林芙美子:《放浪记》，魏大海译，上海：复旦大学出版社，2011年，第31页。
③ 同上书，第59页。
④ 同上书，第121页。

经历过饥饿和贫穷，食欲对林芙美子来说不是单纯的生理需求，而是与性欲一样，是从身体的欲望生发出的精神欲望，是渴望摆脱贫穷、出人头地、被人尊重的主体欲望。正是这种本能欲望的吸引，林芙美子从一个在社会底层挣扎的文艺女青年成为流行女作家，又在战争期间成为成功吸引了社会关注的战争协助者。当她在从军途中遭遇困境（身体不适）决定返回南京休整，"吃"便成为头等大事。

但食欲与饥饿感不同。后者是由于长时期缺少食物而产生的生理上的感觉，食欲则是对自己心中某种美味的食物保留向往。在南京的林芙美子早已摆脱了饥饿的日子，作为一个受人关注的从军女作家，她的欲望不断上升，已不能满足跟随陆军班指挥，做一个循规蹈矩的从军作家，而是要真正置身于男性荷尔蒙散发的"战场"上实现女性身体的主体性，创造此次从军的个人神话。她虽然喜欢南京的美食，但不是什么食物都可以让她有食欲的。对南京底层百姓的家常饭菜，她与之拉开距离，只是投以旁观者的猎奇视线。

林芙美子借住的朝日新闻社南京分社长所住的别墅门房一家单独开伙吃饭，毛豆豆腐羹里没有任何肉片增味，只用了盐和酱油，煮好后浇在冷饭上吃，可见其生活水平的低下。佣人阿妈做的菜是给主人享用的，档次明显高了很多，成品看上去也很好吃的样子。"但看到佣人油乎乎脏兮兮的手，实在没有吃的欲望。"林芙美子说道。那晚她自己单做了猪肉寿喜烧。

在对"吃"的记述中，林芙美子偶尔会提到食物的价格。例如佣人阿妈买来的芝麻白糖馅饼四个10钱，一只鸭腿20钱，一个月饼10钱。这里的钱指的是军票的面值，即日本在沦陷区发行的"军用手票"。在买鸭腿时，林芙美子递过20钱军票，卖鸭子的大爷嘴里"说着好、好，笑嘻嘻地接了过去"。军票最初是为实现军需物资调配的一种暂时性措施，1938年8月后，日本政府在中国华东、华中等地区强行推行军票，赋予军票一般通货的职能，成为日本掠夺沦陷区经济资源、削弱中国抗战财政的重要手段。一般商人、小贩、老百姓为了谋生，只能被迫使用日军发放的这种既不规范又缺乏信用的军票。林芙美子不会中文，卖鸭子的大爷很容易判断出她是日本人，面带笑容接过军票恐怕是唯一的选择。她片段化的描述让读者只看到一个对现状颇为满意的南京商贩。

林芙美子对自己在南京"吃"的记述，文字简略平淡，极具烟火气，容易获得读者的亲近。特别是她对自己"买菜做饭"的强调，无疑容易得到女性的好感和认同，而她战地报告的一个重要作用就是搭建日本国内女性与前线士兵之间在精神上的联结。身为日本人兼名作家，她在南京身份优越，生活悠然，买菜吃饭常去的莫愁路和太平路，本就是南京城内商业相对繁华的区域，是当时日本人常去的地方，并不能反映南京市民特别是下层百姓生活的真实情况。约翰·拉贝在1938年1月25日的日记中记录了一个中国苦力干了一天活回到家中，一家人的晚餐只有稀粥。魏特琳在同年11月8日则记录了那些毫无经济收入的穷苦市民因无钱购买粮食和燃料，冒险出城拾荻割草或被迫砍树，换取微薄的报酬。[1]但林芙美子对南京的观察始终聚焦于狭窄的个人生活，局限甚至是封锁了读者的视野。

9月17日林芙美子从上海到南京，借住在朝日新闻社南京分社长田中的宅邸。另一位作家杉山平助也正好借住于此。早上，与林芙美子、田中一起吃早餐喝咖啡，杉山感慨道：这让他觉得那个曾是"战祸"中心的南京，现在仍然离"战祸"不远的南京"非常不真实"，因而于心不安[2]。而林芙美子恰恰用聚焦个人生活的方式传递了一个她"所在"的南京，而不是中国人"所在"的南京。

实际上南京沦陷后，经济秩序混乱不堪，一度陷入停滞。张福运在其论文中提到"经商成为很多人唯一的谋生手段。起初商业活动以街头叫卖为主，活动地点主要在'安全区'的上海路和莫愁路。所售商品囊括了'你所能想象的各种赃

---

[1] 李沛霖、经盛鸿：《沦陷时期南京的人口变迁和市民生活》，载《南京社会科学》2014年第10期，第149—150页。

[2] 杉山平助『揚子江艦隊従軍記』、東京：第一出版社、1938年、第74頁。

物'","出售赃物的摊点旁边不久'便冒出了许多新的茶馆和饭店'（略）1938年底，太平路商业区开始重现昔日的繁华。'大部分正在出售日本货'"①。莫愁路一带做的也多是日本人的生意。林芙美子提到莫愁路上有很多卖古董的。10月11日，她和另一位从军作家瀧井孝作去莫愁路淘古董，她买了一方小端砚，瀧井则在一个卖古董的年轻人招呼下买了一个盘子和一个石头印章。她去太平路的咖啡馆，女招待用日语招呼她："欢迎光临！"可见当时南京所谓繁华地区的经济复苏是以日本人为中心的。杉山平助走在南京街头，看到往来年轻女孩大多昂首阔步的姿态，"被第一印象欺骗，以为南京有了很大恢复"，很快他便发现这些女性不过是寄生于日本人在谋生活，因此感叹："南京依然只有日本人是活着的。"②

为恢复南京的经济秩序，日本侵略者利用南京底层人民的求生本能，用强制手段恢复了部分区域的"和平与繁荣"。1937年12月13日，日军占领南京后，"随即操纵汉奸成立伪南京自治委员会"③。12月24日日本各报迅速地报道了这一消息，"《朝日新闻》晨刊以'南京成立自治委员会'为标题作了报道，同时还刊登了一张以'和平又来到南京'为题的一张照片，为日军占领下的南京新体制而欢呼"④。而沦陷后的南京市民是否真的迎来了和平安定的生活呢？从李沛霖等人的调查研究可知"在1938年上半年，南京20多万中国难民，除了有约400名曾从事水、电的工人被招去复工，有一万至三万人为日军做'军用苦力'，还有一些人做小商贩外，其余的大量难民则始终处在失业中。居民就业率只有9%。失业难民固然毫无经济收入，就是那些做水电工、做苦力、做小商贩的难民，收入也是少得可怜"⑤。

即便是林芙美子常去的太平路、莫愁路一带，离真正的经济恢复也差得很

---

① 张福运：《如何评判沦陷时期的南京民间社会》，载《抗日战争研究》2011年第1期，第108页。
② 杉山平助『揚子江艦隊従軍記』、東京：第一出版社、1938年、第64頁。
③ 雍玉国：《南京市行政区划史 1927—2013》，南京：南京出版社，2016年，第47页。
④ 同上书，第48页。
⑤ 李沛霖、经盛鸿：《沦陷时期南京的人口变迁和市民生活》，载《南京社会科学》2014年第10期，第149页。

文　学

远。同一时期在南京的"笔部队"海军班成员小岛政二郎（小島政二郎）在报告中写道："南京的街道几乎破坏殆尽。主街道空寂无人，像被拔了牙。"[①] 10月9日林芙美子应诗人西条八十（西條八十）等人的邀请去一家叫太平楼的中餐馆吃饭。饭后一行人坐上黄包车穿行于月夜下的废墟中，西条八十说简直"像庞贝城一样"。10月10日，她去太平路，发现南京的街头路灯开始亮了，"但是，再走一步进到满是垃圾的胡同里，小店铺仍点着可怜的油灯和蜡烛在经营"。沦陷后的南京夜晚像被火山攻击遭受灭顶之灾的庞贝，断壁残垣，荒凉无生。路灯明亮的太平路的背后是挣扎求生的普通百姓。林芙美子看到了这些，但她只是在"胡同口"一瞥，没有深入，也没有像杉山平助那样去延展思维，进行合理的推想。恰恰相反，她的思维从来没有试图从帝国话语中逃逸，因此经常发生短路，其报告表面上是"身边杂记"[②]，却向日本国内民众传递了侵略者所需要的信息：难民回到住所，生活恢复"正常"，南京商业又现"繁荣"。她为"和平又来到南京"做了虚假的证明。

（二）身份的欲望

此次南京滞留，林芙美子均住在当时朝日新闻社分社长的住处，她称作"西门子别墅"的地方。"西门子别墅"位于南京何处，她没有说明。1938年南京确实有个"西门子别墅"，位于干河沿小桃园，现在南京小粉桥，原金陵大学（现南京大学鼓楼校区）旁边。别墅是一栋小洋楼，有一个很大的庭院，杉山平助说院子有一万五千坪。[③] 入口处有一人高的紫薇丛，穿过铁门左边的院子里种着红色的一串红、白紫色的翠菊和鸡冠花。"看门人的小屋前插着德国国旗"，爬上百米左右的石阶，可上到一个宽阔山丘，有亭子，亭子里有椅子，周围杂草繁盛。

---

① 小島政二郎「軍艦旗の下に」、『主婦の友』、1938年第12号、第139頁。
② 高山京子『林芙美子とその時代』、東京：論創社、2010年、第166頁。
③ 杉山平助『揚子江艦隊従軍記』、東京：第一出版社、1938年、第73頁。

这里曾是德国西门子驻南京办事处的所在地，也是约翰·拉贝 1932 年至 1938 年 3 月的居住地。在 1937 年的南京大屠杀中，拉贝正是在这里收容救助了 600 多名中国难民，把他们藏匿于庭院的防空洞中。1938 年 3 月，拉贝被遣返回德国后，这栋别墅被日军征用。对此，林芙美子没有任何说明，无法确认她是否了解什么人住过这栋别墅，又发生过怎样的事情。10 月 12 日，她简单地写道："邸内的树林里，有两个挖得不深的防空洞。现在虽然成了门房扔垃圾的地方，但洞旁高大的木槿开着紫色的花。"林芙美子特意说明过自己"对植物的名字不太了解"（9 月 19 日），却能认出防空洞旁的木槿，并使用了木槿的别名"はちす"（蜂巢）来称呼，多少可看出她心情的微妙。不管怎样，年初她对日军在南京的大屠杀选择了无视和掩盖，年底入住约翰·拉贝在大屠杀中冒着危险救助了大量中国人的别墅，无疑极具讽刺意味。

别墅里除了《朝日新闻》南京分社长田中外，还有一个佣人阿妈。杉山平助说这是一个"年过三十，正直且善良的女人"[①]。这位阿妈带着一个七八岁的孩子，丈夫曾在汉口当司机，避难时离散，现在消息全无。但现在都"没法子"了。杉山平助对阿妈的这句"没法子"颇为感慨，站在普通人的角度对阿妈的遭遇和心情做了很多联想："一家三口天各一方，杳无消息，简直是人生一大苦痛……但这个中国女人，外表上尽力笑嘻嘻的，为我们这些敌国人洗衣服、烧热水、打杂跑腿"，认为中国人的"没法子"远比日本的"あきらめ"更具有伤痛哲学的意味，并建议林芙美子拍一张阿妈的照片，因为这个阿妈的脸上"充分地表现了中国人的感情，极为少有"[②]。但林芙美子明显对这位阿妈没有好感，对阿妈的评价与杉山平助正好相反。她反复说到阿妈笨手笨脚，脏兮兮，在洗手池洗碗，洗完的水去擦桌椅，还在浴缸里接水淘米，字里行间充满不屑。同为女性的她拒绝对阿妈那句"没办法"做任何同情的联想，而是反复强调阿妈

---

① 杉山平助『揚子江艦隊従軍記』、東京：第一出版社、1938 年、第 74 頁。
② 杉山平助『揚子江艦隊従軍記』、東京：第一出版社、1938 年、第 76 頁。

的不洁和笨拙，彰显了自己的优越性，阻断了读者的联想可能性，转移和消解了阿妈遭受的苦难。

在消解南京人的苦难的同时，林芙美子把自己的"苦难"放大，反复记述自己痛苦焦虑的心情。她常去别墅院子山丘顶端，坐在亭子里眺望远方。有时在小雨中也登上山丘，"像条狗一样趴在亭子里的椅子上想着杂七杂八的事"。她并不是反思这栋别墅、这个城市的过往和将来，而是被一种绝望的情绪所缠绕。"我自回到南京就常被一种绝望的情绪所袭。自己也不知道为何如此。各种杂念如泥块堆积，慢慢把我的情绪变得迟钝。真是讨厌。"是什么绝望的情绪呢？在九江，她和士兵挤在军用船底舱，闷热熏臭，苦不堪言，经历了一个女性难以想象的辛苦，还因身体原因不得已返回南京，以至于让她对自己的选择一度产生了怀疑。但她又不甘心放弃，陷入自我纠结中，"我不能从这里回上海。我每每想死了也无所谓，但这种软弱的情绪是怎么回事？对人生、命运和生活不能软弱。我无论成为怎样，恐怕只有母亲会为我哭泣吧。那，我的欲望，这以上的期望就什么都没有了。从零出发的我，就再次回到零了。我要继续前进，无论发生什么事情"。

这种自我纠缠的方式与《放浪记》中挣扎于浮世的女主人公如出一辙。为了生活、为了出人头地，在现实中屡屡碰壁，内心痛苦挣扎，几欲放弃，依然凭借原始的生命力继续前行，可以说林芙美子在从军记中"塑造"了和小说人物一样的自己。她善于表现女性在男性世界中的孤独、挣扎、不甘和决绝，由此展现出自己身为女性的独特性，不仅容易获得女性读者的同情和认可，还能博得男性读者猎奇的眼球。《放浪记》为她实现了成为一线作家的欲望，与北岸部队一道进入汉口则是她实现身份欲望的又一次尝试。

在得知自己入选"笔部队"时，林芙美子极为兴奋。她在《东京朝日新闻》上表达自己强烈的意愿："我想去。就算自费也想去"，并认为"现在不是写无聊的恋爱的时代"①。川本三郎在其著作中多次提到林芙美子的单纯,认为她"完全缺乏作家的想象力,不能站在中国人的立场上思考,对战争,林芙美子始终更像一个普通的日本人,而非作家",因此,"轻率地用现代视点批判林芙美子是要慎重的"②。这个说法是有问题的。林芙美子不仅有作为作家的自觉,并且有很强的自觉。她敏锐地意识到写恋爱小说的时代已经过去,新时代的文学需要新的非日常空间。她迫切需要在战场这个新场域找到新的创作题材,重新确定自己作为一名女作家在男性世界的主体身份。因此她不甘心与陆军班其他成员一起完成一次普通的战场视察,而是希望聚光灯打在她一个人的身上,证明自己作为一名女性、一名女作家于战场这个非日常空间的"在场"。1938年10月10日,她参加了南京伪政府的双十节庆祝仪式,很得意地记录道:"会场上我是唯一的一个女性",便是这种身份欲望的一贯表现。她或许对战争的想法很简单,但她把战争当作自我欲望伸张、自我价值实现的舞台却是不争的事实。正因为如此,她行走在南京的废墟间、对南京(战争)的未来心虚不安,却依然用简略的文字、短路的思维遮盖南京的真实状况、消解南京人遭受的巨大苦难,把个人欲望寄托于战争,用个人化的语言协助侵略。可以说,林芙美子的从军已经不是在国策话语挟持下的单纯被动,其膨胀的个人欲望主动陷入军国主义的旋涡中与之相互纠缠。她的例子反映了女性与战争之间利用与被利用的双向性,正是我们需要批判和警惕的。

  林芙美子在离开南京的前两天回想自己在南京度过的日子,说:"住到今天,我觉得南京是个很不错的地方。"同时,她又坚信自己"在相当一段时间内都不想再回南京。虽然并无什么预感,总之我就是想慢慢慢慢地向汉口进发。……对战线以外的事,现在的我毫无热情,真不可思议"。在膨胀的个人欲望中,南京这座遭受了巨大灾难的城市没有成为林芙美子协助战争的终点。经过两周的

---

  ① 林芙美子『戦線』、東京:中央公論新社、2006 年、第 247 頁。
  ② 川本三郎『林芙美子の昭和』、東京:株式新書館、2003 年、第 237 頁。

休整,她终于决定乘坐海军军用飞机前往九江,继续自己的从军路,最终实现了自己战争协助的"高峰",率文人之先进入汉口。站在汉口街头,她的个人欲望达到高点,近乎疯狂地叫喊着:"我走在街头,自豪感滋滋往外冒,我一个人,代表全日本的女性,来啦!"高崎隆治曾明确指出,林芙美子和另一位女作家吉屋信子作为女作家协助战争的起点,具有不可推卸的战争罪责。[①]正是在她们的激励下,越来越多的女作家加入了协助侵略的队伍中。

四、结语

在日本投降后,诸多曾协助战争的女作家一味强调自己作为女性的受害者身份,通过自我矮小卑下的方法逃避罪责或拒绝反省,林芙美子也不例外。她完成了《放浪记》第三部,强调自己作为女性的无力和对和平的热爱,把自己的战地报告借助虚构清零,被学界称为"在战前与战后之间搭了一座大桥,无视战中行为(安然)渡过"[②]。日本知识界也有很多人为林芙美子辩护,认为她不过是"发挥其天生的行动力,将其实感真实地又是在思想统制允许的范围内写下来而已"[③],以至于在很长一段时间,她的战争协助行为几乎无人提及。但是林芙美子不同于普通女性,她充分利用了自己的女性身份,把强烈的主体意识和身份欲望寄托于战争,顺从侵略国策,主动协助侵略,用系列"报告"达成了个人欲望,也在事实上用手中的笔当了日本帝国主义的帮凶。《北岸部队》中的南京"日记"虽然只有很短的篇幅,也充分体现了她的个人欲望与战争协助间的关系。

---

① 高崎隆治『戦場の女流作家たち』、東京:論創社、1995 年、第 PV 頁。
② 荒井とみよ『中国戦線はどう描かれたか』、東京:岩波書店、2007 年、第 26 頁。
③ 磯貝英夫『新潮日本文学アルバム 34 林芙美子』、東京:新潮社、1986 年、第 77 頁。

Concealment of Truth and Self-Satisfaction in Fumiko Hayashi's Wartime Works: Centered on Her Account of Nanjing

Abstracts: Between 1937 and 1938, Fumiko Hayashi came to Nanjing twice as an army writer, and at the end of 1937, she entered the massacred city of Nanjing, but used her pen to present a peaceful city, shielding it from the real situation. 9 months later, she came to the Chinese battlefield once again as a member of the first group of invading "pen troops" and due to health reasons, she recuperated in Nanjing, experiencing a tranquil two weeks. By analyzing the contents of her penned war report "North Shore Troops", this paper deeply reveals the true face of Fumiko Hayashi's work. She used the diary form to "record" the trivial matters of life and personal thoughts during these two weeks. In comparison to the heart-stopping events on the battlefield, these recorded details may seem mundane and unremarkable, but she consistently focused on personal and fragmented accounts, laden with emotions. In effect, she fragmented the essence of the "Nanjing" she was in, once again obscuring the true conditions of Nanjing, endowing her report with a distinct dual deception, both for external and internal audiences. In Nanjing, she did not stop to reflect, but instead revitalized her dual desires of body and identity to go further and further down the road of assisting the invasion. She's guilty of aiding the war effort.

Keywords: Fumiko Hayashi; Nanjing; War assistance

作者简介：童晓薇，博士，深圳大学教授。主要研究方向为日本女性文学、中日比较文学。

上田秋成俳谐文学对中国文学作品的接受情况与特征[①]

浙江大学　胡文海　王玉婷

【摘　要】 本文围绕上田秋成的俳谐作品，探究了上田秋成俳号的由来，以及其俳谐作品中的中国文学元素。以此为基础，对比了上田秋成发句与陶渊明诗文的关系，并以二者多次吟咏的"菊"为切入点探究了二者文学风格的不同及其原因，总结了上田秋成俳谐中接收中国文学元素的方法。秋成俳谐作品并非原封不动地引用中国文学典故，而是根据自己心境进行改写，将典故作为烘托感情、凸显主题的元素。同时，中国文学元素的使用不仅丰富了俳谐的故事性，还极大地增强了俳谐的诙谐性。

【关键词】 典故改写；诙谐性；厌世；感伤

一、绪论

在文豪彬彬济济、灿若繁星的日本近世，上田秋成作为小说家、国学者、歌人、俳人在众多文人中脱颖而出。秋成在《胆大小心录》（『胆大小心録』）一书中写道："吾少时，甚感俳谐之乐趣，研习和歌之后，仍常吟咏俳谐以为乐。"[②] 从中可以得知，钻研俳谐文学是上田秋成走上文学之路的一大重要因素。中兴

[①] 本文为国家社科基金项目"文化生态视域下日本俳画诗学功能建构"（项目号：22CWW011）的阶段性研究成果之一。

[②] 上田秋成『上田秋成全集第一』、東京：国書刊行会、1974年、第352頁。（文中内容为笔者译。以下日文书籍引用内容均为笔者译。）

期俳坛的中心人物之一，著名俳人高井几董曾在写给东皋的书简中高度赞扬秋成："摄阳（大阪·摄津）有一大家号曰无肠。擅诗文、解万叶、俳谐之才取宗因、鬼贯、来山之长，可谓无双之才士。"① 虽后文中几董也叹息秋成俳谐风格过于随性，但也可以窥见秋成之于俳谐上的超群造诣。

关于秋成和歌、俳谐等的研究，以长岛弘明（長島弘明）主持的《上田秋成俳谐研究》(「上田秋成俳諧研究」)、近卫典子（近衛典子）主持的《上田秋成及其周边俳谐研究的资料整备和发展研究》(「上田秋成およびその周辺の俳諧研究のための資料準備と発展的研究」) 为主，衍生了诸多关于秋成歌论、俳论的研究成果。② 虽然诸多学者从各个方面探究了秋成的读本、随笔等作品与中国文学的关系，但是缺乏直接论证其俳谐作品与中国诗文元素关系的研究。

"偶伏于案牍边习字，有一不过泛泛之交的男子来访，问曰：'所做何事，莫非是在做学问？'此人冒失轻俏地盘腿坐于书桌对面，并随手翻看起置于书桌左边的文徵明的《千字文》……"③ 从秋成《自传》(『自伝』) 中所写的这一句中可以得知，秋成少时起便将《千字文》这一周兴嗣所编纂的千字韵文作为习字字帖学习钻研。此外，秋成的读本、茶论等文本中更不乏借用以及改写中国诗文的内容，足以窥知其汉学素养之高。因此，本文以上田秋成的俳

---

① 「不二煙集」、高橋東皋（著）、勝峰晋風（校訂）、高橋篤四（編）『定本東皋』、東京：文川堂書房、1942 年、第 242 頁。

② 长岛弘明主持「上田秋成俳諧研究」、近卫典子主持的「上田秋成およびその周辺の俳諧研究のための資料準備と発展的研究」，系统编纂了上田秋成的俳谐作品，及其连歌、和歌、俳谐等相关理论，这为本研究提供了宝贵完整的文献资料；特别是近卫典子监修的研究成果《秋成研究资料集成》(『秋成研究資料集成』、東京：クレス出版、2003 年）第 12 卷中整理了诸多关于和歌、俳谐的研究论文。例如，安藤直方的《上田秋成的和歌》(上田秋成の和歌)、山崎敏夫的《作为歌人的上田秋成》(歌人としての上田秋成)、黑岩一郎的《上田秋成（近世短歌）》论述了上田秋成的和歌特征和理念。而藤井乙男的《上田秋成的俳调义论》(上田秋成の俳調べ義論)、《上田秋成青年时期的俳谐》(上田秋成青年時の俳諧)、浅野三平的《上田秋成晚年的俳谐》(上田秋成晚年の俳諧)、丸山季夫的《秋成的俳谐和和歌》(秋成の俳諧と和歌) 等，均系统总结了秋成的俳谐理念及其风格发展变化。这些研究是本论文研究的基础。

③ 上田秋成『上田秋成全集第九』、東京：国書刊行会、1974 年、第 1 頁。

谐作品为对象，考察其俳谐作品中的中国文学元素及其接受和借用中国文学、典故的方式。

二、秋成俳号"渔焉"的由来

秋成将中国文学元素纳入俳谐创作，发展和创新了自身的俳谐风格，在具体论述其俳谐内容之前，需要对其俳号的内涵进行分析。正如《去来抄·故实部》(『去来抄・故実』)中有云："先师曰，俳号并非要取自熟语，读来朗朗上口、响亮悦耳、字形风雅则可。若写于诗笺之上，亦具观赏之处。"[①] 俳号是俳人身份的象征，俳人在选取俳号时不仅会细心挑选可以代表自身个性的字词，还会考究"字形风流"之趣。因此，具体分析秋成一生中所用"渔焉""无肠"这两个俳号的深意，对于理解其俳谐创作理念、风格具有极为重要的意义。

秋成在其《自传》中曾提及，四十隐居乡野欲研习医术，昼夜不眠勤奋钻研。明和八年（1771）年遭遇火灾而破产的上田秋成开始学习医术。安永二年（1773），隐居于加岛村（今大阪市淀川区加岛）专心致力于研究学问。也是在此时，秋成将俳号改为"无肠"。"无肠"一词来源于中国道教经典《抱朴子》中"称无肠公子者，蟹也"。"无肠"作为蟹的别名于诗歌之中屡见不鲜。关于更改俳号的理由，秋成在《也哉抄》中详细进行了说明："外刚内柔是吾之本性，择取无肠一词为号，隐居田舍紫陌之间，吟及'月に遊ぶおのが世にありみなし蟹'［遨游明月中，世上无身（无肠）蟹］之句。"[②]

秋成也希冀可以如螃蟹一般，恣意横行于浮世之中，因此"无肠"一词凸显了其自身性格，因而改号为"无肠"。"无肠"这一俳号的由来及其内涵常被

[①] 神田豊穂『日本俳書大系』第四卷、東京：春秋社、1926年、第267頁。
[②] 上田秋成『上田秋成全集第二』、東京：国書刊行会、1917—1918年、第450頁。

论及且已有定论，在此不多作赘述。① 然而，关于其早年俳号"渔焉"，却没有明确的论证。因此，本节主要考察秋成青年时期所用的俳号"渔焉"的内涵，并分析其所包含的秋成俳谐理念。

玉城司在《青年时期的秋成——俳人渔焉论》(「若き日の秋成について－俳人漁焉論－」)一文中指出："秋成的俳号'渔焉'取自面向初学者的书法用语'鲁鱼之误'，'焉鸟之误'，'焉马之误'。"② 同时，玉城司认为："'鲁鱼'二字笔画相似，秋成选择了极容易写错的'鱼'这一字，虽然秋成的手指有旧疾，但从这一字更能感受到秋成对书法强烈坚定的意志。"③ 但是，"鱼"与"渔"并非同字，且用于俳号必定还饱含更深奥的含义，笔者认为这与秋成的性情特征密不可分。

宝历十三年（1763）刊行的《列仙传》(『列仙傳』)中写道："观现今俳谐创作心中甚怒，倾注心血的只有前辈之人（中略），'彪悍武士'者有鬼上、渔焉等人，此众人于俳谐之上，皆是愚昧粗暴之人。"④ 正如这一内容所示，秋成并不属于当时俳坛中的任何正统流派，而被当作"彪悍武士"一样对待。这与秋成师门无法确认有一定关系，但也与其自身性情密不可分。"此翁生于五花堂岛（中略）气魄非凡，尚义任侠，飞渡他乡"（《胆大小心录》)。"任侠"一词则成为上田秋成的一个标签。高田卫（高田衛）⑤ 将这样的性格归结为浪荡不羁者的风骨。因此，上田秋成常被评价为以侠客之姿立于世，离经叛道的"浪荡不羁之人"。秋成在俳谐创作之中也表现出这一特征，不被传统与流派束缚，正如"彪悍武士"一样的存在。

---

① 例如第20页脚注2中提及的《秋成研究资料集成》中收录的岩桥小弥太（岩橋小弥太）的《俳人无肠》(「俳人無腸」、第131—139頁）及森繁夫的《无肠的面影》(「無腸の面影」、第532—534頁）中，均结合"无肠公子"（蟹的别称）来论述此俳号的由来。
② 玉城司「若き日の秋成について－俳人漁焉論－」、『日本文学』1979年第28卷2号、第66頁。
③ 同上。
④ 聖遊郭二（編）『列仙傳』、宝暦十三年（1763）刊、九州大学文学部所藏。
⑤ 髙田衞「俳人無腸論ノート－『月や霰』の句を中心に」、『近世文藝』1964年第10号、第27—34頁。

上田秋成作品中出现"渔"字的，可以例举出《海贼》(「海贼」)（收录于《春雨物语》『春雨物語』)）这一名篇。已有的研究中已经指出秋成的名作《海贼》借鉴参考了屈原的《渔夫辞》。而收录有《渔夫辞》的《古文真宝》是在近世最广为流传的书籍之一，对于秋成来说，其青年时期所作的俳谐大量借用了中国文学中的典故，因此可以推测《古文真宝》也一定伴其手边。

"举世皆浊我独清，众人皆醉我独醒，是以见放。"正如《渔夫辞》中这一文所说，绝不与世俗同流合污的屈原与宣称自己是"任侠"的秋成，二人的性情亦有异曲同工之处。如是，秋成借《渔夫辞》中的"渔"这一字，目的在于"渔获"俳谐文艺中的风趣幽默，这一想法或许是其择取"渔焉"作为俳号的原因之一。

此外，《千字文》最后一句为："谓语助者，焉哉乎也。"这一句将文章中不可或缺的助词罗列了出来。而上田秋成在《也哉抄》中只将"哉""乎""也"三字作为切字列举了出来。在俳谐中切字尤为重要，将从切字的范畴中剔除出来的"焉"作为俳号使用，也体现了秋成希望踏出自古以来的规矩，挣脱传统束缚的想法。可以说"焉"字与秋成浪荡不羁的秉性相匹配。

如上所述可知，秋成的两个俳号都与中国文学关系匪浅。屈原不与俗世浮沉，不与内心丑恶之人同流合污，在同样心境下的秋成借用了屈原《渔夫辞》的"渔"字，并且从《千字文》文末选择了唯独不作俳谐切字的"焉"，以"渔焉"二字亮相俳坛，表达了其纵放旷达、不受拘束的心志。这二字也说明了秋成的性情正如"任侠"二字一般，放荡不羁。

三、秋成俳谐中的中国典故示例

关于秋成俳谐中的汉文素养，高田卫氏在《上田秋成年谱考说》(『上田秋成年譜考説』)中叙述道："在秋成二十岁前期的俳谐中，已经将流行的汉学趣味像学者一样展示出来了。"但秋成并不仅仅是引用中国典故，还滑稽地与日常生活相联系融合进行了改写。例如，《绍廉岁旦》(『紹廉歳旦』) 所收，宝历三年（1753）的发句：

年尾
年守や橘中仙も餅むしろ
　　　　　　　　　　漁焉①

"橘中仙"来源于北宋时期成书的类书《太平广记》(卷四十) 中收录的逸闻《巴邛人》。

有巴邛人，不知姓，家有橘园。因霜后，诸橘尽收。馀有二大橘，如三四斗盎。巴人异之，即令攀摘，轻重亦如常橘。剖开，每橘有二老叟，须眉皤然，肌体红润，皆相对象戏，身仅尺馀，谈笑自若。②

以此故事为原型，"橘中仙"一般用来形容享受象棋之乐的老人，同时，还用"橘中之乐"或者"橘中清游"等词代指下象棋。据周以量的论文③所考，《太平广记》早在近世以前就已流传到了日本。但因为没有具体文字记述，无法得知秋成是否是通过《太平广记》了解到"橘中仙"一词的。但"橘中仙"一词在江户时代是常用的围棋用语，上田秋成知道这个典故也不足为奇。

「年守や」是秋成在二十岁时吟咏的发句，秋成将整齐摆放年糕的宴席比喻为"橘中仙"的棋盘，把一家人围坐在席子上吃年糕守岁的样态，形容为正在

---

① 石川真弘（編）「上田秋成発句集」、『ビブリア』115 号、2001 年、第 16—33 頁。以下发句均引自此文献。
② 李昉等（编）：《太平广记》，北京：中华书局，2022 年，第 217 页。
③ 周以量「日本における『太平広記』の流布と需要」、『和漢比較文学』2001 年、第 33—45 頁。

下棋的"橘中仙"。除夕守岁的场景让人仿佛身临其境。秋成巧妙地运用比喻的手法将中国典故"橘中仙"吟咏于句中。同样吟咏于宝历三年的另一句中，秋成也熟练地将中国文学典故运用其中。

　　　　傷此無衣客
　　　かくれ家を都へ帰る霜夜かな
　　　　　　漁焉　『誹諧古硯屏』

　　这一句取唐代诗人崔曙"伤此无衣客，如何蒙雨霜"一诗中的五字来作前书（类似诗序）。前书与「かくれ家」（隐居之所）相呼应，读来让人不禁联想到诗人清贫的隐居生活。寒夜，人们离开村庄返回都城，朔风凛冽，刺骨冰寒，湿冷的寒风让人颤栗。霜夜赶路人的孤苦伶仃，天寒地冻，寒风侵肌砭骨之光景浮现眼前。从这一句不仅能看出秋成青年时期汉文素养精深广博，同时还能窥见其俳谐创作的才能。将中国诗歌作为前书，不仅表现了天凝地闭、风厉霜飞之夜赶路人的着急心切，还让读者联想到唐诗作者崔曙的隐居生活，暗示了在脱俗超然之境逍遥自在之人的孤傲高洁。

　　秋成在隐居加岛村后开始学医，专攻学问的同时，对俳谐也投入了极大的热情。此时期的俳谐作品中也不乏引用中国文学典故的作品。例如，收于《续明乌》(『続明烏』)中安永五年的发句：

　　　　人の失語は咎ずともあれな
　　　枕にもならふもの也春の水
　　　　　　　　　無腸

　　此句则借鉴了《世说新语》中"漱石枕流"的典故。原文如下：

　　　　孙子荆年少时欲隐，语王武子"当枕石漱流"，误曰："漱石枕流。"王曰："流可枕，石可漱乎？"孙曰："所以枕流，欲洗其耳；所以漱石，欲砺其齿。"①

《世说新语》是中国魏晋南北朝时期轶事小说的集大成之作，自古以来在日本文学作品中被频繁引用。安永五年（1776）刊行的《雨月物语》(『雨月物語』)也多次借鉴《世说新语》中的典故。"漱石枕流"本意为不承认自己的失败，诡辩搪塞之意。秋成认为春水并非不能做枕头，不必追究人们的口误。与此同时，他将春水潺潺的风景在俳谐中滑稽地表现了出来。正如《三册子》(『三册子』)中芭蕉所言："春雨绵绵柳色青乃是连歌之景，乌鸦捕食田螺方为俳谐。"② 诙谐是俳谐的本源，而俳意也往往蕴含于诙谐之中。可见，秋成作俳谐并非照搬中国文学，而是从中国文学典籍中汲取俳谐所需要的活力，即滑稽趣味。

　　在此之后的秋成作品中通过中国典故来增强发句诙谐性的句子也比比皆是。例如，

　　　　お角觝よ桟敷見まふて李白のみ
　　　　　　　　　　無腸

　　此句是秋成于享和二年（1802）所作，收录于《年中行事绘卷》(『年中行事絵卷』)之中。《俳调义论》(『俳調義論』) 一书将此句罗列在与描绘"相扑"相关的一系列发句之中。因此，这一句实则是描绘了观看相扑比赛时的场景。相扑比赛正激烈紧张，难解难分之际，环看四周，观客们都像李白一样豪迈地大

---

① 刘义庆：《〈世说新语〉第二十五排调》，爱如生中国基本古籍库，http://dh.ersjk.com/spring/front/read（2023 年 6 月 9 日查阅）。
② 神田豊穂『日本俳書大系』第四卷、東京：春秋社、1926 年、第 155 頁。

口喝酒，高声吆喝，乐在其中。

秋成在俳谐中吟咏嗜酒的李白，借李白之名谐谑地描绘了相扑会场耽湎饮酒的看客们的神态。李白酒豪的一面不仅出现在秋成的作品中，几董在安永三年（1774）所作的「酔李白師走の市に見たりけり」（《续明乌》）一句中，借飘逸奔放李白之名，让人们浮想腊月街头蹒跚踉跄的酒鬼的形象，极为幽默诙谐。由此可见，在日本近世，李白好酒之事广为人知，秋成和几董在句中吟咏李白之名来营造渲染俳谐性，可以说立足于中国古典，将中国古典诙谐化再加工是秋成发句的特点之一。

此外，表达问候也是俳谐吟咏中，特别是发句的一大重要题材。广义的问候句中不仅有表达问候之吟，还包括追悼句、辞别吟等。这一类发句与描写实景的发句不同，在强调俳谐诙谐性的同时，还追求感情的流露。秋成自然也吟咏了诸多问候句，并且不少句子中都引用了中国典故。例如下面一句：

追善
琴をさく斧にちからも涙かな
　　　　　　　無腸

安永六年（1777），大阪俳人茶雷的追悼集《俳谐成佛》（『俳諧成仏』）得以刊行，其中收录了此首秋成的追善吟。早在宝历五年（1755），茶雷、渔焉、周禾三人为已故去的友人鹿岛白羽（鹿島白羽）敬祈冥福、追福修善，吟诵了这一卷三十六句歌仙。由此可见，秋成与茶雷很早就已是亲近的朋友了，并且这一句也是秋成晚年与大阪俳坛关系亲近的佐证。

有共同风雅嗜好的知音已不在人世，即便我想拿斧头砸破古琴，可是悲恸欲绝，连拿起斧头的力气也没有了。从「琴をさく」五字可以联想到中国典故"伯牙绝弦"（也称"高山流水"）。原文如下：

伯牙鼓琴，钟子期听之。方鼓琴而志在太山，钟子期曰："善哉乎鼓琴！巍巍乎若太山！"少选之间，而志在流水，钟子期又曰："善哉乎鼓琴！汤汤乎若流水！"钟子期死，伯牙破琴绝弦，终身不复鼓琴，以为世无足复为鼓琴者。非独鼓琴若此也，贤者亦然。虽有贤者，而无礼以接之，贤奚由尽忠？犹御之不善，骥不自千里也。①

这则世人耳熟能详的典故同时见于《列子》《吕氏春秋》中，常被引用来代指知音。秋成借这则典故，坦率表达了对茶雷的追惜之意。秋成想要模仿伯牙破琴，但悲恸欲绝肝肠寸断，连拿起斧头的力气都没有了。从拿斧头破琴一处可以感受到其改写典故的俳谐性，但另一方面也突显了秋成失去知己的"断肠之痛"。

在《胆大小心录》中秋成自述道："吾少时不知读书，只知饮酒，露宿在外不归家，父亲常写信来劝诫……"尽管秋成是在父亲劝诫之后开始习字致学的，但他能将汉文典故巧妙自如地运用到俳谐之中，足见其汉学素养深厚。立足于中国古典，或借用日本近世家喻户晓的典故与名人，将其巧妙地融入俳谐创作之中是当时俳坛创作的一大特征。秋成也并不例外，将俳谐作为一种娱乐而自乐其中。但秋成并非原封不动地直接引用中国诗文，而是对其进行改写，在原文基础之上更注重汲取可以体现俳意的具有俳谐性的部分，将其转化为俳谐中的诙谐元素，这是其俳谐作品接受中国诗文的一大特色。

四、秋成的"厌世"与陶渊明的"出世"

前文整体梳理了秋成俳谐中的中国文学要素。接下来围绕对秋成影响极深，一直以来被秋成奉为圭臬的陶渊明诗文来进一步探讨。对比陶渊明的诗文与秋

---

① 吕不韦：《吕氏春秋·本味篇》，爱如生中国基本古籍库，http://dh.ersjk.com/spring/front/read（2023年6月9日查阅）。

成的俳谐，尤其需要关注二者吟咏被称为隐士之花"菊"的作品的异同。

晚年秋成在随笔《胆大小心录》中写道："陶渊明云，'读书得其大意，其余不明之处置之不理即可'①。又弹无弦之琴，曰：'但识琴中趣，何劳弦上声。'与之同理。"②秋成引用陶渊明的话来批判读书独断，强行加以解释的现象。在其《远驰延五登》(『遠馳延五登』) 一书中也写了主旨类似的内容。秋成时常引用陶渊明自传《五柳先生传》中的这句"好读书，不求甚解。每有会意，便欣然忘食"，可见陶渊明对秋成的影响极大。秋成在文化元年 (1804) 编集完成的歌文集《藤篓册子》(『藤簍冊子』) 中缀文道："不为五斗米折腰，从始到终坚守气节操守（中略），做完一日农活，归家后有孩童在篱笆门口守候，坐拥数余亩田地，斟满自己所酿的浊酒，折一朵墙边的菊花，倚着栅栏悠然自得地远眺南山。"③秋成此文根据陶渊明的数首诗文所作，表达了对远离仕途而隐遁闲居的高士之姿的称赞，同时也表达了对陶渊明隐居闲逸的向往。

虽然从秋成的作品中可以发现很多陶渊明的踪影，但重视门阀家世的魏晋南北朝时期，出身士族的陶渊明，与幼时起遭遇不幸而身有残疾的秋成相比，迥异的人生经历造就了二人文学风格的不同。探讨此差异本应从各个方面入手，但因二者都是隐逸文人，本节围绕二人退隐的契机展开，探寻二人情感与思想的不同，以便更清晰地剖析二人文学风格的差异。

天明七年 (1787) 秋成借庄子"鹑居"一词著书《鹑之屋》(『鹑の屋』)。其中有一文，"吾旅宿于浮世之外，蚕绩蟹匡，执拗不愿与人交，假意宽慰年老之人。昔日居于长柄滨松阴一处，迁于简陋小屋，以解病痛"④。从此一文可知，秋成于五十四岁时疾病缠身，远离市井生活，隐居于淡路庄村。也许是秋成憧憬

---

① 出自《五柳先生传》中"好读书，不求甚解"之句，秋成的转述。
② 上田秋成『上田秋成全集第一』、東京：国書刊行会、1974年、第421頁。
③ 上田秋成『藤簍冊子』、京都：菊屋源兵衛、文化三年 (1806) 刊、早稲田大学図書館所蔵。
④ 上田秋成："鹑の屋"、『上田秋成全集第十一巻』記類"，https://docs.google.com/document/d/1RahTKaAmebyr6TA7gRjysuzk57DDrIwohD6eNSoPlxg/pub（2023年6月9日查阅）

陶渊明而抛下了浮世生活，但直接促使他归隐山林的应还有其他缘由。《鹑之屋》一书中同时写道："世人皆笑我为痴儿，与人交往竟也不能，久思忽然开朗，回望反思此二十年，吾一直于这虚无无常的世间彷徨踌躇。"① 可以想象到，对于自命为"任侠"的秋成来说，人际交往对其而言极为艰难。正如《鹑之屋》所写，频繁被他人嘲笑为痴人应是秋成退隐理由之一。秋成明白自己很难处世谋生，像《癇癖谈》中所述："因要渡世，而惧光亮。"秋成对浮世生活极为嫌恶，最终选择隐居。

另外，在秋成的《自传》中也记述道："自丧失家业开始，学医十五载，少时迷惑之事几经探索，终不得解。常言道无为亦无祸，我曾误诊'走马疳'而杀害一位稚嫩女童。然女童父母并不知我误诊一事，以为终是定数，仍像从前一般待我极为亲厚，令我心中羞愧难当。"② 可见，误诊导致孩童去世让秋成陷入了深深的自责与悲痛之中，此误诊一事是秋成放弃医师之职、归隐山林的导火索。虽然并没有文献记录明确说明秋成是因为误诊一事而放弃医者身份的，但无可否认这与秋成的隐退有很深的关系。如此这般，秋成厌倦了市井生活，又受到误诊一事的影响，拖着久病之身而选择了隐退。这些感情都能在读秋成文学作品时深切感受到。

另一方面，关于陶渊明隐退的缘由，应是其想要在官场出人头地却无法如愿以偿，心灰意冷下所作的选择。《晋书·陶潜传》中有以下一文："潜叹曰：'吾不能为五斗米折腰，拳拳事乡里小人邪！'义熙二年，解印去县，乃赋《归去来》。"陶渊明时任彭泽县（今江西省九江市）令，厌倦了派阀林立、勾心斗角的官场，不过八十多天便辞官归家。虽然乍一看与无法和世人和睦相处的秋成十分相似，但陶渊明内心深处还有想要在官场有所作为的愿望，与无法实现此愿

---

① 上田秋成："「鹑の屋」,『上田秋成全集第十一卷』記類", https://docs.google.com/document/d/1RahTKaAmebyr6TA7gRjysuzk57DDrIwohD6eNSoPlxg/pub（2023年6月9日查阅）

② 上田秋成『上田秋成全集第九』、東京：国書刊行会、1974年、第12頁。

望的懊恼消沉。这种心情从《归去来兮辞》中的文句"世与我而相违,复驾言兮焉求？悦亲戚之情话,乐琴书以消忧"可以获知。与其因自己的想法与世间之人不同而反抗挣扎,不如沉浸在与亲戚朋友谈心的喜悦中,寄情于抚琴读书岂不更妙。从陶渊明咏此赋的心境可以鲜明感受到其对官场、吏治社会的失望,以及不能如愿以偿的嗟叹。

如上所述,秋成与陶渊明都被称为归隐文人,但二人隐遁的缘由或契机并不相同。秋成文学作品中满是体弱多病的悒悒不乐、悲不自胜、不愿融入浮世社会孑然一身的形象。这从导致秋成隐遁的契机中也可以窥见一斑。同样,嗟叹人世、放下执着、悠然自得的陶渊明,从他文学作品的特征也可以看出他的隐遁动机。像这样,秋成与陶渊明情感心境的不同也可以从秋成的俳谐中读出一二。下面则围绕此点进行论述。

五、"感伤"之菊与"悠然"之菊

秋成在《藤篓册子》中写道："为学昔日陶公之正心,吾品佳肴饮美酒,尽力满足口腹之欲。"陶渊明在《和郭主簿》"息交游闲业,卧起弄书琴。园蔬有余滋,旧谷犹储今"这首诗中用简单明快的口吻吟咏了自己的隐逸生活。秋成想要学习体会"陶公之正心"即享受当下的恬静快乐,并以《桃花源记》的文学世界为基础创作了《背振翁传》(『背振翁伝』)。这也可以说是秋成对陶渊明"正心"憧憬向往的体现。不仅如此,正如上一节所述,二人的文学特色,抑或是对同一景物所产生的感情差异悬殊。例如,从秋成《去岁折枝》(『去年の枝折』)中的一句可以清晰地体会到这种不同。

　　雁啼て菊を垣根のやどりかな

　　　　無腸

《去岁折枝》是秋成一边回忆安永八年（1779）冬去城崎温泉旅行的故事，一边所写的俳谐纪行文。此句写于安永九年（1780），回想起上一年在城崎看到的风景而作。笔者认为此句与《伊势物语》（『伊勢物語』）第六十八段中的和歌「雁なきて菊の花さく秋はあれど春の海辺にすみよしの浜」旨趣相近。毋庸置疑，秋日雁过长空鸣声悠扬，秋菊盛然的风景固然是美的，但春日的住吉和煦明媚，也是居住的好地方。像这首和歌一样，秋成在称赞美景的同时，也暗含了"闻听雁鸣过处，亦难入睡"（《去岁折枝》）的感叹之情。古来备受人们喜爱的陶渊明的诗《饮酒·其五》"采菊东篱下，悠然见南山。山气日夕佳，飞鸟相与还"中也描绘了类似的风景。愁肠百结的最后，作为隐者代表的陶渊明辞去官职，开始享受田园生活。他的心情在这首诗中很好地表露了出来。也因为这首诗，菊成为了陶渊明的象征，常被称为"隐者之花"。为了酿菊花酒，去东篱之下采菊花，悠然间看到了远处巍峨连绵的南山。由《诗经·小雅》中"如南山之寿"一句可知，"南山"也可以借指长寿。陶渊明在此句中用"南山"形容漫长人生的同时，还表达了穷其一生都无法实现夙愿的苦闷。在这里，"飞鸟相与还"一句描写了群鸟结伴归巢之景，读来会产生温暖、怡然之感。这样情绪转换的过程用"悠然"一词来形容，并不是倏然进入了闲静的境地，而是在生活中渐渐体悟到的恬静悠然。

　　与此相对，秋成将"采菊东篱下"改为"芳菊宿墙隅"、将"飞鸟"具象化地改为了"雁啼"。如"芳菊宿墙隅"所吟，墙边秋菊盛然盛开的田园风景与陶渊明《饮酒》中所描绘的世界十分相似。然而雁啼之声却蕴含悲凄寂寥之情。和歌中吟咏"雁"常常会与悲凄苍凉相联系。例如，《古今集》恋部的一首和歌"葦辺より雲ゐをさして行く雁のいやとほざかるわか身かなしも（読人不知）"，珍视的人已离我远去，歌人通过从芦苇边飞入云霄的鸿雁来表达内心的感伤。诸如此类，在诗歌中吟咏雁可以渲染苍凉的氛围，表达内心的愁思。秋成发句中前五字描写了引人感慨的雁鸣声，与后半绮丽的庭院景色形成了鲜明的对比。

可以说正是这样的对比更强烈地折射出作者内心的悲叹唏嘘。

如上所述，秋成发句中雁鸣与墙隅秋菊盛开之景虽然依据陶渊明的《饮酒·其五》所作，但并没有全然效仿陶渊明采菊的闲逸生活，而是用雁鸣渲染了怀旧与感叹之心。这一句深切地表现了秋成的感伤情愫，终究无法同陶渊明达到同样的心境。此外，秋成年少时的发句更为明确地展示出其与陶渊明笔下"菊"花之景的不同。

野辺吟
あな寒の菊の花道帰ろやれ
　　　　　　　　漁焉

此句于宝历十年（1760）所作，收录于罗人门下中岛五始所编的《裸噺》中。玉城司在"若き日の秋成について－俳人漁焉論－"一文中指出，此句为秋成在埋葬姐姐时所作的送别吟。并且，玉城司还指出："对渔焉来说，姐姐的死也意味着自己必须继承商人家业。（中略）必然要去做'照亮人间的事业'（天下政教之道），由此产生的生活危机感，与姐姐的死带来的悲痛情绪交织在了一起。"[①]

宝历十年对秋成来说不只是亲人离去的一年，也是与其俳谐之师几圭死别的一年。虽然无法知晓秋成这一句具体是为凭吊何人而作，但"菊花路"所代表的送葬之路，与"帰ろやれ"一句所含对故人的思念相结合，在直面怀才不遇与既定命运的同时，将心中的悲痛呐喊尽现于此句之中。再者，玉城司表明，心中的呐喊声是秋成放浪不羁地生活到现在，在接受姐姐已经离世的事实后，不得不直面作为私生子而必须走向封建制度下，被迫继承家业之路的感伤之声。因此，在秋成眼中，秋菊是连结生与死之花，是悲哀至极而非悠然恬静之花。

---

① 玉城司「若き日の秋成について－俳人漁焉論－」、『日本文学』1979年第28卷2号、第71—72頁。

这种悲是不能再像之前一样放浪形骸地生活，不得不直面厌恶的人世间而感到的无能为力。这与其之后的退隐息息相关。

秋成的名作《菊花之约》（『菊花の契』）中描绘秋菊盛放之景："一年时光如白驹过隙，树下枝条已上染茱黄色，墙隅野菊灿烂艳丽，转眼已是九月了。"与故事后文为遵守约定，同已死去哥哥赤穴的魂魄返回家中相联系来看，常用来供奉死者的菊花在此暗示了后文的悲哀与无常。与高度赞扬菊花的陶渊明诗"秋菊有佳色，裛露掇其英"（《饮酒·其四》）不同，秋成描写的菊花更凸显了其暗示死亡的哀愁之意。

　　あだし野や此孤屋に菊を売る
　　　　　　無腸

文化四年（1807）秋成的发句同样也突显了其与陶渊明咏菊时心境的差异。"仇野"指代京都右京区嵯峨，小仓山山麓的送葬之地，一般用来代指墓地。例如，《徒然草》中有"仇野的露水永不消亡，鸟部山的烟雾永不消散"一文。《曾根崎心中》（『曾根崎心中』）开头一文也提到了"通往仇野小道上的霜雪，每行一步随即消融，万般皆如梦幻泡影情悽意切。"虽然无从知晓秋成句中提到的"仇野"墓地具体在哪儿，但与秋成同龄的挚友皆川淇园于文化四年五月去世。参考此事，笔者推测句中所咏应为淇园墓所。"孤屋"指"守墓人"或"守墓人的住所"。因此，秋成此句可以理解为守墓人在住所售卖供奉用的菊花的场景。借用菊花的清香向已去往他界的朋友表达哀悼的同时，秋成也将为朋友祈冥福之意巧妙地咏入句中。自古以来，菊花作为"长寿之花""隐士之花"受人们喜爱，但秋成句中的菊花却常与死亡之意紧密联系在一起。

与此相对，笔者调查了《陶渊明诗词全集》后发现，陶渊明所吟咏的"菊"没有一首是"供奉之菊"的含义。如《九日闲居》中的一句"酒能祛百虑，菊解制颓龄",饮酒可解千愁,赏菊可延年益寿,表达了怀才不遇的感叹,这正是陶渊明笔下的"菊"之姿。秋成依据陶渊明的诗吟咏了诸多发句,但被命运所捉弄的秋成,终究无法和陶渊明以同样心境咏菊,无法体味"菊"中的隐士思想,最终也只能辜负了这烟霞花鸟之美。

　　一菊で幾秋か歴し月見講
　　　　無腸

　　文化年间,步入晚年的秋成吟咏了此句。菊与前一年一样毫无变化地散发着清香。只有我一如既往地度过年年岁岁的秋季,渐渐衰老。"月见讲"与"月待讲"相同,都指代风雅之人共同赏月的场景。一起赏月的人们经历千差万别,大家又是怀着怎样的心境赏月的呢?这一句中的感叹之情溢于言表。

　　总而言之,虽说陶渊明与上田秋成都被称为隐逸文人,但二人人生经历的不同导致二人文学作品的特色也各不相同。进一步说,秋成作俳谐并非原封不动地引用中国文学典故,而是根据自己心境改写和改变这些典故的意境、内涵,将中国典故作为抒发感情的重要元素。

六、结语

　　本文选取上田秋成俳谐作品中直接借用中国文学典故的句子,探讨了原典故、诗文在其句子中的变化。秋成并非直接引用该典故,而是将其诙谐化,中国元素在秋成的句子中更明显地具备增强俳谐性、滑稽性的作用。此外,虽然秋成憧憬陶渊明,然而作品的风格却与陶渊明迥异。二者同好"菊",但与陶渊明的隐逸、闲适相比,秋成笔下的"菊"更凸显悼亡、哀愁之意。形成风格差异的主要原因来自于二者生平经历的不同。秋成大量引用中国诗文元素,却将其与自身体悟紧密相连，用典故烘托感叹之情。

本文旨在介绍秋成俳谐作品的同时，揭示其俳谐作品对于中国文学元素的接受方式和方法。但是，并未从整体上纵观秋成俳谐作品的特征，也没有结合俳谐理论进行进一步分析。希冀今后在此基础之上围绕其俳谐作品展开更为详细、系统的研究。

Ueda Akinari's adaptation of Chinese literature in Haikai

Abstract: This paper focuses on Ueda Akinari's Haikai works to discuss the origin of Ueda Akinari's Haigo and the Chinese literary elements in his Haikai works. It compares Ueda Akinari's Hokku with Tao Yuanming's poems, exploring the differences and reasons of their literary styles by using "chrysanthemum" as a point of entry, and then leading to a summary of the ways Ueda Akinari employs Chinese literary elements in Haikai. Conclusively, Ueda Akinari's Haikai works do not directly quote Chinese literary sources, but rewrite them according to his own state of mind, and use allusion as a device to set off emotions and highlight his themes. At the same time, the use of Chinese literary elements not only enriches the story of Haikai, but also greatly enhances the humor of Haikai.

Keywords: allusion rewriting; jocosity; misanthropy; sentimental

作者简介：胡文海，文学博士，浙江大学百人计划研究员，主要研究方向为日本近世文学。
王玉婷，浙江大学日语语言文化研究所硕士研究生。

论《申报》中芥川龙之介文学的叙事

三江学院　谢银萍

【摘　要】芥川龙之介文学被鲁迅翻译介绍到中国后受到了广泛的关注。其中，中国近现代史上最具影响力的《申报》刊登了大量与芥川有关的文章。这些文章主要分为三类：一是芥川作品中文译本的广告宣传；二是与芥川自杀相关的评论；三是涉及夏丏尊译本《中国游记》的读者评论。本文通过对《中国游记》读者评论的详细解读，发现芥川对上海城内的描写触动了诸多中国读者的内心，这推动了他们对国内民族性与艺术等方面问题的重新审视。值得一提的是，抗日战争胜利后的《中国游记》读者评论以批判为主，中国人民在战争中的英勇形象给予当时的知识分子极大的鼓舞，同时也极大提高了民族文化自信心。

【关键词】《申报》；芥川龙之介；《中国游记》；城隍庙

自1921年5月21日鲁迅介绍芥川龙之介的《鼻子》到中国以来，时至今日，芥川文学备受关注。尤其是《芥川龙之介全集》（1—5卷）[①]中文版于2005年出

[①]《芥川龙之介全集》（1—5卷）由高慧勤、魏大海主编，山东文艺出版社出版。初版于2005年3月，再版于2012年9月。其中，《芥川龙之介全集》（第1卷）收录小说，译者是魏大海、郑民钦、艾莲、秦刚、刘光宇、侯为、罗嘉和杨伟；《芥川龙之介全集》（第2卷）收录也是小说，译者是宋再新、杨伟、唐先容、艾莲、罗嘉和郑民钦；《芥川龙之介全集》（第3卷）收录散文、诗歌和游记，译者是艾莲、侯为、周昌辉、刘立善、罗兴典和陈生保；《芥川龙之介全集》（第4卷）收录评论、书评、剧评、译著、人物记和杂录，译者是揭侠、林少华、刘立善、侯为和张云多。《芥川龙之介全集》（第5卷）收录书简、遗书和年谱，译者是林少华、郑民钦、侯为、宋再新、刘立善、张云多、艾莲和陈生保。

版，并于 2012 年再版，成为日本文学的代表作之一。芥川文学被世界文学推崇，与中国的密切关系不可分割。研究芥川文学在中国的接受和传播必须回到原点，重点关注 1920 年代中国读者对芥川文学的理解。因此，本文以 20 世纪初最具代表性的中文日报之一《申报》（1872—1949）为研究对象，通过对相关报道的分析，考察芥川文学是如何被传播和解读的。

关于 1920 年代中国与芥川文学的研究，许多学者都着重整理和探讨了当时中国知识分子对芥川文学的翻译，特别是鲁迅、汤鹤逸、夏丏尊和谢六逸等人的重要作用[1]。此外，一些文艺杂志如《小说月报》《一般》和《洪水》等刊物作为媒介，在中国的芥川文学传播中发挥了重要的作用。相较对芥川文学的翻译全貌的把握，秦刚《现在中国文坛对芥川龙之介的译介与接受》[2]则作了进一步考察。该研究不仅整理了相关翻译，还考察了同时期中国知识界对芥川文学的评论，详细阐述了中国读者对《中国游记》和芥川自杀事件的理解。然而，尽管如此，在《申报》等报纸上发表的芥川评论并未引起足够的关注。拙论《1920—1930 年代中国的芥川龙之介受容——冷遇、批判、肯定、憧憬》[3]虽然考察了《申报》上的部分评论，但是由于调查不够完备，还遗漏了不少重要的资料。因此，本文利用中国近代报刊数据库检索平台，详细整理了《申报》上关于芥川的新闻报道与评论，在指出一些尚未被学界关注到的重要资料的基础

---

[1] 关于新中国成立以前的芥川文学翻译整理研究，以下三篇最具代表。沈日中：《芥川龙之介在华译介版本考录：1921—1929》，载《福建师范大学福清分校学报》2009 年第 3 期，第 45—49 页。《芥川龙之介在华译介版本考录：1930—1949》，载《长沙铁道学院报社会科学版》2010 年 11 月第 2 期，第 101—102 页。以及劉春英「中国現代文学史における二回の翻訳ピークと芥川龍之介」，『日本研究：国際日本文化研究センター紀要』2007 年第 34 期，第 273—301 頁。

[2] 秦刚：《现代中国文坛对芥川龙之介的译介与接受》，载《中国现代文学研究丛刊》2004 年第 2 期，第 246—266 页。

[3] 謝銀萍「『申報』を中心に考える芥川文学の中国受容—夏丏尊抄訳「中国遊記」を視座に——」，『芥川龍之介研究』2022 年第 16 号、第 16—29 頁。

上，以夏丏尊译《中国游记》①相关评论为切入点，探讨同时期中国知识分子对芥川龙之介的看法。

一、《申报》上芥川文学报道的整体特点

《申报》是近代中国发行时间最久的报纸，其报道范围广泛，对日本文学在中国的传播起到了重要作用。当时日本大正文坛百花齐放，中国文坛对日本文学的翻译也达到了高潮。与此同时，《申报》也刊登了许多活跃在二三十年代的日本作家相关的报道。比如，日本白桦派（白樺派）代表作家武者小路实笃（武者小路実篤）、有岛武郎（有島武郎）、志贺直哉（志賀直哉）等，以及《新思潮》(『新思潮』)派作家芥川龙之介、菊池宽（菊池寛）等。关于芥川龙之介，自1924年首次在《申报》上出现以来，对他的报道和评论一直持续到1948年，相关文章超过一百篇。仔细阅读这些文章，可以发现关于芥川文学的报道呈现出以下几个特点。

首先，芥川作品的中文译本广告最多。在二三十年代，作为日本大正文坛最具代表性的作家，芥川龙之介备受中国知识分子的关注。因此，他的大量作品被介绍到中国，或是刊登在文艺杂志上，或是作为翻译集出版。这些译作的宣传几乎同步刊登在《申报》上。尤其是在30年代，每次芥川作品翻译集重版时，都会在《申报》上相应的打出广告。具体的作品集有收录鲁迅和夏丏尊等早期翻译的《芥川龙之介集》(上海开明书店，1927年初版)；收录了《河童》(「河童」)和《蜘蛛之丝》(「蜘蛛の糸」)的黎烈文译本《河童》(上海商务出版社，1928年版)；以及收录了《某傻子的一生》(「或阿呆の一生」)《河童》《母亲》(「母」)《将军》(「将軍」)四篇的冯子涛译本《芥川龙之介集》(上海中华书局，

---

① 夏丏尊节选了《中国游记》十四小节，最初以《芥川龙之介的中国观》(《小说月报》，第17期第4号，1926年4月）为篇名，随后改题为《中国游记》，收录于开明书店出版的《芥川龙之介集》(1927年12月)。本文为了方便读者阅读，统一采用《中国游记》来标识。

1931年版）。鉴于《申报》巨大的发行量和业内广泛的影响力，这些广告不仅有助于拓宽芥川文学的读者群体，提高芥川在中国的知名度，毫无疑问，还推动并加快了其在中国读者间的传播速度。

然而，值得注意的是，在整理了这些芥川作品中文译作的相关文章后发现，早在30年代初就有两篇芥川的随笔被翻译介绍到了中国。第一，在1929年11月5日《长风月刊》第7期的广告中，目录里可见"'应酬'、小说、芥川龙之介作、绿蕉译"（图1）。翻阅芥川全集只见《肉骨茶》[①]中有"应酬"一文，因此推测该文应该是节选自此。尽管该文篇幅短小，但作为《肉骨茶》的第一个中文译本，值得一提。另外，译者绿蕉的原名为夏文运（1906—1978），他是抗战期间台儿庄大捷中的著名谍报英雄。这篇作品是他在留学于日本京都大学期间翻译的。第二，在1933年7月17日的《出版消息》第16期的广告中，有一篇名为《芥川龙之芥传》的文章（图2），推测该文就是介绍芥川龙之介的，作者为百灵。《出版消息》是1932年12月在上海创刊的杂志。最后，在1934年9月17日的《申报》副刊"本埠增刊"中刊登了若木翻译的短文"雅号"（图3）。这则小文节选自《续澄江堂杂记》[②]的"雅号"，《侏儒警语》[③]"修身"节选，"多忙""男子"，以及《侏儒警语》遗稿[④]中的"忏悔"。中国知识分子当时对芥川文学的积极态度，从这些随笔的节选翻译便可得知。

　　[①]「骨董羹－寿陵余子の仮名のもとに筆を執れる戯文－」は1920年4月1日、5月15日、6月15日発行の『人間』第二巻第四、五号に発表されたものである。『芥川龍之介全集　第6巻』（東京：岩波書店、1996年4月）第405頁を参考としたもの。

　　[②]「澄江堂雑記－「侏儒の言葉」の代わり－」は1925年12月1日発行の『文芸春秋』第3年第12号、1926年1月1日発行の『文芸春秋』第四年第一号に発表されたものである。『芥川龍之介全集　第13巻』（東京：岩波書店、1996年11月）第394頁を参考としたもの。

　　[③]「侏儒の言葉」は1923年1月1日発行の『文芸春秋』創刊号から1925年11月1日発行の同雑誌第三年第一号まで、30回にわたり掲載されたものである。『芥川龍之介全集　第13巻』（東京：岩波書店、1996年11月）第383頁を参考としたもの。

　　[④]「侏儒の言葉（遺稿）」は1927年10月1日及び12月1日発行の『文芸春秋』第五年第10号、第12号に掲載されたものである。『芥川龍之介全集　第16巻』（東京：岩波書店、1997年2月）第354頁を参考としたもの。

文学

图1 《申报》民国十八（1929年）年11月5日[①]

图2 《申报》民国二十二（1933年）年7月17日

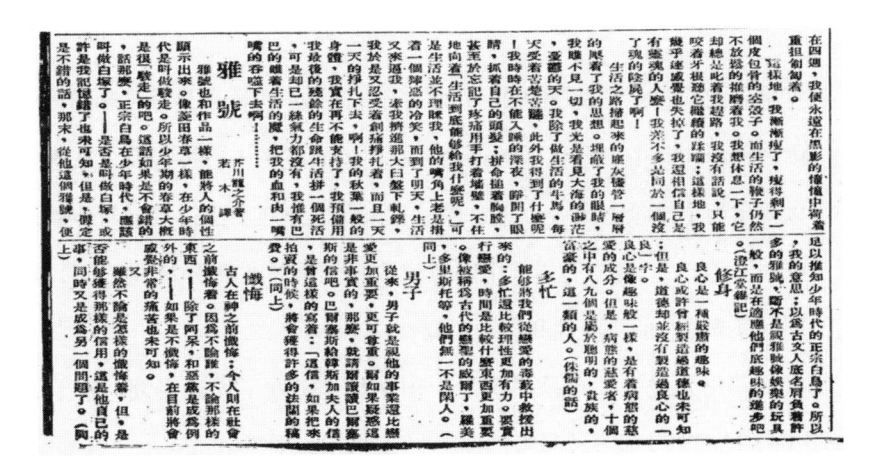

图3 《申报》民国二十三（1934年）年9月17日

---

① 本稿所有图片均引自中国近代报刊数据库，https://tk.cepiec.com.cn/SP/（2023年6月30日查阅）。

除了广告之外，《申报》还刊登了许多关于夏丏尊译本芥川《中国游记》的评论。自从夏丏尊选译《中国游记》于1926年4月10日刊登在《小说月报》之后，便迅速引发了中国读者的热烈讨论。《申报》最先做出了反应，率先刊登了该译本的读者评论。随后，陆续出现了几篇相关评论。现将发表在《申报》上的夏丏尊译本《中国游记》相关度较高的评论整理如下：

1926年5月27日《读"芥川龙之介氏的中国观"有感》　若谷

1926年6月1日　《谈谈芥川龙之介的中国观》　黎秋平

1926年6月7日　《公众卫生上之一大问题》　阿絜

1928年8月17日《母与子》　家＊①

1933年6月13日《城隍庙礼赞》　林翼之

1936年11月5日《读"一个日本人的中国观"》　鹄雄

1938年12月20日《上海掌故谭 信不信由你（三）》　沆瀣齐主

1947年7月6日　《城隍庙再认识》　徐蔚南

根据笔者的调查，发表于1926年的三篇评论是中国国内最早见刊的《中国游记》读者评论。其中，黎秋平的评论在以前的研究中未曾被提及。从这些数据中可以得出两个结论：第一，想要探讨芥川龙之介在中国的接受与传播，绕不开《申报》。第二，由于芥川《中国游记》的全译本出版于21世纪初，必须承认，夏丏尊节译本的重要性和深远影响。

其次，芥川龙之介的自杀震惊了中国文坛，引发了评论热潮。查士骥在1928年1月11日的文章《读最近两期〈小说月报〉》中指出："芥川的服毒自尽，在日本曾轰动一时，这轰动的余波，直及于我国。本刊首先刊登了他的死讯及

---

① 原报纸字迹无法辨认，故用星号代替。

绝笔后,《一般》杂志为他出了一个专号,这次《小说月报》也为他出了一期专号。"《申报》不仅率先对芥川的自杀做出了反应,还刊登了不少论及芥川自杀的文章。

1927 年 8 月 11 日	《芥川龙之介的自杀》	士骥
1927 年 8 月 17 日	《芥川龙之介之绝笔》	士元
1927 年 10~12 月	《〈上海〉第 10—12 回》	田汉作,朱应鹏画
1928 年 2 月 6 日	《颓荡、忍受与艺术》	士元
1928 年 4 月 2 日	《自杀》	泽雷
1928 年 7 月 9 日	《生活的理想、经验与艺术》	士元
1929 年 8 月 27 日	《小说家之寿命》	絜庐
1930 年 4 月 15 日	《关于自杀的研究》	涵泽
1933 年 7 月 14 日	《秋田雨雀的五十年》	索原
1948 年 4 月 20 日	《说自杀》	海燕

可见,当时国内对芥川自杀的讨论热度持续了很长一段时间。而与《小说月报》《一般》等杂志上的芥川自杀评论相比,这些文章从不同角度出发,或是聚焦自杀行为本身,或者借此反思自身。因此,这些评论不仅为我们考察芥川龙之介在中国的接受与传播提供了线索,还为研究当时中国知识分子的内在心理变化提供了外在视角。

此外,《申报》上还有一些谈及芥川文学艺术性的文章。上文刚提过的查士骥《读最近两期〈小说月报〉》中,就论及《小说月报》芥川特辑中的《河童》和《地狱变》(「地獄変」)。

有一位日本的文艺家说,芥川的知识学问太渊博了,因而他常常不能尽量地书写出他的所怀,我们读了他的最近创作《河童》,就可以证明此言是"信然"。《河童》全篇的构造,决不是偏重情感的冲动或"无学"的创作家所能写出的。我们细读此篇全文,我们只有惊叹他的思想的精密,他连河童的语言也能创造的了。我们可以想象他的天才,他写诗人河童的自杀,我们竟好像在读他自杀的告白。

芥川是被公认为一个新技巧派的作家。从《地狱变相》一篇,我们可以见到他此种技术的巧妙,他的描写良秀的女儿被恶毒的主人放在一辆车中,四周堆了柴,一把火,叫良秀来看他的地狱的绘画的实物,而良秀的天生残酷,终不能掩住他的溺爱女儿的天性,他终于突入火中救他独有的女儿。这种描写,颇使我们想到显克微支的名作《你往何处去》,两者一样的使人心惊肉跳。有人说芥川的作风颇像美国的爱伦·坡,其实爱伦·坡固有他的诗人的特长,芥川也有他小说家的魔力。[①]

无论是《河童》还是《地狱变》,芥川作为小说家的独特创作技巧与创作思想,都得到了查士骥的高度评价。特别是查士骥由《河童》中河童诗人特库的自杀联想到芥川自身的自杀行为,这一角度较为独到,展现了他对芥川文学研究的高超素养。

不仅在艺术手法上芥川文学引起了中国知识分子的共鸣,他历史小说的创作方法也给部分知识分子带来了极大的启示。早有研究者指出,鲁迅的创作方法受到了芥川历史小说创作的启发。[②] 除此之外,1935年2月21日,曹聚仁在《申报》副刊"自由谈"上发表的《历史小品脞谈(一)》,也证实了芥川的历史小说创作对中国文坛的影响。

[①] 载于《申报》的原文皆为繁体字,且都为顿号。为了行文统一,由笔者统一改写成简体字,标点符号也做了最小幅度的修改。以下引文相同。

[②] 秦刚:《现代中国文坛对芥川龙之介的译介与接受》,载《中国现代文学研究丛刊》2004年第2期,第248页。

我开始写历史小品，乃受日本芥川龙之介的启示。谢六逸翻译的日本小品文选所阅的芥川龙之介小品，三篇都是用中国的史事：一、用项羽本纪吕马童故事写《英雄之器》，二、用《史记》尾生的故事为《尾生的信》，三、用唐人传奇中卢生故事写《黄粱梦》。古老的故事，一经点缀，便以极新的姿态出现于当前的时代，我感到极浓厚的兴趣。如《黄粱梦》的结尾上说：卢生凝然地听着吕翁的话，赏对手确切地询问时，便抬起青年似的颜面，闪着眼光，这样说："因为这是做梦，我还想生，如那梦的觉醒似的，这梦觉醒之时，就要来吧！到其时之到来，我还想真择地生活了似的生存：你不作如此想吗？"这现代的精神，如太阳光那么明朗，使我愉快得很。依着他这一枝烛光，照读我以往所读的史书，处处闪出新的意义来。三年前，我就着手写这一类的小品了。

曹聚仁是民国时期的作家兼记者。他在谈及中国历史小说发展时，坦白自己就是受芥川的小品《英雄之器》(「英雄の器」)、《尾生的信》(「尾生の信」)和《黄粱梦》(「黄粱夢」)的启示，开始历史小品的创作。而且他还抓住了芥川的历史小说创作本质，即不以重现历史为目的，而是借史论今。值得注意的是，曹聚仁所读的并非是日语原版，而是谢六逸翻译的中文译本。这也揭示出芥川作品的中文译本推动了中国文坛的新发展。

1927年11月4日铭彝在《申报》上发表《开明书店将出版芥川龙之介集》，也佐证了中国读者对芥川文学饱含的热情。铭彝写道："诚然，芥川氏在文学上的贡献，很值得我们去推崇他。出本集子纪念他，更是十分应该的事情。"但是，由于该书计划只收录八篇小说和《中国游记》《绝笔》(「或旧友へ送る手記」)两篇附录，对于"'内容'太少"表示"很不满意"。他直言"何难出他的一个全集，出全集来纪念他，不比选集来得更恭敬一点吗"，呼吁译者们出版芥川全集。

通过对《申报》上涉及芥川文学的相关文章进行梳理，可以发现作品翻译、《中国游记》以及自杀是20世纪20至30年代芥川文学在中国接受与传播的三个关键词，这反映了中国文坛与日本文坛的紧密联系。此外，《申报》上散见的评论也证明了芥川文学对近代中国文坛产生深刻影响的事实。

二、张若谷与黎秋萍的《中国游记》论

对《中国游记》的理解是芥川文学中国传播与接受的重要表现。在《申报》上数篇涉及《中国游记》的文章中，张若谷《读芥川龙之介中国观有感》和黎秋萍《谈谈芥川龙之介的中国观》两篇最早发表，也是最为代表性的评述。这两篇文章紧扣夏丏尊译本《中国游记》的内容展开，阐明了他们对芥川的理解，并且还侧面反映出他们对中国现实的担忧。

首先，确认一下夏丏尊翻译《中国游记》的动机。他在译者题记写道："恨不得令国人个个都阅读一遍，把人家的观察做了明镜，看看自己究竟是一副什么尊容！"很明显，他希望芥川的文字能够成为中国人反思现实的机会。因此，夏丏尊自己对于芥川"满是讥诮的"发言"基本上是保持了一个平和的姿态去接受和理解"。[①] 关于译者夏丏尊的初衷，有部分读者接受了他的想法，借此反思中国社会。但也有部分读者对芥川展开猛烈的批判，与夏丏尊的期望背道而驰。严淑兰指出，虚心接受芥川批判的中国知识分子有张若谷、丁丁（《芥川龙之介的堕落观》，《新时代》1933年1月）和卜束（《从中国游记看自己》，《论语》第131号，1947），而作为民族主义者的声音有阁葆明（《斥芥川龙之介氏之谬论并揭日人对华外交手腕以告国人》，《醒狮》第99号，

---

① 秦刚：《现代中国文坛对芥川龙之介的译介与接受》，载《中国现代文学研究丛刊》2004年第2期，第262页。

1926年9月)、秋山《读芥川龙之介的中国游记》(《新评论》,1928年10月)[1]。秦刚指出,"进入30年代后,中国读者接受芥川龙之介中国观感的容忍度,随着中日关系的渐趋紧张而日益减少"[2],并例举了丁丁和巴金《几段不恭维的话》(《太白》,1935年1月5日)佐证。这两篇研究都有独到之处,基于中国社会背景做出了详细的解析。然而,针对芥川《中国游记》的讨论不能笼统地判定是批判还是赞扬的态度。对于当时的中国人而言,芥川的文字无疑戳中了他们内心深处的痛点。无论是接受还是抨击,都可以理解为中国人对现实的自我反思。

张若谷的《读芥川龙之介的中国观有感》应该是夏丏尊译本《中国游记》的第一篇读者评论。首先,张若谷认为芥川的中国社会书写缺乏可信度,因为芥川作为语言不通的"哑旅行家"是"凭空'造谣言''放流言'"。随后他又对芥川"上海城内"中国乞丐的描写表示不满,直言芥川"更不应该把少数的中国怪人物,去代表大多数的中国人,描写中国的情形,几乎可使读者为之恐缩"。对于芥川对中国人形象的描写,张若谷直呼"这一点便是大大的缺憾"。其次,张若谷认为芥川对中国国内腐败现象的描写有失公允,缺乏"怜悯的同情心"。不过,张若谷并非全盘否定芥川的中国记述。他对芥川在芜湖的发言表示肯定,认为芥川"说得很是确切而真实",是"'确实'的一个好教训"。

诚然,对于张若谷而言,芥川的文字一定程度上发挥了"明镜"的作用,激发了他对中国社会的反思。尤其引发了他张若谷对芥川提及的中国腐败和衰退问题的思考。已有研究提出,张若谷认为中国社会受到批判在于中国人民缺

---

[1] 颜淑兰「芥川龍之介『支那游記』と夏丏尊『中国游記』の問題系」、『日本文学』2014年第6期、第34—37頁。

[2] 秦刚:《现代中国文坛对芥川龙之介的译介与接受》,载《中国现代文学研究丛刊》2004年第2期,第262页。

乏民族意识①。其实，除去中国人的民族性问题，张若谷还以文学家独特的视角，表明了对中国艺术界的不信任。

> 我现在不要侈谈政治社会……和民族关系的利害问题，只把一个最低限的范围"艺术"方面去看。在今日的中国，不敢说是绝对没有艺术家，但我终觉得住在"象牙之塔"里面为艺术而艺术的艺术家太多了。而稍和民众接近的艺术家，可以说是比"凤毛麟角"还要稀少。虽然在近来的报纸角里、讲演坛上，也可以稍见闻到有人在唱着"生活艺术""提倡民族艺术"种种的高调，但是敢问能实行"替天行道，为民请命"者在国内艺术界中有几人。

张若谷以艺术家的身份深入思考了当时中国艺术界的问题，其观点与芥川对中国艺术衰落的批评不谋而合。20世纪20年代初，中国文坛十分繁荣，文学团体接二连三先后成立，如1921年的文学研究会和创造社、1922年的浅草社、1923年的新月社以及1924年的语丝社等。这些文艺社团有些崇尚浪漫主义，标榜"为艺术而艺术"，有些倾向于现实主义，标榜"为人生而艺术"。这正印证了张若谷所说的"为艺术而艺术的艺术家太多了"。面对芥川的批评，张若谷的态度很明确，即批判"为艺术而艺术"的理念，提倡与人民群众紧密联系、彻底实践"为人生而艺术"的观点。这从他举出的中国电影界的例子也可以窥见一二。张若谷认为，中国的电影"不会调查社会里民众的生活或收集历史上的事迹编成较有'民族艺术'性的影片"。对于中国文艺界存在的问题，张若谷呼吁青年艺术家们"应该向'民众'走出，我们今日所需要做的事，是要'感动全国民的猛烈热情'"。换言之，他认为艺术上的问题应该用艺术解决，提

---

① 颜淑兰:「芥川龍之介『支那游記』と夏丏尊『中国遊記』の問題系」,『日本文学』2014年第6期，第36页。

倡创作与人民群众密切联系的艺术。在 20 世纪初中国改革变动期，张若谷作为文学家，强调了艺术的重要性。

继张若谷之后，黎秋萍发表了《谈谈芥川龙之介的中国观》。总体而言，对于芥川"热烈的讽刺"，黎秋萍的态度与张若谷既有不同，又有相似之处。首先，与张若谷的愤怒相比，黎对芥川描写的中国人印象颇为赞同。他认为芥川的"讽刺绝不是一种无意义的鄙视。在他的文字里我们可以找到他对于中国前途的绝望与悲观。而且他的悲说都是彻底的，不是为政治紊乱国情混沌那种浅薄的讲解。他是为的中国人的堕落性根本就没有任何改革的希望和办法。他说的真切极了"。黎秋萍积极地接纳芥川的讽刺，并思考其真实意图。对于芥川把上海城内所见的乞丐、湖心亭小便的老人与绿牡丹等视为中国人的代表，并非像张若谷那样反驳，黎则认为，"他的观察态度的冷酷，比罗素赞扬中国人忍耐性彻底多了"，反感罗素对中国人使守性的赞扬，认为那是旧学家的眼光。因此，批判说罗素是"浅薄的中国的趣味送信者"。言下之意，芥川的中国批判是深刻而中肯的见解。

与张若谷对艺术的思考不同，黎秋萍更关注中国人民的国民性问题，指出其受到旧社会的封建制度与封建思想的影响。面对芥川批判"……目前的中国人与其叫他们顾着子孙的将来，宁可沉溺在酒与女色之中"的社会现状，黎秋萍反思道："我们只要一想想中国人教育子孙的信条就是了。他们的人生观是礼教道德，他们的希望是升官发财（不过现在的招牌换新罢了），所以中国革命十多年了，只看见军阀政客一天多一天，国情政局，给他们闹得一天糟一天。像这样教养出来的子孙，真不如叫他们死在醇酒美人里面还好些啊。"由此可见，芥川并非恶意抹黑中国社会。同时，也可以看出黎秋萍这类思想较为先进的知识分子对中国社会问题的深刻认识。

当然，黎秋萍也表示了对芥川的不满。他抱怨道：

却是把芥川的全文仔细一考研,总觉得他过去冷酷,使我感着不满足。第一是他没有一点同情心"在改革方面言",把中国只看作一个古董,和一班欧美人的眼光一样。最奇异的,他看中国旧小说的程度,差不多连我这酷嗜小说的本国人都惊服倾倒,可是于中国新思想新文艺,他一个字都不提及,一概都不知道似的。而且他所拜访的全是一班老学究,先生他主张的矛盾就在这一点,一方面鄙薄中国人,一方面却又恭维一点希望心同情心,他就应该知道我们的新人物,和一班改革家了。为什么他一字都不提起呢?难道他除开犯中国作古董玩以外,什么都不顾望吗?

因此我便觉得这种人心情的冷酷了,虽然他说了一句青年的呼声是怎样,从嘉庆道光以来中国没有自豪的"艺术",然我觉得他替中国绝望悲观太缺乏了诚意,绝望之外,他并没有一丝毫愿望的。

这种不满主要是因为芥川只提中国的"旧",不提中国的"新"。黎秋萍对芥川冷漠的文字感到愤慨,认为他只对中国感到绝望却没有寄予希望,毫无诚意。引发黎秋萍反驳的主要原因应该是"与夏丏尊抄译时的节选和改译密切相关"[①]。芥川实际上并非如黎所言,"拜访的全是一班老学究"。他的《上海游记》详细记录了在上海期间也与"'年轻中国'思想家"李人杰的会谈。夏丏尊在翻译《中国游记》时以唤醒国人意识为愿景,有意节选那些批判性较强的内容。虽然这种翻译方式促使不少读者思考中国社会的问题,但同时也造成了部分知识分子对芥川龙之介的误解与成见。

然而,黎秋萍对芥川龙之介的反驳实际上与当时中国正在发生的抗日运动密切相关。文中多次提及新人物和改革家的行为,也反映了他积极拥护新文学和社会改革运动的心理。尤其值得一提的是,黎秋萍在提到"现在的中

---

① 顔淑蘭「芥川龍之介『支那游記』と夏丏尊『中国遊記』の問題系」、『日本文学』2014 年第 6 期、第 34 頁。

国国情固然比从前更糟了，可是改革精神和艺术发展也未尝不值得一说"时，表达了对于萌芽于混沌的中国大地上的新思想新艺术的信心和希望。像黎秋萍这样的知识分子，不仅急切地希望通过"改革精神和艺术发展"来打破旧中国的禁锢，而且对未来的"新"中国也充满信心。在文章的结尾，黎秋萍向读者呼吁："我奉赠你们一句话，'自己努力吧，别人是靠不住的，赶快从事艺术创造吧，要知道西洋人的格言，一国在一世纪之中，没有惊大的大艺术出现，民族就近于衰亡或者野蛮了'。"与张若谷的态度几近相同，两人都期待中国能够在艺术上有所建树，迫切期待通过文学来改变国民思想，促进改革和发展。

值得注意的是，黎秋萍对芥川并未描绘出中国新气象的不满态度，是20世纪20—30年代一部分知识分子的共同感受。例如，严淑兰提到的阁葆明和秋山二人也持有类似的态度。阁葆明基本认同芥川对中国腐败的描写，但对其损害中国国体的文字极度不满意。"你只看了几个村夫愚妇和那十九世纪脑筋的伪文人辜鸿铭，和大清帝国的遗奴忠仆郑孝胥等，几个怪物，就不会晓得现今民气的蓬勃，仇日空气布满全中国吗？"显然，阁葆明批评的也是芥川所描绘的中国"旧"的一面，而未提及中国"新"的一面。而"民气的蓬勃"也隐喻着当时中国新思想和新艺术的出现，追求变革的积极姿态。而"仇日空气"的说辞则有通过文学声援抗日运动的意图。秋山也表达了不满，"在芥川氏眼底的中国，只是供他玩赏的妓女，戏子，破庙，古迹。除此之外，他以为没有了，真的没有了"。此外，《申报》副刊"艺术界"上的书报介绍文"母与子"中，该作者褒奖武者小路实笃"真如一位慈祥的老婆婆""确是近代日本作家中，最表同情于中国的一人"。而芥川龙之介"是阴刁刻毒而拉长了脸的汉子"。《读〈一个日本人的中国观〉》一文也表示芥川的中国之行不过是走马看花，片面至极，"认识既不足，复加心有所蔽，其结果遂毫无护得了"。显然，夏丏尊译本《中国游记》给人留下了他对中国未来不抱希望的印象，这一观点遭到了大多数知识分子的批判。

受到夏丏尊节选内容的影响，以及他们对芥川文学全貌的理解的局限性，仅仅以夏丏尊的翻译为出发点评判芥川可能存在些许片面之嫌。当然，更重要的是这些批判性文字背后所蕴含的中国知识分子的矛盾心理，他们对于中国前途既不安，同时又抱有期许。他们通过文字积极发声，展现出了中国艺术的进步和他们投身革命运动的思想觉悟。正是他们批判性的行为铺下了中国超越苦难走向未来的一块垫脚石。

三、对芥川上海城内描写的关注

夏丏尊译本《中国游记》中，最引起中国读者关注的是描写上海城隍庙的部分。例如，前文提到的张若谷与黎秋萍的读者评论基本都是以芥川的上海城内见闻为中心展开。除此之外，其他发表在《申报》上的有关《中国游记》的评论中，大多数都提到了芥川的城隍庙见闻。

首先，芥川的文字引发了一众人对上海公共卫生的自嘲。1926年6月7日刊登在《申报》上的《公众卫生上之一大问题》一文中，该作者表示赞同芥川龙之介在"南国的美人"一节中针对雅叙园卫生问题的抱怨，并深感"实则上海饭菜馆之不知卫生岂仅雅叙园，为然此实公共卫生上之一大问题也"。林翼之在1933年6月13日发表的《城隍庙礼赞》中，通过城隍庙的卫生状况暗讽百姓对时局的冷漠时，写道："日本的文学家芥川龙之介，曾经亲眼看见有人在这湖里放尿，其实比尿更丑恶万分的东西，都往这湖里丢。"引用芥川的文字既凸显了城隍庙的卫生问题，又加深了对中国百姓的嘲讽。1938年12月20日发表在副刊"春秋"上的《上海掌故谭》中，该作者谈到了九曲桥一带的景色时，直言往昔的佳景"终归荡然，池荷亦不能再见，臭水中仅余大小乌龟鼋游。芥川龙之介之恶辣讽刺，盖非偶然"。芥川龙之介的笔端一针见血，对中国读者留下了极为深刻的印象。

其次，芥川对城隍庙附近的中国百姓的描写，引发了巨大的反响。在上文中提到张若谷对此持坚决的批判态度，黎秋萍则表示赞同。除去《申报》上的评论，例如丁丁在《芥川龙之介的中国堕落观》中也承认芥川的"不洁"描写，强调中国人自己也很反感。无论是批评还是赞同芥川的观点，都反映出人们对中华民族自我认知的不同。尤其是那些敢于接纳芥川描述的知识分子，他们应该从芥川的作品中得到重新审视本国国民性的勇气。《城隍庙杂谈》中，作者火雪明一边感叹"其实，芥川龙之介的讽刺，只是十四年前的观察，到如今已不适合"；一边补充道"惟有一种不可讳言的事实"，也就是湖心亭的公共卫生问题——"在夏天喷出不可耐的异味"。在论及湖心亭的水质不如从前时，火雪明作出如下的批判和自省。

> 时代一天一天向科学的路上迈进，而公众设施，只老是停顿在静止的状态中，怎不叫人仿徨忧虑呢？此而不能，还想打倒迷信？毁灭神秘？于是我对于芥川龙之介的警句："在庙里，那面走着穿漂亮洋服缀着紫水晶的领结定针的中国时髦人，这面走着戴了银项圈的三寸小脚的旧式妇人。金瓶梅中的陈敬济，品花宝鉴中的奚十一——在这许多人里面，这类的豪杰似乎也有着。而什么杜甫，什么王阳明，什么诸葛亮，却似乎一个找不出。"即使想激励辩护他在说谎，但形式上固然还可以勉强说得过，而精神上又将如何去遮掩这一类懒散特质的表征？

此处所说的公共设施的静止指的是湖心亭湖水"不谋更换"。这种基础设施的滞后状态让人联想到信仰迷信和神秘的思想层面的落后。火雪明借助芥川十多年前的描述，再次敲响了国人的警钟。杜甫、王阳明和诸葛亮不仅有渊博的知识，还有胸怀天下和忧国忧民的胸襟。他们与城隍庙里的时髦人、传统妇女等麻木的百姓，或者像陈敬济、奚十一一样贪图安逸享乐的人物形成了鲜明对比。1936年前后的中国，国家面临着内忧外患的存亡危机。在这个时刻，需要勇于发声、敢于行动的人才，但实际上不少百姓依旧思想固守、麻木不仁。火雪明借用芥川的描写，暗讽了眼前中国人的精神麻木，表达了对这种"懒散"国民性的反思。

最后，芥川对城隍庙一带的描写在多年后反响烘托了中国人民的意识觉醒和思想进步。《申报》上最后一篇有关《中国游记》的文章是《城隍庙的再认识》，发表于1947年7月6日。该文篇幅较长，几乎占去了大半个的版面。其主题在于强调城隍庙的艺术价值，并呼吁上海当局爱护它。文章的开头指出，"不少艺术家或者爱护艺术的人士"每次要求在上海市内设立美术馆时，都会拉踩城隍庙。对此，同为艺术家的徐蔚南感到愤怒和不满。为何将充满童年回忆的城隍庙视为"眼中钉，简直像势不两立，非拔去不可呢"？在某艺术界的集会上，他亲眼看到多人"污蔑指摘"城隍庙，于是写下这篇文章来申辩其艺术价值。徐蔚南指出，城隍庙首先具有"引人游览的魔力"，是"集中了中华民族形式的一切东西的场所"。他认为聚集在城隍庙的东西"全部是经过大众所选择出来的"，"是我们无可抗拒地爱好着的"。在他眼中，城隍庙就像是一个"中国本色"的博物馆和美术馆，是"集中中国文化的结晶的场所"，其艺术价值极高，最能代表中国文化精髓。他还肯定欧美游客在游览过城隍庙后都大开眼界，觉得此行不虚。说到此处，徐蔚南笔锋一转，表示"也许有人以为我太强调城隍庙了，他们就请出那位作《支那游记》的芥川龙之介来辩护"。他担心芥川的描述会被用来反驳自己的城隍庙艺术论，因此先发制人进行了批判。徐蔚南和火雪明都关注了湖心亭的湖水和庙里的中国人，但徐蔚南的态度与火雪明不同，他极力反驳。

原来现代的日本人，凡到中国来游历的，无非想找一点咒骂中国的材料，而芥川聪明，一到上海便到城隍庙里去找材料，果然骂得我们格外痛快，格外淋漓尽致。可惜他早死了几年，没有看见战争，更没有看见战后的日本。城隍庙里不仅有陈敬济、奚十一，并且还有芥川一类人呢，不是芥川忘记了自己的高贵，便是把自己也算在陈敬济一流人物中间了。他在城隍庙里找不到岳飞一类人，很为抱憾，岂知在此次战争中，城隍庙里进出的人，气魄和岳飞一样伟大的，不怕任何牺牲和日本拼命的，竟不知有多少呢。

徐蔚南借着对芥川的批判歌颂抗战期间为中华民族奉献的无数英雄们所表现出的气节和勇气。从 11 年前火雪明对中国百姓"懒散特质"的讽刺，再到徐蔚南的讴歌，反映了中华民族思想上的进步和民族自信的不断增强。徐蔚南还指出，在抗日战争结束后，他目睹的虹口集中区的日本人比芥川所描述的更加"悠然坦然"。同时他还强调，芥川描绘的中国人"猥亵、残酷、贪欲"之类的特点在日本人身上最为淋漓尽致，批判了日本人的侵华战争行为。对于徐蔚南来说，否定城隍庙艺术的言论无疑是对中国艺术乃至中华民族的否定。因此，徐蔚南断然无法接受芥川的"讥诮"。毫无疑问，抗日战争期间中华民族英勇奋战的身姿，给当时的知识分子带来了巨大的感动和民族自信。

芥川对上海城隍庙一带的描写令人深思，几十年来一直牵动着中国知识分子的内心。这不仅唤起了人们对上海公共卫生的反思，更为人们重新认识人民的民族性提供了契机。在二三十年代，芥川的文字深深刺痛了大部分知识分子，他们迫切希望并呼吁改变中国现状。到了 40 年代，抗日战争的胜利成为对芥川文字最好的回击。回顾 20 世纪初，围绕《中国游记》的读者评论也在一定程度上反映了中国国内思想革新和改革奋起的动态。

四、小结

如上所述，《申报》对芥川文学在中国的接受与传播起到了不可忽视的助力作用。该报纸上所发表的大部分文章，不仅有助于更好地理解芥川文学在中国传播的内涵，更为重要的是，它们成为了解读20世纪初中国知识分子思想动态的重要文献。其中，《中国游记》抄译版本的中国读者评论，不仅反映了他们对芥川龙之介理解的变迁，也表明了他们对中国自我认识的变化。尽管受到了夏丏尊抄译的具体内容及对芥川文学理解度的影响，总体而言，持抵触态度的读者占据了较多的比例。但无论是对芥川中国批判的理解，还是对其中国态度的认同，背后都蕴含着试图直面当时中华民族存在的一系列问题的真挚姿态，既包括国民性和民族性问题，也包括艺术上的问题。归根结底，芥川的中国记述如同夏丏尊期待的一样，一定程度上完成了推动中国人加深自我认识的使命。

The Narrative of Ryunosuke Akutagawa's Literature in *Shen Bao*

Abstract: Akutagawa literature has attracted wide attention since it was translated and introduced to China by Lu Xun. Among them, Shen Bao, the most influential newspaper in China's modern history, carried a large number of articles related to Akutagawa. These articles fell into three main categories: first, advertising for Chinese translations of Akutagawa's works; Second, the comments related to Akutagawa's suicide; Third, readership essays dealing with Xia Mianzun's *Travel Notes of China*. Through a detailed reading of the readers' theories of *Travel Notes of China*, this manuscript finds that Akutagawa's description of the inner city of Shanghai touched the hearts of many Chinese readers, which pushed them to re-examine issues such as domestic nationhood and art. It is worth mentioning that the readership of *Travel Notes of China* after the victory of The Chinese People's War of Resistance Against Japanese Aggression was predominantly critical. The heroic image of the Chinese people in the war greatly encouraged the intellectuals at that time, and also greatly enhanced the self-confidence of the national culture.

Keywords: *Shen Bao;* Akutagawa; *Travel Notes of China;* Temple of the City God

作者简介：谢银萍，博士，三江学院讲师。主要研究方向为日本近代文学。

村上春树《海边的卡夫卡》中的记忆建构[①]

辽宁大学　孟辰　辽宁理工学院　段雨霖

【摘　要】在小说《海边的卡夫卡》中，村上春树采用了多种记忆建构策略，以文学创作的方式进行社会批判。作者在调动文字、档案、图书馆等符号表征记忆的同时，塑造了以"两个逃兵"为代表的个体经验记忆，对日本现实社会存在的记忆危机问题进行反思，并试图通过记忆的重构修正国民的文化记忆，体现出作家反对暴力、反思战争的社会责任意识。本文运用德国学者阿莱达·阿斯曼提出的文化记忆理论对小说中的记忆书写进行分析，论述其产生的意义与价值，指出村上不仅通过虚构的故事展示出场人物的记忆样态，而且借助表现战争逃兵个体记忆的方式问询日本民族的文化记忆，唤起民众对历史问题的关注。

【关键词】村上春树；《海边的卡夫卡》；记忆；建构

法国学者皮埃尔·诺拉（Pierre Nora）[②]曾说过，"人们之所以这么多地谈论记忆，是因为记忆已经不存在"。"不存在"并不意味着记忆完全缺席，而是引发记忆的现象已经消失，记忆本身因为集体和社会建构而存在。在2002年发表的长篇小说《海边的卡夫卡》（『海辺のカフカ』）中，村上春树（村上春樹）

[①] 本论文为辽宁省社会科学规划基金青年项目"后现代视域下的村上春树反战思想研究"（L19CWW001）阶段性成果。

[②] 皮埃尔·诺拉：《记忆之场：法国国民意识的文化社会史》，黄艳红等译，南京：南京大学出版社，2015年，第3页。

对记忆问题给予关注。小说通过人物、情节、意象的精心设计展示出记忆运作方式，其背后"贯穿了与战后日本特殊的历时性相关的种种隐喻和指涉"[1]，同时介入现实，对日本社会存在的记忆危机进行反思。

对于《海边的卡夫卡》的记忆建构及其产生的意义这一问题学界形成了不同的意见。在《村上春树论：精读〈海边的卡夫卡〉》(『村上春樹論——『海辺のカフカ』を精読する』)一书中，小森阳一（小森陽一）分析了小说的文本策略结构，对其发挥的记忆消解作用提出批评：小说虽然唤起了读者的记忆，但又"将其作为无可奈何之举予以宽许""将记忆本身消解一空"[2]；刘研认为，《海边的卡夫卡》将记忆进行"解离"以实现精神的"疗愈"，小说主人公"将创伤记忆悬置一边实现自我疗愈，其中隐含着抹杀集体记忆和国家历史的倾向"[3]；而林少华提出，作者在"让田村卡夫卡君获得救赎的过程中，确认和批判了日本那段充满暴力的历史"[4]，赞赏了村上的历史责任感和社会责任感。可见围绕小说《海边的卡夫卡》学界存在两种相反的观点：一种以小森阳一、刘研为代表，强调作品抹杀历史、勾销记忆的一面；一种以林少华为代表，认为小说起到批判历史、保存记忆的作用。两者看似针锋相对，实际上是对村上在《海边的卡夫卡》中的记忆处理产生分歧。那么《海边的卡夫卡》这部小说的记忆以什么样的形态出现？是如何被村上书写和表征的？其载体和中介又有哪些？这些记忆的建构产生了哪些意义？本文将围绕这些问题，论述文本中记忆表征的作用，继而剖析作者是如何借助作品对现实进行反思与批判的。

---

[1] 秦刚：《〈海边的卡夫卡〉现象及其背后（译者序）》，收入小森阳一：《村上春树论：精读〈海边的卡夫卡〉》，秦刚译，北京：新星出版社，2007年，第3页。
[2] 小森阳一：《村上春树论：精读〈海边的卡夫卡〉》，秦刚译，北京：新星出版社，2007年，第8页。
[3] 刘研：《日本"后战后"时期的精神史寓言——村上春树论》，北京：商务印书馆，2016年，第17页。
[4] 林少华：《作为斗士的村上春树——村上文学中被东亚忽视的东亚视角》，载《外国文学评论》，2009年第1期，第116页。

一、被扭曲的记忆

作为人类思维活动之一，记忆往往跟想象、情感、回忆等意识过程密切相连，具有主观性、非理性特征。村上春树也注意到记忆的这种特性，他借用法国哲学家亨利·柏格森（Henri Bergson）在《物质与记忆》(*Matter and Memory*)中的观点凸显记忆的作用："所谓纯粹的现在，即吞噬未来的、过去的，难以把握的过程。据实而言，所有知觉均已成记忆。"[①] 从心理学角度分析，记忆"并非是对过去完全准确的重复，而是将来自不同情境下的信息根据个体特征进行重新组合与构造"[②]。这种主观性也说明记忆自诞生开始就面临扭曲、增加、删除、改写等风险，记忆发生变形的原因同样是值得研究的课题。《海边的卡夫卡》中的记忆也被表现为倒错变形的状态，文本中被扭曲的记忆现象比比皆是：集体失忆、记忆空白、选择性记忆、记忆违背现实等等，而小说的题旨就在这些扭曲记忆的表征中被凸显出来。

（一）暴力与失忆

《海边的卡夫卡》中出现了三个具有代表意义的失忆现象：学生们面对冈持节子老师殴打中田的场面一起陷入昏睡状态而集体失忆；无意中发现秘密的中田被冈持老师疯狂追打而丧失记忆；从昏迷中醒来的卡夫卡发现身上的白色T恤有一大块血迹，可他没有染上血污的记忆。纵观这三起失忆事件，其共同点在于背后都有暴力的参与，暴力是造成失忆的根源。对学生们而言，冈持老师的暴行无疑是难以理解的，小说借冈持节子的眼光描绘了学生们出乎意料的反应：

[①] 村上春树:《海边的卡夫卡》，林少华译，上海：上海译文出版社，2018年，第296页。
[②] 杨治良:《记忆心理学（第三版）》，上海：华东师范大学出版社，2012年，第126页。

当我回过神来时，发现孩子们全都一动不动盯着我。有的站着，有的坐着，都脸朝着这边。脸色铁青地站立着的我、被打倒在地的中田君、我染血的毛巾就在孩子们的眼前。好长时间我们就像冻僵在了那里，谁也不动，谁也不开口。孩子们的脸上没有表情，俨然青铜铸成的脸谱。①

暴行面前的学生们既冷漠又麻木：他们惊讶于冈持老师的反常行为，面无表情地呆立在原地，为了自保而装作若无其事，最后集体昏睡而失忆。在暴力的阴影中，学生们的集体记忆产生扭曲；中田作为冈持暴行的直接受害者丧失了记忆，但他的内心也种下了暴力的种子，以至于在后续故事里成为施暴者：失忆后的他发现自己能与猫类对话，从此和猫成为密友。为救小猫，中田杀死虐猫人琼尼·沃克，对此他却认为是琼尼·沃克逼迫自己做出来的。琼尼·沃克作恶多端，是残暴与罪孽的化身，而将其杀害的中田却反过来被他附体，受暴力困扰。难以承担重压的中田渴望返回普通的、有实质的自我，可见暴力能改变人性情这一恐怖之处。忘却记忆的中田没有丢弃暴力，仍然能痛下杀手，这隐晦地表现出暴力潜藏之深：它根植于中田内心伺机而动，等候着被激活的时刻。

小说主人公卡夫卡的选择性失忆来源于暴力对记忆的修正与篡改，且这种篡改是在他无意之中进行的。少年卡夫卡的家庭生活非常不幸：被母亲狠心抛弃，被生父诅咒"弑父娶母"，不仅没有得到家人的疼爱，而且承受巨大的精神痛苦。这些经历造成了卡夫卡自立又自闭的双重性格以及内心深处的暴力倾向：他在学校是个问题少年，曾因为跟同学闹出的暴力事件而三次受到停学处分。对此卡夫卡既无奈又疑惑，认为是自己难以克制自我，总会在无意中伤害他人。

---

① 村上春树：《海边的卡夫卡》，林少华译，上海：上海译文出版社，2018年，第108页。

而当卡夫卡发现并准备洗去 T 恤上的鲜血时，"无论怎么'咯嗤咯嗤'用力猛洗，沾上的血迹都不肯消失"①。血迹昭示着卡夫卡伤害他人的事实，而他却完全想不起来究竟发生了什么。可以推测由于心理自我保护机制的作用，卡夫卡在使用暴力后头脑有意识地将其遗忘，造成了选择性失忆的发生。总之暴力造成失忆，带来心理创伤，是罪过之源，也成为村上批判的对象。

（二）受害记忆还是加害记忆

作为《海边的卡夫卡》中的两种记忆形态，受害记忆与加害记忆相互关联，矛盾共存。小说中的主要人物无论是卡夫卡、中田，还是冈持节子、佐伯都声称自己是众多事件的受害者而非加害者：卡夫卡因父亲的诅咒而离家出走，他发誓要顽强地活下去，踏上了孤独的旅程；中田遭遇"事故"，失去了正常人的感受，随后被家人和朋友孤立，"几乎没人记得他的存在"②；冈持节子的丈夫战死在菲律宾战场，她痛斥战争残酷地"夺走我心爱的丈夫和父亲"③；大学时代佐伯的恋人意外死去，痛苦的她觉得"人生在二十岁就已经终止了"④，从此销声匿迹长达二十五年。但实际上每个人物又都是暴力的参与者，是施暴者：卡夫卡杀害生身之父，与母亲、姐姐交合，触犯了伦理禁忌；中田将刀子插进杀猫人琼尼·沃克的心脏，亲手杀了人；冈持在孩子们面前迷失了自我，疯了一样对中田施暴，导致中田丧失记忆；佐伯在恋人死后"麻木不仁地穿行于世界"，做过许多错事，"有时也去外面偷欢，也曾和不少男人睡过"⑤。在得知卡夫卡对自己的心意后，佐伯也没有拒绝，选择了和少年发生了关系。可见小说的主要人物在潜意识里强化了受害者一方的记忆，同时有意地淡化了自己作为加害者的记忆。

---

① 村上春树：《海边的卡夫卡》，林少华译，上海：上海译文出版社，2018 年，第 75 页。
② 同①，第 228 页。
③ 同①，第 104 页。
④ 同①，第 432 页。
⑤ 同①，第 432 页。

值得注意的是，这种加害记忆与受害记忆不对等的状况正是日本社会记忆问题的缩影："二战"结束至今"日本总是片面强调受害经验，回避加害责任，在战争记忆上呈现出'受害者记忆'的特征"[1]。正是因为"对自身苦难先入为主的成见，使得绝大多数日本人忽视了他们对他人造成的伤害"[2]，记忆随之分裂，变得模糊不清。在那场战争中日本民族究竟是受害者还是加害者？应该继承受害记忆抑或保有加害记忆？借助《海边的卡夫卡》中的记忆书写，村上指涉了日本存在的"受害者"情绪蔓延、逃避战争罪责的真实状况，叩问着"加害者"有意回避暴力责任、抹消自身罪行的社会现实。

二、文字、档案、图书馆：媒介与记忆隐喻

记忆的保存与继承需要记录来实现，而记录则依赖媒介的参与。作为物质的支撑，媒介对记忆起到扶持作用，是"连接、沟通人类一切记忆的纽带、桥梁和平台"[3]。《海边的卡夫卡》中出现的媒介主要有文字、档案和图书馆三种，它们既是小说情节的组成部分，是故事的重要意象之一，也成为记忆的载体与中介，作为隐喻记忆的符号而发挥功用。

（一）文字与记忆断裂

德国学者阿莱达·阿斯曼（Aleida Assmann）指出，"文字不仅是永生的媒介，而且是记忆的支撑。文字既是记忆的媒介又是它的隐喻"[4]。而当文字出现

---

[1] 胡澎：《日本人战争记忆的选择、建构——兼谈中日如何共享战争记忆》，载《东北亚学刊》，2016年第3期，第52页。
[2] 约翰·道尔：《拥抱战败》，胡博译，北京：生活·读书·新知三联书店，2015年，第11页。
[3] 邵鹏：《媒介记忆理论：人类一切记忆研究的核心与纽带》，杭州：浙江大学出版社，2016年，第6页。
[4] 阿莱达·阿斯曼：《回忆空间：文化记忆的形式和变迁》，潘璐译，北京：北京大学出版社，2016年，第206页。

缺位和丢失,其提供的"需要让人解密的现实索引"①就失去意义,被文字支撑的记忆也随之中断。小说《海边的卡夫卡》中有两个情节用文字的缺失隐喻记忆的断裂,具有象征意义。首先是中田在失去记忆后,文字和阅读能力随之丧失,对此中田的主治医师冢山重则教授认为中田不仅"所有记忆都从脑袋里不翼而飞"②,而且连字也不能辨认。不能阅读文字的中田对失忆一直耿耿于怀:关于失忆的原因,他始终不能理解。不仅中田无法理解自己的境况,小说中出现的人物几乎都不甚了解中田的过去,只有读者具备理解中田失忆的条件:有关中田的性格、身世、经历等信息,作者"只是特权性地向读者提供",也就是说"只有读者能够担当起将战后日本的历史进程与战争期间的现实连接起来的职责"③。什么是造成中田读写能力丧失、记忆断裂的元凶?历史、记忆、现实之间是如何连接的?从那场战争中应该继承什么,遗忘什么?村上在文本中布设了召唤结构,希望读者能从"中田事件"中进一步思考,对现实问题进行反省。

另一个意味深长的情节是佐伯拜托中田烧掉自己的三本日记。围绕这三本日记,两人有过这样的对话。

"写是一件重要的事情吧?"中田问。

"是的,正是那样,写是一件很重要的事情。而写完的东西,写后出现的形式却无任何意义。"④

所谓的"写完的东西"与"写后出现的形式"指的是文字。在佐伯看来,

---

① 阿莱达·阿斯曼:《回忆空间:文化记忆的形式和变迁》,潘璐译,北京:北京大学出版社,2016年,第477页。
② 村上春树:《海边的卡夫卡》,林少华译,上海:上海译文出版社,2018年,第72页。
③ 小森阳一:《村上春树论:精读〈海边的卡夫卡〉》,秦刚译,北京:新星出版社,2007年,第130页。
④ 村上春树:《海边的卡夫卡》,林少华译,上海:上海译文出版社,2018年,第432页。

写日记是为了"清理自身",获得慰藉。相比"写"的过程,"写"的结果——文字显得无足轻重。在这里文字只是一种媒介,作为书写活动的伴生品,它起到承载记忆、唤起思念、宣泄情绪的作用。在自己生命终结之时,佐伯不想把写有私密的记忆的文字给旁人阅读,因此她特意委托没有记忆又不会写字的中田处理这些日记。随后中田按照佐伯的请求烧掉了记录佐伯一生罪与罚的三本文稿。"文字是抵御社会性的第二次死亡(即遗忘)的武器"[1],文稿被彻底烧毁,里面的内容从此无人知晓,意味着佐伯这个人在世间存在的痕迹被人为涂改,表达其心声的文字被强制抹消,文字所承载的记忆也无法解读和继承,成为谜一样的存在。

(二)官方档案:封存记忆

"档案"一词来源于希腊语,词源上意为"开端""发源""统治",此外还有"官府"和"衙门"的意思。档案是官方的记录,作为一个集体的知识存储器,是"一个城邦、国家、民族、社会的机构化的记忆"[2]。既然作为记忆载体的档案与意识形态有着密切联系,那么官方对于档案的不同处理方式也会对记忆造成不同影响:利用档案既能够保留珍贵的历史资料,唤起国家和民族的集体记忆,也可以有意清理、销毁文件,通过操纵档案流动来控制和封存记忆。《海边的卡夫卡》中的一份官方文件就体现出档案的封存记忆作用。小说第二、四、八章通过对美国陆军情报部报告书的披露,讲述了1944年日本发生的学生集体昏迷事件的经过。在这三章的开头,这份由"美国国防部作为'绝密资料'分类和保管"的报告书都反复出现。该文件制作于1946年5月12日,标题为"RICE BOWL HILL INCIDENT",包含陆军军官与事件当事人的面谈记录与录音磁带,

---

[1] 阿莱达·阿斯曼:《回忆空间:文化记忆的形式和变迁》,潘璐译,北京:北京大学出版社,2016年,第202页。

[2] 同上,第399页。

并附有事件发生地的地图。这份官方的资料一直对外严格保密，直到四十多年后才根据情报公开法公开。而据参与调查的医生冢山重则教授所言，他被严肃地告知该事件"乃军方机密事项，一概不准外传"①。不仅如此，"山中那次孩子集体昏迷的事件，报纸概未报道"②，可见媒体也毫不知情。那是什么原因造成政府对此次事件守口如瓶、秘而不宣呢？小说给出了答案。

  大概当局以扰乱人心为由未予批准。因是战时，军方对流言蜚语分外神经质。战局不妙，南方也在不断撤退，不断"玉碎"。美军对城市的空袭愈演愈烈。因此之故，他们害怕反战情绪在民众间扩展开来。③

出于政治诉求，官方有意隐藏了集体失忆事件的档案资料，切断了民众了解事件真相的途径，从而封存了记忆。在这里读者的特权性又一次被凸显出来，他们跳出视域的局限，全知全能地俯视着整个事件发生。村上隐晦地表现政府对档案与记忆的操控，试图唤起读者思索暴力事件背后的时代与社会问题。

（三）甲村图书馆里的记忆

"图书馆是建筑式的记忆隐喻，是文化记忆的隐喻"④，它一方面贮藏大量书籍资料，供读者查找翻阅，与记忆存储、回想、传承的机制较为相似，另一方面又成为记忆的空间隐喻：图书馆不仅是实体的、有明确边界的物质空间，还因其藏书功能而具有象征性，成为代表人类的知识和智慧的精神空间，

---

  ① 村上春树：《海边的卡夫卡》，林少华译，上海：上海译文出版社，2018年，第66页。
  ② 同上书，第31页。
  ③ 同上书，第31—32页。
  ④ 阿莱达·阿斯曼：《回忆空间：文化记忆的形式和变迁》，潘璐译，北京：北京大学出版社，2016年，第174页。

在物理空间和精神空间双重意义上指涉了记忆。而《海边的卡夫卡》这部小说出现的甲村图书馆不仅具有普遍意义上图书馆的记忆隐喻功能，而且是小说登场角色们的集合地，承载着大家的回忆，成为整个故事的关键所在。对于甲村图书馆与人类记忆的关系，身为图书馆管理员的大岛曾对少年卡夫卡进行过说明。

> 我们的脑袋里——我想应该是脑袋里——有一个将这些作为记忆保存下来的小房间。肯定是类似图书馆书架的房间。而我们为了解自己的新的正确状态，必须不断制作那个房间用的检索卡。也需要清扫、换空气、给花瓶换水。换言之，你势必永远活在你自身的图书馆里。[①]

这段话既是对图书馆与记忆关系的概括与总结，也体现出大岛对图书馆怀有的特殊感情，侧面反映出甲村图书馆的重要性。不论是大岛、佐伯，还是中田、卡夫卡，这座图书馆对他们都有独特的意义：对于身为馆员的大岛而言，甲村图书馆是他工作与生活的场所，在这里可以博览群书，获得身心的愉悦。同时大岛也在默默地守护着图书馆，一方面他恪守本分，对工作尽职尽责，另一方面他不希望看到甲村图书馆被人玷污。对于假借保障女性权益之名前来挑衅的两位女士，大岛予以坚决回击。对她们自以为是的举动，他从心底里感到憎恶，不愿意让"那类东西"进入图书馆里；对佐伯而言，甲村图书馆是过世恋人的"父系族谱代代薪火相传的空间"[②]。这里不仅是恋人的家族遗产，也承载着两人一起度过的时光的美好回忆。因此佐伯最终选择"返回浸染着往日记忆的生身之地"[③]，担任甲村图书馆的馆长；失去读写能力的中田对甲村图书馆也有着特殊

[①] 村上春树：《海边的卡夫卡》，林少华译，上海：上海译文出版社，2018年，第510页。
[②] 小森阳一：《村上春树论：精读〈海边的卡夫卡〉》，秦刚译，北京：新星出版社，2007年，第37页。
[③] 村上春树：《海边的卡夫卡》，林少华译，上海：上海译文出版社，2018年，第173页。

的兴趣，他在迷失方向，偶然间闯入没有印象的住宅区并发现甲村图书馆时，就一口咬定"我一直寻找的就是那个场所"[1]；在卡夫卡眼中"图书馆才是真正的家"[2]，甲村图书馆承载了少年卡夫卡许多美好的记忆：在这里他沉浸在书的世界中，和大岛、佐伯相识并加深感情，最后还在图书馆做工，"成为图书馆的一部分"[3]。可见甲村图书馆已摆脱单一场域限制，成为表征记忆的重要符号和推动故事发展的关键线索。大岛、佐伯、中田、卡夫卡，所有人的命运和记忆在此相连，构成了小说《海边的卡夫卡》的奇妙物语。

三、从战争体验到文化记忆

阿莱达·阿斯曼提出，"如果不想让时代证人经验记忆消失，必须把它转化成后世的文化记忆"[4]。这里涉及经验记忆和文化记忆两个概念：前者是事件当事人亲身经历和体验构成的记忆，而后者是"由特定的社会机构借助文字、图画、纪念碑、博物馆、节日、仪式等形式创建的记忆"[5]。文化记忆参与构建民族国家的文化心理、身份认同、集体无意识等方面，"借助文化记忆，属于同一个集体的成员确立和巩固其身份"[6]，形成集体性共识。根据阿斯曼的观点，经验记忆转化为文化记忆可以让个体记忆更好地被保存和继承，同时唤起国家和民族的集体记忆。

日本历史学家成田龙一（成田龍一）[7]在《证言时代的历史学》(「『証言』の

---

[1] 村上春树：《海边的卡夫卡》，林少华译，上海：上海译文出版社，2018年，第401页。
[2] 村上春树：《海边的卡夫卡》，林少华译，上海：上海译文出版社，2018年，第35页。
[3] 村上春树：《海边的卡夫卡》，林少华译，上海：上海译文出版社，2018年，第168页。
[4] 阿莱达·阿斯曼：《回忆空间：文化记忆的形式和变迁》，潘璐译，北京：北京大学出版社，2016年，第6页。
[5] 扬·阿斯曼：《文化记忆：早期高级文化中的文字、回忆与政治身份》，金寿福、黄晓晨译，北京：北京大学出版社，2015年，第370页。
[6] 金寿福：《扬·阿斯曼的文化记忆理论》，载《外国语文》，2017年第2期，第38页。
[7] 冨田一郎編：『歴史の描き方3：記憶が語りはじめる』，東京：東京大学出版会，2006年，第4页。

時代の歴史学」）一文中指出，第二次世界大战后，日本对战争的态度经历了"体验""证言"与"记忆"三个不同时期的转变。其中"体验"是 1945 年至 1965 年被用来描述战争的关键词，而"记忆"则成为 1990 年之后理解战争的方式。换言之在当今日本社会，相比探讨现实中发生了的、已成为过去的战争，更重视从"记忆"的角度重新挖掘战争，思考背后的历史与现实意义。如何倾听战争亲历者的经验记忆，将其吸纳进国家与民族的文化记忆中加以继承，无疑已经成为重要的课题。而对于经验记忆转向文化记忆的思考在《海边的卡夫卡》中同样有所表现，村上一方面通过诉诸战争体验，推动经验记忆在现实中的继承与重塑，使其融入集体的文化记忆中去；另一方面"用其小说中的文化记忆填补代际信息传递中断造成的经验记忆空白"[①]，反思日本社会现有的文化记忆。

（一）经验记忆的继承

"尽管世界上每一个体的存在是艰辛孤独的，但就记忆的原型而言我们则密不可分地连在一起"[②]，村上借冈持节子之口阐述了自己对记忆的理解：相信个体的经验记忆能够被集体继承与吸纳，成为人类记忆共同体的一部分。秉持这一理念，村上安排少年卡夫卡在森林中与两个"二战"时期的日本逃兵相遇，在对话中交待了他们逃离战争的缘由。

"要是还在当兵，作为士兵迟早要被派去外地，"壮个儿说，"并且杀人或被人杀。而我们不想去那样的地方。"

……

[①] 李立丰：《当经验记忆沦为文学记忆：论村上春树"满洲叙事"之史观》，载《外国文学评论》，2015 年第 3 期，第 40 页。

[②] 村上春树：《海边的卡夫卡》，林少华译，上海：上海译文出版社，2018 年，第 103 页。

高个儿说,"对方是中国兵也好俄国兵也好美国兵也好,肯定都不想被搅断肠子死去……我们决不贪生怕死,作为士兵莫如说是出色的,只不过对那种含有暴力性意志的东西忍受不了。"[1]

身处残酷的战争,士兵能抉择的只有决定杀人还是被杀:在充满鲜血和暴力的世界中,他们或者用刺刀捅进对方的肚子,或者自己被对方的刺刀搅断肠子。被逼无奈的两个士兵选择逃离战场,躲进荒无人烟的森林与世隔绝,其行动象征着个体经验记忆与集体记忆相互疏远排斥:一方面,作为战争亲历者、见证者,两个士兵的战争体验是真实而鲜活的,而其选择逃离的行为无疑是对官方"暴力性意志"的反叛,是对主流意识形态的背离,体现出个体记忆对集体记忆的反拨;另一方面,这种个体的挑战式行为最终被时代的潮流所湮没,只能处于幽暗的森林中"独居一隅",没有走入社会与大众的认知视域中,即集体记忆、社会记忆间接地疏远了个体记忆与经验记忆。通过对两个逃兵战争经历的叙述,村上有意揭开被遮蔽的个体记忆,呼吁日本社会接纳这些被边缘化了的经验记忆。

(二)文化记忆之反思

德国学者阿斯特莉特·埃尔(Astrid Erll)认为,文学作品作为记忆的媒介有两方面的功效:"一个是对现存记忆文化中想象结构的肯定或是加强,另一个是对其解构和修正。"[2] 小说《海边的卡夫卡》同样发挥了文学作品对记忆的解构与修正作用,借助主人公卡夫卡的思考和感悟,村上表达了他对战争与历史问题的价值取向。第15章中,卡夫卡在图书馆阅读关于审判纳粹战犯阿道夫·艾

---

[1] 村上春树:《海边的卡夫卡》,林少华译,上海:上海译文出版社,2018年,第442、456页。
[2] 阿斯特莉特·埃尔,冯亚琳主编:《文化记忆理论读本》,余传玲等译,北京:北京大学出版社,2012年,第242页。

希曼（Adolf Eichmann）的书时，无意中看到了大岛用铅笔写的一段批语。

> 一切都是想象力的问题。我们的责任从想象力中开始。叶芝写道：In dreams begin the responsibilities（责任始自梦中）。诚哉斯言。反言之，没有想象力，责任也就无从产生。①

作者在这里探讨了想象、记忆与责任的关系：想象是记忆形成的本质性的要素，正是有了"梦境、记忆、想象"这些主观要素的存在，才构筑了一个与"客观事实"不同的"主观事实"。② 随后这些主观因素的存在影响了人们的生活习惯和价值判断，而责任就是在这一过程中产生的，即"责任始于想象"。换言之，无论是否出于本心，是否拥有事件的相关记忆，只要人们还在进行思维活动，做出各种判断与行动，就必然要对现实的结果担负起不可推卸的责任。

在《海边的卡夫卡》中，村上通过情节安排、人物塑造与记忆建构，试图在历史与现实间寻找一种平衡，他的记忆叙述不同于战后日本社会主流观念，蕴含着对日本国家与民族文化记忆的反思与批判。历史学家加藤阳子（加藤陽子）曾敏锐地指出，"在20世纪70年代，（日本）美化自己经历的倾向变得显著起来。仅仅30年，日本和日本人似乎已将过去忘记了"③。"二战"后随着皇国史观、历史修正主义等思想日益加剧，尤其是"新历史教科书编撰会"为代表的日本右翼势力，他们妄图篡改历史事实，否认战争罪责。面对日本社会存在的否认历史、歪曲记忆、选择性失忆的问题，村上春树选择以文学创作的方式进行社会批判。在小说构筑的虚拟世界中，村上指涉了现实中的记忆危机问题，并试图通过记忆的重构修正文化记忆，呼唤民众正视历

---

① 村上春树：《海边的卡夫卡》，林少华译，上海：上海译文出版社，2018年，第142页。
② 王晓葵：《记忆研究的可能性》，载《学术月刊》，2012年第7期，第128页。
③ 加藤阳子、佐高信：《战争与日本人》，张永亮、陶小军译，北京：东方出版社，2017年，第65页。

史，反思战争。《海边的卡夫卡》表现出的对历史和记忆问题的关注在村上作品中是一脉相承的。从《奇鸟行状录》(『ねじまき鳥クロニクル』1994)《地下》(『地下』1997)到《1Q84》(『1Q84』2009)《刺杀骑士团长》(『騎士団長殺し』2017)，村上坚持"用物语重新叙述历史，发现历史深处潜藏着怎样的记忆，记忆的固化与忘却中又呈现着当代日本人怎样的心态"[①]，体现出作家的社会责任感与历史使命感。

2019年5月，村上发表题为《弃猫：提起父亲时我想说的话》(「猫を棄てる：父親について語るときに僕の語ること」) 的文章，公开承认自己的父亲村上千秋曾是侵华日军的一员。村上坦言父亲曾经给自己讲述日军杀死俘虏的经过，这给当时年幼的他造成很大冲击。"作为侵华战争参与者的后代，村上不得不继承父辈的战争记忆并把它作为自己个人经历的重要部分来接受与消化"[②]，父亲传递给村上的经验记忆拷问着他的内心，促使村上重新思考那段历史，并将其转化为创作的内在动力。正如村上所言："一滴雨水也有一滴雨水相应的思考，也有一滴雨水的历史，也应该继承一滴雨水的责任。这是我们所不能忘记的"[③]，以记忆之名，重新认识战争，承担历史责任才能弥合日本人心灵深处存在的巨大裂隙。

四、结语

作为一部一经推出就引起出版界和学术界热烈反响的小说，《海边的卡夫卡》讲述了十五岁少年出走与成长的故事，带给读者心灵疗愈之感，一时间成

[①] 刘研：《日本"后战后"时期的精神史寓言——村上春树论》，北京：商务印书馆，2016年，第109页。
[②] 孟辰、段雨霖：《论〈弃猫〉中的原罪意识与自我疗愈》，载《现代交际》，2020年第16期，第125页。
[③] 村上春樹「猫を棄てる：父親について語るときに僕の語ること」，『文藝春秋』2019年第6期、第267页。

为畅销之作。在文本中作者布设了种种可供阐释的可能，其隐晦地表述和隐喻的色彩自然引起学者们从不同视角进行阐释。这些不同的阐释都指向了村上在《海边的卡夫卡》中的记忆建构这一问题。正如前文所述，村上在小说中记忆建构是复杂的、隐晦的，它散落在小说的故事线索、情节对话、人物心理等诸多细节中，具有隐喻性和象征性。村上不仅通过虚构的故事直接展现人物记忆的内容，并利用文字、档案、图书馆一类的符号去表征记忆、指涉现实，而且借助塑造逃兵的个体战争记忆等方式询问与解构日本人内心深处的文化记忆，唤起人们对时代重大问题的关注。《海边的卡夫卡》体现出的重塑国民记忆，追问暴力根源，质疑战争正当性等内容正是村上文学创作的特质，体现出村上春树"作为斗士的勇气、良知、担当意识和内省精神"[①]。

The Construction of Memory in Haruki Murakami's *Kafka on the Shore*

Abstract: To criticize the society in the form of literary creation, Haruki Murakami adopted a variety of memory construction strategies in *Kafka on the Shore*. The author mobilized the symbols such as characters, archives and libraries to represent memory, and shaped the memory of individual experience represented by "two deserters" at the same time. Murakami rethinks the crisis of memory existing in Japanese society, and tries to correct the national cultural memory through the reconstruction of memory, which reflects the writer's sense of social responsibility against violence and war.

---

① 林少华：《作为斗士的村上春树——村上文学中被东亚忽视的东亚视角》，载《外国文学评论》，2009 年第 1 期，第 109 页。

Based on the theory of cultural memory put forward by a German scholar Aleida Assmann, this paper analyzes the writing of memory in the novel. This paper points out that Murakami not only shows different memories of characters through the fictional story, but also asks and deconstructs the cultural memory of the Japanese nation by representing the individual memory of the war deserters, arousing people's attention to the historical problems.

Keywords: Haruki Murakami; *Kafka on the Shore*; memory; construction

作者简介：孟辰，文学硕士，辽宁大学外国语学院讲师，研究方向为日本文学。

段雨霖，文学硕士，辽宁理工学院文化传媒学院助教，研究方向为中日比较文学。

【思想文化】

论我国古代的樱属植物认识

——兼论"中国无樱花论"的成因[①]

湖南师范大学　向　卿

【摘　要】 我国古代的樱属植物认识基本止步于现代植物学分类上的樱属，对该类植物的认识较为模糊。这表现在名称的繁杂和混乱、分类的粗放、"樱桃"与"桃"相混等方面。"樱桃"作为樱属植物的总称，最重要的属性是作为"果实"而不是作为"花"。这种樱属植物认识具有被用于证明"中国无樱花"之误讹的潜在可能。而江户时代以来日本人的"樱花为日本独有"宣传和我国晚清民国学者关于樱花的"文化误判"，共同制造了"中国没有樱花"等违背历史和事实的错讹，而使这种可能性演变成了现实性。

【关键词】 中国古代；樱属植物；樱桃；樱花

在现代一说起樱花，人们首先就会想到日本。其认识前提是樱花被认为是日本独有之物，是日本国家和民族精神的象征。这种樱花和日本可互相指称的思维，如今不仅成为日本人，也几乎成为多数外国人的固定观念。它给各国人们造成了这样的假象：樱花原产于日本，甚至为日本所独有，而且世界各国樱花皆由日本所出。

这一假象的形成与我国古代的樱属植物认识密切相关。它包括这几个核心问题：樱花的原产国究竟是中国还是日本？在古代中国，"樱桃""樱花""山樱"

---

① 本文为国家社会科学基金一般项目"江户时代日本人的身份建构研究"（13BSS016）的阶段性成果。

分别指称什么植物？中国古代的樱属植物认识为何在日本人构建的"中国没有樱花""日本是樱花唯一原产国"等话语面前毫无抵抗力？

对于这些问题，我国学术界曾从多个角度进行了考察。曹东伟、李苗苗、王贤荣等通过生物学考察，指出中国西南山区为樱属植物的起源和分布中心[1]；姚庆渭从植物学角度证明唐刘禹锡"樱桃千万枝，照耀如雪天"所说的"樱桃"是白花重瓣樱花而非樱桃[2]；杨曦坤等指出，王僧达、沈约、白居易、吴融、萧颖士、韦庄、王安石、何耕、陈淏子、吴其浚等所著诗文提及的"樱"是樱花而非樱桃[3]；刘晓静通过文献学和语言学考察，指出宋词所用的"莺花"是"樱花"[4]。就连《樱大鉴》(『桜大鑑』)作者之一的本田正次也承认，从历史地质学的角度考虑，樱花乃起源于喜马拉雅东部山区，由此向长江流域以及朝鲜、日本等地区传播，同时发生物种的分化。[5] 这些研究表明，中国不仅有"日本樱花"（sakura），还是其真正源头。基于此，2015年3月29日，中国樱花产业协会在广州召开新闻发布会，指出"樱花起源于中国，发扬光大于日本"，称"有责任让更多的人知道这段历史"。

显然，这些研究在某些具体问题上取得了较大成果，也明确提出了"中国是樱花原产国"等问题，却缺乏对古代樱属植物的整体把握和我国被认为"没有樱花"之缘由的历史考察。鉴于此，本文拟基于"中国基本古籍库"，采用文献分析法对我国古代的樱属植物认识及其特征进行系统考察，以期正本清源，纠正错误，为形成符合"历史和事实"的樱属植物认识提供科学参考和帮助，并明确"中国无樱花论"在我国得以广泛传播和接受的缘由。

---

[1] 王贤荣：《中国樱花品种图志》，北京：科学出版社，2014年，第12页。
[2] 姚庆渭：《樱花史考》，载《南京林产工业学院学报》1982年第2期，第92页。
[3] 杨曦坤等：《中国野生樱花史考》，载《中国园艺文摘》2013年第10期，第135页。
[4] 刘晓静：《宋词中的"莺花"即"樱花"辨》，载《皖西学院学报》2016年第6期，第117页。
[5] 文化出版局编集部『桜大鑑』、東京：文化出版局、1975年、第180—181頁。

一、粗放的分类和混乱的名称

在我国，《尔雅》《礼记》已有关于"樱"的记载，显示它是皇家祭祀时敬献宗庙之物，开始了被介绍和认识的历程。秦汉时期"樱桃"已被栽种于宫苑，成为重要观赏花卉。南北朝时代起，如"野棠开未落，山樱发欲然"（沈约《早发定山》）所示，山樱也开始见于严谨的诗歌作品，成为文学的重要对象而被赋予审美情趣。至唐代，如"亦知官舍非吾宅，且劚山樱满院栽"（白居易《移山樱桃》）、"西蜀樱桃也自红，野人相赠满筠笼"（杜甫《野人送朱樱》）等所示，樱桃不仅开始被普遍种于私家庭院，亦成为我国古代文人和民众熟知并喜好的果物和花卉。同时，关于它的文学意象也大体在这一时期确立。

虽然早已认识到樱属植物的分类属性，但包括药学、本草学界在内的古代知识界对其认识仍基本止步于现代植物学分类上的樱属，且其认识也是模糊的、混同的。[①] 当然，这不是我国独有的问题，而是人类的植物认识尚处于"人为分类系统时期"不可避免的共性问题。因为这种分类比较主观，亦十分粗放，不仅不利于从自然形态的异同划分植物种类，也不可能明确其亲缘关系。这种局限性不仅说明知识界对樱属植物的命名比较随意，致其名称复杂多样，也表明他们大体只是从味道、果实颜色和大小等对其进行简单、粗略的分类。

（一）混乱的"樱桃"名称

我国古代知识界除了对樱桃（花）和山樱桃（花）作了简单区分外，对樱属植物大多冠以"樱桃"之名，另外还使用了"樱""楔""荆桃""楔桃""莺桃""含桃""朱樱""朱桃""牛桃""英桃""朱茱""麦英""李桃""奈桃""崖蜜""朱果""山

---

① 王相飞:《中日"樱花"意象比较研究》，载《南京师范大学学报》2007年第2期，第113页。

朱樱""樱珠"等诸多别名或俗名。其中,以"樱桃""莺桃""荆桃""含桃"等最为普遍;"朱樱""崖蜜""樱珠"等有时又被当成了樱桃的下位品种;"牛桃""朱桃""李桃""奈桃""崖蜜"等有时亦被看作"山樱桃"。

关于"樱桃"之名的由来,古代知识界有三种被普遍认可的观点。一种认为樱桃是"莺鸟所含食",故得此名。此论最早见于高诱注《吕氏春秋·仲夏纪第五》:"含桃,莺桃。莺鸟所含食,故言含桃",后被广泛认可。另一种观点认为樱桃形状似桃,故有此名。此主张最早见于孟诜《食疗本草》关于"樱桃"的解说:"此乃樱,非桃也。"稍后,寇宗奭《本草衍义》卷十八对此作了更明确的说明:"孟诜以为,樱非桃类。然非桃类,盖其以形肖桃,故曰樱桃,又何疑焉?谓如沐猴梨、胡桃之类,皆取其形相似尔",从而确立了此名的合理性,后亦被广泛认可和转述。还有一种观点认为樱桃"其颗如璎珠,故谓之樱"[①]。此主张后被《广群芳谱》《授时通考》《中外农学合编》等文献所引,说明也获得普遍认可。可以说,樱桃名称和解释的不确定性本身就说明了我国古代樱桃认识的模糊和暧昧。

"楔"和"荆桃"的最早使用是《尔雅·释木》:"楔,荆桃。"自郭璞注为"今樱桃"后,"荆桃"之名就被广泛认可和使用。"楔桃"之名同样源自《尔雅·释木》,后亦被《广雅》《齐民要术》《树艺篇》《农政全书》《倦圃莳植记》等文献引用。

"莺桃"和"含桃"之名源自高诱注《吕氏春秋·仲夏纪第五》:"含桃,莺桃。莺鸟所含食,故言含桃。"该文奠定了前述两名的合理性和权威性。随后,陆佃《埤雅·卷十四释木》对樱桃、含桃和莺桃的关系作了进一步解释:"樱桃,为木多阴,其果先熟,一名荆桃,一名含桃。许慎曰,莺之所含食,故曰含桃也。谓之莺桃,则亦以莺之所含食,故谓之莺桃也。"后来,这两种

[①] 李时珍:《本草纲目》卷30,清文渊阁四库全书本,第45页b。

名称及其由来被《玉烛宝典》《树艺篇》《本草纲目》《农政全书》《正字通》《说文解字注》《(乾隆)西安府志》《广雅疏证》等诸多主流文献所引，甚至被认为"莺桃"才是"樱桃"的本名[①]。

"朱樱"作为樱桃别名，不仅确立时间较晚，其意义也常受质疑，所指亦不甚明确。"樱桃即朱樱"，被认为最早见于陶弘景《本草经注》，然其最早记录却是唐慎微《证类本草》的引述："(樱桃)陶隐居云，此即今朱樱。"其后，这一观点虽被《(嘉泰)吴兴志》《农政全书》《授时通考》《广群芳谱》等文献所引，却也饱受质疑。杜台卿依据果熟季节认为"朱樱春熟"而樱桃夏熟，提出"樱桃若是朱樱，将不太晚"[②]，对"樱桃朱樱说"表示怀疑。这种质疑之后一度沉寂，直到清代才又获得郝懿行的支持。由此可以断定，"樱桃即朱樱"这一认识范式的确立至少是在隋朝以后。颜师古注《汉书》的相关记录则表明其成立时间当是唐代："师古曰：《礼记》曰'仲春之月，羞以含桃，先荐寝庙'，即此樱桃也。今所谓朱樱者是也。"[③] 稍后，司马贞补《史记·卷九十九》亦认可其说法，称"莺鸟所含，故曰含桃，今之朱樱即是也"。虽然唐以后"朱樱"作为樱桃别名的说法被普遍认可，却也被《本草图经》《全芳备祖》《证类本草》等视为樱桃的品种之一即"(实)深红色者"。

"朱桃"作为樱桃别名的最早使用见于郭知达《九家集注杜诗》："《礼记·月令》，仲夏之月，羞以含桃，先荐寝庙，即樱桃。今之所谓朱桃者是也。"这一名称后被《长物志》《正字通》《倦圃莳植记》等引述。不过，"朱桃"有时也被《格致镜原》《授时通考》《续通志》《广群芳谱》等当成是"山樱桃"的别名。

"牛桃"和"英桃"源自张华《博物志》："樱桃，一名牛桃，一名英桃。"二者后来被《农政全书》《授时通考》《事物异名录》等文献所引。而《齐民要

---

① 《事物异名录》《骈字类编》《佩文韵府》等均持此论。
② 杜台卿：《玉烛宝典》卷5，古逸丛书景日本钞卷子本，第2页a。
③ 班固撰，颜师古注：《汉书》第七册·卷43，北京：中华书局，1962年，第2131页。

术》《树艺篇》《尔雅正义》等虽认可前述名称，却声称其源自《吴氏本草》，显然有误。

"朱茱"和"麦英"之称源自《吴氏本草》(又名《吴普本草》)，为"(樱桃)一名朱茱，一名麦英。甘酢"。二者后被《艺文类聚》《增修埤雅广要》《格致镜原》等引述。不过，因为断句、脱漏等原因，"麦英"之名又被《通志》《本草品汇精要》《普济方》等误读为"麦甘酢"。这点受到了唐慎微的批评："谨按，《书传》引《吴普本草》曰，樱桃一名朱茱，一名麦甘酢，今本草无此名，乃知有脱漏多矣。"①

"李桃"和"奈桃"作为樱桃别名，最早见于《证类本草》："此名樱桃，俗名李桃，亦名奈桃者是也。"显然，该书只是以此二名为樱桃的"俗名"。这一主张后来仅被《普济方》等少数文献认可，而权威文献大多是以它们为"山樱桃"的别名，如《本草纲目》《农政全书》《事物异名录》《骈字类编》等。

观樱桃所有别名，属"崖蜜"之名和意义最受争议。首先，"崖蜜"表樱桃的意义虽为多数人认可，却也饱受质疑。赞同者基本都称，他们是以《鬼谷子》"照夜清，萤也；百花酿，蜜也；崖蜜，樱桃也"②为其主张的依据。然其说在很长时间内都未受关注，直到惠洪（1071—1128）在对"待得微甘回齿颊，已输崖蜜十分甜"（苏轼《橄榄》）解释时才被采用。稍后，《九家集注杜诗》《补注杜诗》等在解释苏轼《橄榄》和杜甫《发秦州》（充肠多薯蓣，崖蜜亦易求）时，再度采用《鬼谷子》的观点，由此确立了"崖蜜即樱桃"的认识图式。此论虽被后世多数学者认可，却始终受到质疑。施元之认为"按惠洪《冷斋夜话》云，崖蜜事见《鬼谷子》，谓樱桃也。今之《鬼谷子》实无此说"③，因而他也只是因为"《略记》陆士衡有赋云：朱蓝，崖蜜"而推测"士衡此语当有所自"，勉强认可

---

① 唐慎微：《证类本草》卷23，四部丛刊景金泰和晦明轩本，第16页ab。
② 惠洪：《冷斋夜话》卷1，陈新点校：《冷斋夜话·风月堂诗话·环溪诗话》，北京：中华书局，1988年，第11页。
③ 苏轼撰，施元之注：《施注苏诗》卷20，清文渊阁四库全书本，第23页b。

"崖蜜即樱桃"的观点;朱翌从果熟季节的角度指出"然则崖蜜岂专是樱桃,且樱桃非十分甜者又不与橄榄同时"[1];蔡梦弼直接否定了"崖蜜即樱桃"的观点,"或谓崖蜜乃樱桃也,余谓此说非是"[2];张自烈认为,"崖蜜"虽与樱桃同类,却又不完全相同,"又《鼠璞》曰,《南海志》崖蜜子榖薄,味甘,虽不与樱桃为一物,亦其类也。又《太平广记》以崖蜜为石樱桃。盖崖蜜有樱桃之名,非崖蜜即樱桃。旧注以樱桃为崖蜜,误"[3];朱亦栋认为,"今本《鬼谷子》无此语,不知冷斋所云竟是何书也"[4]等等。其次,"崖蜜"有时也被当成了樱桃的下位品种之一即"樱桃之(最)大而甘者"。此说最早源自孙炎对《尔雅》的注释,因其原注本已佚,最早仅见于《本草纲目》之转引:"孙炎注云,即今樱桃最大而甘者谓之崖蜜。"[5]后来这一主张被《农政全书》《格致镜原》《授时通考》《广事类赋》等广泛引用。再次,"崖蜜"有时甚至被当成"山樱桃",不过持此论者极少,仅如"山樱桃一名崖蜜。花大于园本,色复娇妍,实累累缀危崖间,四月可采食。……樱桃生山中,故曰崖蜜。又何疑焉?"[6]等。最后,"崖蜜"有时亦被当成是莫名其妙的"石樱桃",《正字通》《通雅》等少数文献持此论。

"朱果"作为樱桃别名,只见于《本草品汇精要》《事物异名录》等少数文献,故不是一个普遍的名称;"山朱樱"作为樱桃的别名,其使用也极为少见,仅见于《证类本草》《本草品汇精要》等;"樱珠"作为樱桃的别名也不太被学界认可,也仅在清代才被《敬业堂诗集》《(雍正)浙江通志》等少数文献提及。学界通常都是按照《埤雅》所述,以"樱桃之(颗)小者"为"樱珠",视为樱桃的品种之一。

另外,还有人认为红珠(樱桃子缀小红珠)、金丸(金丸大小匀)、火齐珠

---

[1] 朱翌:《猗觉寮杂记》卷上,清知不足斋丛书,第 21 页 a。
[2] 杜甫撰,(南宋)蔡梦弼笺注:《杜工部草堂诗笺》七·卷 17,上海:商务印书馆,1912 年,第 567 页。
[3] 张自烈:《正字通》卷 5,清康熙二十四年清畏堂刻本,第 128 页。
[4] 朱亦栋:《群书札记》卷 13,清光绪四年武林竹简斋刻本,第 19 页。
[5] 李时珍:《本草纲目》卷 30,第 45b 页。
[6] 闵麟嗣:《黄山志》卷 2,清康熙自刻本,第 38 页 ab。

（磊落火齐珠）、红靺鞨（翡翠一盘红靺鞨）、朱砂果（樱桃初染朱砂果）等也是樱桃的异名。①

除了前述别名或异名，我国古代还有一些与樱桃相关的物种及名称，如"垂丝海棠""山海棠"等。"垂丝海棠"被认为是海棠与樱桃的嫁接品种，最早见于《（万历）温州府志》："海棠：红色以木瓜头接之则白。有黄海棠。垂丝海棠，淡红而檠接以樱桃。"②其后，《（雍正）浙江通志》《（光绪）永嘉县志》等对此有所引证，而《北墅抱瓮录》则对其生态特性作了详细描述："海棠以樱桃接之便成垂丝。花瓣丛密，与海棠不同，而色略相似，重英向下，柔蔓迎风，婉娈之姿，如不自胜。"③这些名称不仅本身所指不清，反而使其樱桃认识更加模糊，如吴其濬《植物名实图考》描述的与"昆明山海棠"不同的"山海棠（又一种）"就被认为不是海棠而是"樱花"④。

可见，古代知识界对樱属植物的命名并无统一标准，故其名称不仅繁杂，也较混乱。这不仅增加了对该类植物的认知困难，事实上也导致了不少错谬。对此，郝懿行、王念孙等提出了批评：

《月令》：羞以含桃。郑注：含桃，樱桃也。孔疏云：《月令》诸月无荐果之文，此独羞含桃者，以此果先成，异于余物，故特记之，其实诸果于时荐。今按，汉世荐果本于此，古所未有，孔疏亦非通论。《蜀都赋》云"朱樱春熟"。今樱桃皆夏熟，故于其熟而荐焉，非可为典要也。《月令》释文，"含"本作"函"。高诱注《吕览仲夏纪》及《淮南时则篇》并云，含桃，莺桃也。莺鸟所含，故言含桃，此说非也。"含"与"函"，"莺"与"樱"，俱声同假借之字。高注未免望文生训矣。《西京杂记》说，上林苑有樱桃、

---

① 厉荃：《事物异名录》卷34，清乾隆刻本，第4页ab。
② 汤日昭：《（万历）温州府志》卷5，明万历刻本，第45页ab。
③ 高士奇：《北墅抱瓮录》，清康熙刻本，第9页b。
④ 杨曦坤等：《中国野生樱花史考》，载《中国园艺文摘》2013年第10期，第134页。

含桃,以为二物,亦非也。……《齐民要术》引《博物志》,一名英桃,"英""樱"亦假借也。古无樱字,故"英"与"莺",俱可通借。楔(古黠反),今语声转为家樱桃,以别于山樱桃,则谬矣。①

在此,郝氏对前人信奉的《孔疏》《蜀都赋》《高诱注》《西京杂记》《齐民要术》等相关论述作了大胆否定,有一定的合理性,却也造成了樱桃认识的更大混乱和困惑。

(二)模糊的"樱桃"分类

知识界最早对"樱桃"产生分类意识是三国时期。据李时珍介绍,孙炎注《尔雅》,最早提出"今樱桃最大而甘者谓之崖蜜"的观点。这一主张构成了最初的樱桃类型化的思维,也被此后的主流学界转述和认可,然其并没有规定与"(最)大而甘者"相对应的品种,因而不是一种有意义的分类。同时代张揖首次对樱桃作了分类:"《广雅》曰:楔桃,大者如弹丸,子有长八分者,有白色者,凡三种。"②稍后,郭义恭《广志》亦提出类似分类:"樱桃,大者,有长八分者,有白色多肌者,凡三种。"③可见,这些分类是兼顾果实大小、长短和颜色等标准所作的分类,其三类分别对应了三种标准,因而是一个分类标准极不彻底和一致的分类,也不具有科学意义。然而,这种分类却构成了我国古代樱桃分类的一种重要类型,被学界广泛引述和采用,甚至在转引时还出现了错讹,如《太平御览》(卷第九百六十九)误将原来的"凡三种"引作"凡二种",《唐音·卷十三》误将"白色多肌者"引作"白色多子者"。当然,如"只应汉武金盘上,泻得珊珊白露珠"(于邺《白樱桃》)、"晓日靓妆千骑女,白樱桃下紫纶巾"(陆

---

① 郝懿行:《尔雅义疏》卷下之二,清同治五年郝氏家刻本,第15页a。
② 贾思勰:《齐民要术》卷4,四部丛刊景明钞本,第7页a。
③ 原文佚失,只散见于后世学者的引用,参见徐坚《初学记》卷28果木部。

龟蒙《邺宫词二首》)等所示，这种分类法亦规定了"白樱桃"这一名称的形成。

稍后，张华《博物志》根据果实大小提出了"樱桃者或如弹丸，或如手指"①的主张。这一观点虽然后被《白氏六帖事类集》《太平御览》《御选唐诗》《格致镜原》《广事类赋》《事物异名录》等诸多文献所引，亦不是一种真正的分类。

至唐代，杨晔综合大小和颜色对樱桃重新作了分类："樱桃其种有三，大而殷者吴樱桃，黄而白者蜡珠，小而赤者曰水樱珠（一作桃），食之皆不如蜡珠。"②这一做法虽不彻底，也不是有效的植物学分类，相比以前却有了很大进步。因为它确立了"吴樱桃""蜡珠""水樱桃"等三种下位品种，构成了我国古代樱桃分类的一种重要类型。它后来被《膳夫录》《树艺篇》《授时通考》《格致镜原》《事物异名录》《广群芳谱》等采纳，获得广泛认可。

稍后，苏颂《本草图经》首次按颜色对樱桃作了分类。因原文已佚，佚文及图散见于《证类本草》："图经曰：樱桃旧不著，所出州上，今处处有之，而洛中、南都者最胜。其实熟时深红色者，谓之朱樱；正黄明者，谓之蜡樱。极大者，有若弹丸，核细而肉厚，尤难得也。"③同时代药物学家寇宗奭对此作了补充："今西洛一种紫樱，正熟时正紫色，皮里间有细碎黄点，此最珍也。"④可见，二者尤其是前者确定了"朱樱""蜡樱""紫樱"等三类品种，建立了按颜色对樱桃统一分类和认识的思维范式。这种分类因为基于统一标准而彰显了其先进性和优越性，故构成了古代樱桃分类的一般认识。它不仅被后世学者普遍认可，也被用于解释樱桃的产地及类型。例如，范成大主张"蜡樱桃，自唐已有吴樱桃之名，今之品高者出常熟县。色微黄，名蜡樱，味尤胜。朱樱不能尚"⑤；刘斧《青琐高议》所列"南留进五色樱桃（粉樱桃、蜡樱桃、紫樱桃、朱樱桃、

---

① 原文佚失，只散见于后世学者的引用，参见贾思勰《齐民要术》卷4。
② 杨晔：《膳夫经手录》，《续修四库全书》第1115册，上海：上海古籍出版社，1996年，第524页。
③ 唐慎微：《证类本草》卷23，第16页a。
④ 寇宗奭：《本草衍义》卷18，清十万卷楼丛书本，第2页b。
⑤ 范成大：《(绍定)吴郡志》卷30，择是居丛书景宋刻本，第7页b。

大小木樱桃)①,也包含了前述三个基本品种。这表明,按颜色区分樱桃的分类法具有了规范的意义。后来,李时珍、徐光启对《本草图经》和《本草衍义》的主张进行统合,形成了按颜色区分樱桃为"朱樱""紫樱"和"蜡樱"的统一解释,构成了我国古代樱桃分类的主流。"《集解》颂曰:樱桃,处处有之,而洛中者最胜。其木多阴,先百果熟,故古人多贵之。其实熟时深红色者,谓之朱樱;紫色皮里有细黄点者,谓之紫樱,味最珍重;又有正黄明者,谓之蜡樱。"②

宋代是我国樱桃分类认识进一步深化的时代。此时期,有人还尝试按其他方法对樱桃进行分类。陆佃(1042—1102)提出一种"樱珠"的品种,"其颗大者或如弹丸,小者如珠玑。南人语其小者谓之樱珠"③。与"崖蜜"的分类不同,此说虽未提出与"樱珠"对应的品种,却是一种相对有效的区分,故受到《树艺篇》《温飞卿诗集笺注》《事物异名录》《才调集补注》等诸多文献的转述,被学界认可。孙应时(1154—1206)则提出了"白蜡樱"和"火樱"两个品种:"樱桃:出虞山南有二种。白蜡樱,色如蜡,稍大,味甘,肉厚。曰火樱,味略酸,绝不逮蜡樱矣。"④此说几乎不被其他文献所引,影响极为有限。周弼(1194—1255)则对此前被广泛认可的"白樱桃"作了分类,认为"白樱桃有实白者,有花白者。花白者唐人所赋,如于武陵《白樱桃》诗是也。实白者如郭义恭《广志》曰,樱桃凡三种,有白色,多肌者是也"⑤。此说后来仅被杨士宏《唐音》所引,影响有限。

何耕则提出一种名为"苦樱(桃)"的品种:"余承乏成都郡丞,官居舫斋之东,有樱树焉。本大实小,其熟猥多鲜红可爱,而苦不可食,虽鸟雀亦弃之。"⑥他认识到"本大实小而苦不可食"的"苦樱"与此前公认的"必甘滋之若饴"

---

① 刘斧:《青琐高议》后集·卷5,上海:古典文学出版社,1958年,第135页。
② 李时珍:《本草纲目》卷30,第45页b—46页a。
③ 陆佃:《埤雅》卷14,明成化刻嘉靖重修本,第3页b。
④ 孙应时:《(宝祐)重修琴川志》卷9,清道光景元钞本,第3页b。
⑤ 周弼:《三体唐诗》卷1,清文渊阁四库全书本,第8页b。
⑥ 何耕:《苦樱赋(并序)》,《成都文类》卷1,清文津阁四库全书本,第21页a。

的樱桃是不同的品种。当然,"达条扶疎而下""讶子结之独迟,初琐碎以破蕾,渐繁稠而着枝"等特征表明,其所述"苦樱"不是樱桃而是"樱花",且是一株垂枝早樱。显然,何耕开创了以"味道"和"是否可食"来区分樱桃的思维范式,并确立了"苦樱(桃)"之名的合法性。此后,"苦樱"不仅被《全蜀艺文志》《历代赋汇》等文献所录,其由来等也被进一步解释。鄂尔泰主张"樱桃:有红白二种。红为苦樱,白子甘可食"[1],认为"苦樱"是樱桃的一种;吴其濬承何氏之说,认为"苦樱(山海棠)"是与樱桃不同的品种:

> 野樱桃生云南,树纹如桃叶类。朱樱春开,长柄粉红,花似垂丝海棠。瓣微长,多少无定,内淡外深。附干攒开,朵朵下垂,田塍篱落,绛霞弥望,园丁种以接樱桃。滇志云,红花者谓之苦樱,或云此即山海棠,阮相国所谓富民县多有者。俗以接樱桃树,故名其苦樱,以小雪节开。谚云,樱桃花开治年酒,盖滇樱以春初熟也。[2]

吴其濬据此将其列为"山海棠(又一种)",认为"山海棠生云南山中,园圃亦植之。树如山桃,叶似樱桃而长。冬初开五瓣桃红花,瓣长而圆,中有一缺,繁蕊中突出绿心一缕,与海棠、樱桃诸花皆不相类。春结红实长圆,大如小指,极酸不可食。阮仪征相国有《咏山海棠诗》序,谓花似海棠、蒂亦垂丝者,则土人谓为山樱桃。以其树可接樱桃,故名。若以花名,则此当曰山樱桃,当曰山棠也"[3]。显然,这里所说的"山海棠"当是樱花无疑。这说明,我国西南山区广泛存在着野生樱花,只是没有被准确且科学地认识到。

可见,至唐宋时期,知识界已确立了区分樱桃的三种基本类型,即"吴蜡

---

[1] 鄂尔泰:《(雍正)云南通志》卷27,清文渊阁四库全书本,第4页b。
[2] 吴其濬:《植物名实图考》卷36,清道光山西太原府署刻本,第16页b。
[3] 吴其濬:《植物名实图考》卷36,第21页b。

水"型、"朱紫蜡"型和"苦甘"型①。其标准及有效性或有不小的问题，却体现了对樱桃进行类型化认识的尝试。此后，知识界基本上只是延续了此前的分类，并未取得新的进展。只是在清代才又出现了以是否"结（小）子"②等重新区分樱桃的思维，不过亦不构成学界主流。总之，他们只是从果实颜色、大小、味道等对樱桃作了简单且粗糙的分类。这一做法虽然考虑了其自然形态特征，却也只是初浅的分类。这种局限性极大妨碍了他们对于樱桃的科学认识。

二、"樱桃"与"桃""樱花"的混淆

（一）"樱桃"与"桃"的混淆

在我国古代，"樱桃"与"桃"常被混淆，前者有时甚至被误作桃类。例如，我国最早谈及桃类植物分类的《西京杂记》认为"樱桃"和"含桃"都是"桃的十大品种"之一③。这一主张包含了两层意思，一是"樱桃、含桃为二物"，二是"樱桃"属于桃类物种。前者虽受后世学者的批判而不被认可，后者却奠定了之后樱桃被视作桃类或与桃相混的认识论基础。至唐代，李善等注"三桃表樱胡之别，二柰曜丹白之色"，提出"三桃，侯桃、樱桃、胡桃也"④的观点，也表现出以樱桃为桃类的倾向。稍后，邢昺（932—1010）注疏《尔雅》，又提出"楔（荆桃）至山桃。释曰，别桃类也"⑤的主张，认为樱桃是桃类的别种、分支。与此相对，孟诜首次明确提出，樱桃所指并不是"桃"："此名'樱'，非桃也。"⑥

---

① 此外，还有一些应归于"人为分类"的区分法。周师厚于《洛阳花木记》分樱桃为十一类，便是一例："樱桃之别，十一：紫樱桃、腊樱桃、滑台樱桃、朱皮樱桃、腊嘴樱桃、早樱桃（一名热熟子）、吴樱桃、水焰儿樱桃、甜果子、急溜子、千叶樱桃。"此分类没有依据统一标准，又过于随意，故不具学术价值，也几乎不被学界认可。
② 吴继志：《质问本草》外篇·卷4，江户：和泉屋吉兵卫，1837年，第24页。
③ 葛洪：《西京杂记》卷1，四部丛刊景明嘉靖本，第3页b。
④ 萧统撰，（唐）李善等注：《六臣注文选》卷16，四部丛刊景宋本，第8页a。
⑤ 郭璞注，邢昺疏：《尔雅疏》卷9，清嘉庆二十年南昌府学刻本，第5页a。
⑥ 孟诜：《食疗本草》，北京：中国商业出版社，1992年，第465页。

此后，孟诜之说虽获主流学界认可，却也被批评是"画蛇添足"："孟诜以为，樱非桃类。然非桃类，盖其以形肖桃，故曰樱桃，又何疑焉？"①

自孟诜后，主流学界虽都认可"樱桃非桃"的观点，也在这种范式下展开了樱桃叙述，然而我们却不能据此断定，"樱桃非桃"就是古代知识界的定论。例如，元代佚名的《群书通要》就是将"樱桃"附于"桃类"；晚清学者俞樾不仅认为以前被公认为樱桃的"楔（荆桃）"是"别桃之异种"②，也间接指出了"实非桃类"的樱桃被当作桃类的历史事实："樱桃虽有桃名，实非桃类，何得以冠桃类之首，且遍考经传，无称樱桃为荆桃者。"可见，"樱桃"与"桃"的相混一直是困扰古代知识界的难题。对其成因，经学大家梁章钜曾作过探讨，认为它主要是《六臣注文选》删除了《尔雅》相关注释的缘故。

> 《尔雅》曰："荆桃"至"不解核"。"六臣本"无此二十八字，是也。胡公《考异》曰：安仁自以桃、樱桃、胡桃为三桃。善注但有樱桃、胡桃者，桃不须注耳。不知者乃记《尔雅》于旁，而尤取之，最误。若善果引此，则荆、冬、山、胡而四，并桃成五，与正文乖戾甚矣。姜氏皋曰：桃类甚广，冬桃、山桃皆桃类，而统于桃者也。樱桃、胡桃并非桃，故不统于桃。以有桃名，故合称三桃。非桃居其三，而与樱、胡为五也。注不应删。③

可见，此文指出了樱桃被误作桃类的文献学原因，也提示了古典时期因文献传播失真而致知识失真的一个通病。

显然，"樱桃"与"桃"相混，是前近代我国樱桃认识的一个突出问题。不过，这不是我国古代独有的现象，而是受到中国文化辐射的东亚社会的共通问

---

① 寇宗奭：《本草衍义》卷18，第2页b。
② 俞樾：《群经平议》卷35，清光绪春在堂全书本，第26页b。
③ 梁章钜著，穆克宏校：《文选旁证》上册·卷17，福州：福建人民出版社，2000年，第436页。

题。这一状况不仅妨碍了他们对樱属植物的认识，也为江户时代（1603—1867）以后日本学者刻意区分"日本樱花"和"樱桃"提供了便利。

（二）"樱桃"与"樱花"的混用

我国古代樱类植物认识的另一问题是对"樱花"与"樱桃"也不加区分，亦很少使用"樱花"之名。一方面，樱花和樱桃（花）在古代实际上被混为同一物种，所谓"樱""樱花""樱桃（花）"都是现代植物学意义上蔷薇科李亚科樱属植物的总称。例如，赵师侠《采桑子》的题名虽用"樱桃花"之名，正文却用了"梅花谢后樱花绽"的表述，说明就是以二者为同物。琉球人吴继志将"樱桃"训读为"sakura"，并对"樱桃"之名及其分类表示困惑，也是我国樱桃认识范式的题中之义。关于这点，江户本草学集大成者的小野兰山（1729—1810）也有所提及："中华云樱者，朱花也。所云'欲然'，亦见赋于桃及杏，然确非云朱色也，亦可用于樱也。在中华，以樱和樱桃相混也。今下录其证。……红毛也，有樱焉。"[1] 在此，他不仅批评了日本学者关于中国和西洋"无樱"的误传误信，还举出《日本风土记》《日本杂咏》等相关记载，说明日本也有"以樱和樱桃相混"的类似情况。

另一方面，相对于"樱花"，我国古代多用"樱桃（花）"指称樱属植物。采用"樱花"之称的诗文极少，也仅是"何处哀筝随急管，樱花永巷垂杨岸"（李商隐《无题四首》）、"听时坐部音中有，唱后樱花叶里无"（薛能《赠歌者》）、"樱花落尽阶前月，象床愁倚薰笼"（李煜《谢新恩》）、"芍药樱花两斗新"（苏轼《浣溪沙》）、"樱花已晚犹烂漫，百株如雪聊可绕"（晁补之《饮城西赠金乡宰韩宗恕》）、"桃花樱花红雨零，桑钱榆钱草色青"（王洋《题山庵》）、"柳色青堪把，樱花雪未乾"（郭翼《阳春曲》）、"三月雨声细，樱花疑杏花"（于若瀛

---

[1] 小野蘭山『大和本草批正』卷12、国立国会図書館デジタルコレクション、1837年、第66頁。

《樱桃花》)、"墙内樱花数枝,花甚繁郁,尚未有结子者"(王路《花史左编》卷十五)、"樱花扇底黄金贱,杨柳尊前白璧轻"(沈颢《香眉小案》)等可数用例。不仅如此,我国古代所有词典、植物类著作都没有同时收录樱花和樱桃(花)的情形。

对于这两方面的情况,江户日本大儒林鹅峰(1618—1680)也表现出清醒的认识:"樱花诗,在中朝罕闻焉。偶植者,或与樱桃相混,或咏其实也。"[①]显然,樱花,樱桃相混、樱花名称的缺位等是我国前近代樱属植物认识的重要特点。这虽有可能导致形成我国没有"(日本)樱花"的假象,却并不是为了说明我国没有樱花。然而,它却为晚清以后中国樱花传自日本之误讹的盛行提供了土壤和条件。对此,清末民初有对日体验的我国学者接受并宣扬江户之后日人创造的"樱花为日本独有"[②]等虚实相交、真假相杂的"樱花日本特殊论",则起了推波助澜的作用。

俞樾(1821—1907)是前述话语的较早提倡者和重要传播者。作为当时颇有声望的经学家,他曾与村山节南、樱井勉等日本文人交往密切,又收日本汉学家井上陈政为徒,获赠樱花树,亦与日本外交官白须直往来密切,获赠樱树。他坦言对樱花极为羡慕、热爱,"余观东瀛诗人之诗,无不盛称其国樱花之美,读而慕焉,求之未得",获井上赠樱后即赋《咏日本国樱花》,对其极尽赞美之能事:

不是樱桃也号樱,传来异卉自东瀛。……花开却好春三月,一入中华

[①] 林鵞峯『本朝一人一首』卷2、京都:田中清左衛門、1665年、第1頁b。
[②] 江户之后,对欲以樱花构建自我的日本人来说,"中国有无樱花"始终是他们极其在意的大事。因此他们在向中国宣传"樱花为日本独有"的同时,也设法确证中国有无樱花。纳富介次郎1862年访问上海时的相关记录——"余画樱花示清人,甚赏,然只云似海棠花,与唐土称为樱花者大异。有人云于浦东造船厂见过樱树一株,此樱树又于花旗国所见相同,皆为淡红单瓣,与本邦桦樱相似。可惜,春花时节未往"(《上海杂记》,《1862年上海日记》,陶振孝等译,北京:中华书局,2012年,第34页),就是最好的说明。

奉夏正。……李杜韩苏见未尝（东国诗人广濑吉甫樱花诗云，李杜韩苏谁识而），我今得见试评量。千金声价逾萬苣，一笑风神敌海棠。自可靓妆争玉女，未容骄语压花王（东国人每云，中土有此花，牡丹不得为花王矣。斯言也，余未敢信）。①

在此，他对"中土有此花，牡丹不得为花王矣"表示"未敢信"，符合其身份和知识体验，而其"中国无樱论"则是罔顾历史事实的误论。俞氏此说在当时中日朝三国都有很大影响，不仅增强了日本人对樱花自我特征化的文化自信，亦对清末以来"中国无樱论"在我国的流行产生了影响。②

同时期的黄遵宪（1848—1905）则对这种不实樱花论的构建和传播发挥了引领作用。作为清政府首任驻日参赞，滞日期间（1877—1882）他目睹日本人"三月花时，公卿百官，旧皆给假赏花。今亦香车宝马，士女征逐，举国若狂也""倾城看花奈花何！人人同唱樱花歌"等赏花的疯狂情景，感叹樱花作为日本花王的绝对地位及其体现的日本民族性："承平以来二百年，不闻鼙鼓闻管弦，呼作花王齐下拜，至夸神国尊如天。"③他不仅极爱樱花，同样认为它是日本特有之花："樱花，五大部洲所无。有深红，有浅绛，亦有白者，一重至八重，烂漫极矣。④"与俞樾相比，因为"知日家"的身份，黄氏之说对近现代中国的影响更大。例如，著名词人况周颐（1859—1926）就曾引其观点"黄氏诗注云，樱花五大洲所无有"⑤，表现出"何止神州无此花，西方为问美人家"的惆怅之感。

与承认"樱花为日本独有"的俞黄二人相比，文廷式（1856—1904）则从另

---

① 俞樾：《春在堂诗编》乙丙编，清光绪二十五年刻春在堂全书本，第3页b—4页a。
② 例如，杨钟义所记俞樾受赠樱树后的赋诗情况"井上陈子德政在俞曲园先生门下，致四株盆栽俞楼下。曲园赋四律，陶心云、马幼眉皆有继咏"（《雪桥诗话》续集·卷8），说明俞氏之说在当时颇有影响。
③ 钱仲联笺注：《人境庐诗草笺注》上·卷3，上海：上海古籍出版社，1981年，第232页。
④ 黄遵宪：《日本杂事诗》，钟叔河主编：《日本日记·甲午以前日本游记五种·扶桑游记·日本杂事诗（广注）》，长沙：岳麓书社，1985年，第712页。
⑤ 况周颐：《蕙风词》卷下，民国刻惜阴堂丛书本，第6页a。

一个角度对"樱花日本特殊论"在我国的传播起了不良作用。作为清末维新派思想家，文氏不仅与日人交往密切，也阅读了不少日人著作，还在维新变法失败后出走日本。他曾引中日两国学者之论，一度不确定中国是否有"日本樱花"：

> 宋景濂樱诗曰：赏樱日本盛于唐，娇艳牡丹兼海棠。恐是赵皇所难画，春风才起雪吹香。贝原笃信《格物余语》云：《文选》沈休文《早发定山》诗云，山樱发欲然。……笃信谓，本邦樱花带微红而非朱色，且其子不堪食，决是别物。朝鲜亦有之。①

1900年，文氏东游日本期间，又被"岩内君"等人告知，中国辽宁、四川和福建都有樱花，故而认为其声名不显，是"未经题品耳"之故②。对此，他在赏完上野公园之樱后，一方面指出"无香"且"色亦在碧桃、海棠之间"的樱花在日本能称为"花王"，是"徒以党众故也"；另一方面认为樱花在中国不显的原因是"使仅以一二株生人家庭院，则不过是如丁香、海棠聊供赏玩；若深山榛莽偶著此花，则必不及空谷幽兰芳香自远也"③。按其说，樱花在中国既很少见，又无香气，故未能与中国人形成审美上和文化上的联系。此论后来与日本近代植物学奠基人三好学（1862—1939）的樱花论④形成了跨时空的呼应，而使"中国有樱"反倒成了"樱花日本特殊论"的有力证明。这意味着，"中国有

---

① 文廷式：《纯常子枝语》卷31，民国三十二年刻本，第9页a。
② 文廷式著，汪叔子编：《文廷式集》下册，北京：中华书局，1993年，第1162、1174页。
③ 同上，第1174页。
④ 三好学虽然承认中国西南山区存在樱树的事实，却认为其对我国的国民性没有任何影响和意义，只是强调日本作为"樱花之国"及樱花作为日本象征的独特性和合理性。"以往以为中国没有樱树，但现在很多樱树却在中国西部及西南部的山中被发现。"（『人生植物学』，東京：大倉書店，1918年、第546頁。）"在中国，所谓樱者自古就不为一般所知，古籍里也几乎不见有关的记载。当今即便知道中国存在樱这一事实，然像中国那样的大国，有樱之处也只限于其中的偏僻之所，不为一般人所知亦很自然。唯作为科学探究变得越发普遍的结果，隐居的樱才为世间所知。那些樱花虽与日本之樱根本不是同类，然从广义的角度说，仍是接近于山樱系列的品种。而且，从中国野生的樱树是否产生了美丽的人工培养的品种也不得而知，由此笔者认为樱花对中国的国民性没有任何的影响。"（『桜』，東京：富山房、1938年、第31頁。）

无樱花"已不重要,而唯有日本人才与樱花有着历史、文化和审美的唯一联系。同时,这种论调也为"中国是樱花原产国"等事实被无视提供了可能。

此后,俞樾和黄遵宪的"中国无樱论"成为主流认识,文廷式的"中国有樱论"则被历史淹没,从而确立了"樱花为日本独有"在我国被普遍接受的认识基础。之后,不少学者亦纷纷提出樱花为日本独有的主张,亦对其显出极度艳羡和赞美之情。程颂万赋诗"看花倦眼老不殊,洗觞坐对双名姝。扶桑龙气晓缠日,化作此花中国无"[①];梁焕奎赋《题樱花》"仙种不传他国土,嘉名如睹上阑花"[②];王先谦盛赞"樱花日本佳品也",感叹"余以未见此花为恨"[③];曾朴盛赞"尚有日本的樱花,倒在酣艳风流,独占一部"[④];等等。而且,有人还以"是否结子"等论证中国不存在"(日本)樱花"的条件,增强了"中国无樱花"这一虚假判断的物质客观性。例如,况周颐认为,"中国樱花不繁而实,日本樱花繁而不实。薛昭蕴词《离别难》云:摇袖立,春风急,樱花杨柳两凄凄。此中国樱花也。入词殆自此始。此花以不繁,故益见娟倩"[⑤];曾任驻日神户领事的黎汝谦不仅极喜樱花,亦以"不结子"为其特征并归因于"日本土性独暖","樱似中土西府海棠,其色粉红,似牡丹开时烂如云锦,而不结实,或带回中土往往蔫萎。盖日本之土性独暖也"[⑥]。可见,晚清民国学术界几乎一致认为樱花是"日本特有"之花,并形成了一边倒式的赞美之势。除杨钟义等少数人能对日本人的自大之辞"中国若有此花,牡丹不得称王"[⑦]提出批评外,知识界似已接受了"中国无樱"的"事实"。显然,"中国无樱论"并不是现代植物学的科学论述,

---

① 程颂万:《石巢诗集》卷7,民国十二年武昌刻十发居士全集本,第4页a。
② 梁焕奎:《青郊诗存》卷1,民国元年梁焕均长沙刻本,第19页a。
③ 王先谦:《虚受堂诗存》卷12,清光绪二十八年苏氏刻增修本,第5页a。
④ 曾朴著,字文校注:《孽海花》第三回,北京:解放军文艺出版社,2000年,第19页。
⑤ 况周颐:《蕙风词话》卷4,王幼安校订:《蕙风词话·人间词话》,北京:人民文学出版社,1960年,第91页。
⑥ 黎汝谦:《夷牢溪庐诗钞》卷3,清光绪二十五年羊城刻本,第14页b。
⑦ 杨钟义:《雪桥诗话续集》卷8,民国求恕斋丛书本,第78页b。

而是一种文化判断。

由上可见，我国古代的樱桃认识本就存在植物人为分类时期的"当然不足"，又经晚清民国知识界非科学的"文化误判"，再加上对樱属植物的科学研究的一度滞后，最终坐实了"我国没有（日本）樱花"这一百年来的最大谬论。

三、"樱桃"和"山樱（桃）"的暧昧区分

虽然古代知识界对樱属植物的认识比较模糊，却也明确区分了"山樱（桃）"和"樱桃"，即便它仍较为模糊、含混，亦未必是科学且有效的区分。如前所述，"樱桃"之名最早源自郑玄对《礼记·月令》"含桃"的解释，而"山樱（桃）"之名则源自唐代学者对《汉书》"樱桃蒲陶，隐夫薁棣"的解释。关于后者，颜师古注释说"隐夫未详。薁，即今之郁李也。棣，今之山樱桃"[1]。稍后，他对"棣"又作了进一步解说："棣，常棣也。其子熟时正赤色，可啖。俗呼为山樱桃，陇西人谓之棣子。"[2] 同时，李善等注《文选》"三桃表樱胡之别，二柰曜丹白之色"而引《博物志》之说，亦认为"棣，山樱桃也"[3]。李善也依据"郭璞《上林赋》注"等认为"棣，实似樱桃"[4]，指出了"山樱"的一些生物特性："棠、樱，皆果木名尔。开，发其花也。花朱，色如火，欲然也。"[5] 可见，"汉书注""文选注"和"颜注《急就篇》"确立了山樱（桃）作为可食的果木地位及"棣""常棣""棣子"等别名，也建立了区分樱桃和山樱（桃）的思维范式（唐宋范式）。

宋代学者如任广、吴曾等继承了此前知识界区分樱桃和山樱的思维，并

---

[1] 班固撰，颜师古注：《汉书》第八册·卷57，北京：中华书局，1962年，第2560页。
[2] 史游撰，颜师古注：《急就篇》，四部丛刊续编景明钞本，第32页a。
[3] 萧统撰，李善等注：《六臣注文选》卷16，第8页a。
[4] 萧统撰，李善注：《文选》卷16，胡刻本，第7页a。
[5] 萧统撰，李善等注：《六臣注文选》卷27，第11页b。

认为山樱亦是"子如樱桃可食"①的果木。元代是我国古代本草学建树不多的时代，如其最具代表的本草书籍《树艺篇》不过是一本关于植物的资料汇编。此时期的樱桃认识未见亮点，甚至有一些奇谈怪论。比如，杨士宏注解"绕篱生野蕨，空馆发山樱"（王维《游化感寺》），不仅给山樱名称的由来安了一个莫名其妙的理由——"陆佃：初生似鳖脚，故云山樱"②，并有将它和樱桃混同的倾向。

虽然唐宋学者建立了区分樱桃和山樱的基本思维，却不能说他们可以有效区分二者。例如，他们对解释与山樱桃有关的"婴桃"的称谓与含义就束手无策。"婴桃"最早见于唐慎微所引陶弘景之说，"陶隐居云：此非今果实樱桃，形乃相似而实乖异，山间乃时有，方药亦不复用尔"③。孟诜对此作了进一步解释，"诜曰，此婴桃，俗名李桃，又名奈桃。前樱桃名樱，非桃也"④。可见，二人在区分"樱桃"和"婴桃"上见解是一致的，后者之说实际也表明"婴桃"是"桃"之一种。其后，陶孟之说一方面获孙思邈、朱橚等人继承，形成了"味辛平无毒，主止泄肠澼，除热调中，益脾气，令人好色美志。一名牛桃，一名英豆。实大如麦，多毛，四月采阴干"⑤等经典论述；另一方面"樱非桃类"的主张又受到寇宗奭、唐慎微等人的质疑和批评。至明代，"婴桃"被李时珍解释为"山婴桃"："释名：朱桃（《别录》）、麦樱（《吴普》）、英豆（《别录》）、李桃。……时珍曰：树如朱婴，但叶长尖不团。子小而尖，生青熟黄赤，亦不光泽，而味恶不堪食。"在此，"山婴桃"实际被当成了"山樱桃"。这一做法从名称上抹杀了可能与"山樱桃"相异的"婴桃"的存在。以后，"婴桃"因与山樱桃相混，作为植物条目基本消失不见，只是偶尔出现于有关"李桃"等物名的解释文字，如"李桃：《本

---

① 毛居正：《增修互注礼部韵略》卷4，清文渊阁四库全书本，第36页a。
② 杨士宏：《唐音》卷4，清文渊阁四库全书补配清文津阁四库全书本，第46页a。
③ 唐慎微：《证类本草》卷23，第46页a。
④ 李时珍：《本草纲目》卷30，第47页a。
⑤ 孙思邈著，李景荣等校：《千金翼方校释》，北京：人民卫生出版社，1998年，第81页。

草》曰山婴桃，《释名》曰朱桃、麦樱、英豆、李桃。说曰，此婴桃俗名。李桃，又名奈桃。前樱桃名樱，非桃也"①。

明代是我国樱桃认识进一步深化的时代。以李时珍、徐光启、王路为代表的主流学者承继唐宋之论，不仅明确区分了樱桃和山樱，也从生态特性、食用性特征等方面提出了区别二者的具体方法。他们认为樱桃"树不甚高。春初开白花，繁英如雪。叶团，有尖及细齿。结子一枝数十颗，三月熟时须守护，否则鸟食无遗也。盐藏、蜜煎皆可，或同蜜捣作糕食，唐人以酪荐食之。林洪《山家清供》云：樱桃经雨则虫自内生，人莫之见。用水浸良久，则虫皆出，乃可食也。试之果然"，而山樱桃则是"树如朱樱，但叶长尖不团。子小而尖，生青，熟黄赤，亦不光泽，而味恶不堪食"。这种对比描述首次从自然形态特征区分了樱桃和山樱（桃），不仅打破了以往"山樱桃可食"②的传统观点，亦对其区分有积极意义，也奠定了此后二者相区分的物质基础。而且，他们还从名称上对二者作了区分，认为"莺桃""含桃""荆桃"等是樱桃的别名，而"朱桃""麦樱""英豆""李桃"等是山樱桃的别名。可见，明代学者从内容和形式上建立了区分樱桃和山樱（桃）的认识范式（明代范式），代表了古代知识界相关认识的最高水平。

清代学者不仅继承了以往知识界区分二者的思维和方法，亦有了一定的发展。陈启源、程先甲、桂馥、胡敬、夏味堂等继承了区分樱桃和山樱的"唐宋范式"，且其论述也基本受限于此；少数人虽坚持这一范式，却对某些事项作了进一步解释。郝懿行认为，包括"赤棣"和"白棣"的山樱桃"小于樱桃而多毛，味酢不美"③；朱骏声认为，"山樱桃"之名的由来与樱桃密切有关，"棣：白棣也。从木，隶声。按，其花白，《尔雅》'常棣，棣'注，子如樱桃可食，故亦

---

① 吴士玉：《骈字类编》卷190，清文渊阁四库全书本，第39页b。
② 关于山樱桃是否可食，明代一些学者仍坚持原有观点，如"朱氏曰，子如樱桃可食"（乐韶凤《洪武正韵》卷10）、"山樱未入吴姬口，乍日中官已进鲜"（胡应麟《少室山房集》卷76）等。
③ 郝懿行：《尔雅义疏》卷下之二，第24页b。

名山樱桃"①；多隆阿引"颜注《急就篇》"关于"棣"的论述，认为"似樱桃者则为常棣别种"，"俗呼为山樱桃。陇西人谓之棣子"②。与此相对，华希闵、厉荃、汪灏、吴其濬、陈元龙等继承了区分樱桃和山樱的"明代范式"，并在其范式内展开了论述。

除对前人学说的继承，清代学者亦提出一些关于樱桃和山樱的新主张。赵宏恩、何绍基、王棠、吴苑等提出，山樱具有"木本竹叶，初夏作花，实（或'色'）如含桃"③的特性；郝懿行、赵学敏等认为山樱具有"多毛"或"有毛"的特征；鄂尔泰、杨巩等不仅区分了樱桃和山樱桃，还增加了与其并列的"白樱桃"的品种。与这种区分樱桃和山樱的思维相比，张璐等极少数学者则认为山樱只是樱桃的下位品种，即"一种小者名山樱桃"④。综上可见，清代大多数学者都坚持区分樱桃和山樱的立场。

知识界虽然在区分樱桃和山樱（桃）上做了很大努力，也取得了不少成绩，然这种区分仍是模糊的、含混的。这不仅给后世学者的樱桃认识造成了困惑，也隐含了自证"中国无樱花"的可能性。例如，关于"樱桃"（sakura），琉球人吴继志就表现出极大的困惑和质疑。他曾就此问陆澍：

> 山中有之，木高数丈，春生叶，开五瓣白花，繁英如雪。其实生青，熟紫，半熟者朱。其味甘酸，其皮有用。相传曾自披玖岛来，称之樱桃，邦俗植之，赏其花。唯疑王维樱桃诗曰，紫禁朱樱此种熟，则紫色抑与中国樱桃异乎？仰明喻如为非樱桃，系何名？且中国称山樱桃者，与此种同类乎？并赐明喻。⑤

---

① 朱骏声：《说文通训定声》履部·第12，清道光二十八年刻本，第7页a。
② 多隆阿：《毛诗多识》卷6，民国辽海丛书本，第7页b。
③ 赵宏恩：《（乾隆）江南通志》卷86，清文渊阁四库全书本，第29页a。
④ 张璐：《本经逢原》卷3，清光绪宣统间刻民国校补医学初阶本，第53页b。
⑤ 吴继志：《质问本草》外篇·卷4，第25页。

而陆氏之回答"此是樱桃,当其初熟之时,色带浅红,及其中熟之候,色则鲜红,迨至末熟之际,色微紫矣",明显不能完全消除问者的疑惑。

四、作为"果"而不是"花"的樱桃

虽然我国古代有赏"樱桃(花)"的传统和习俗,然"樱桃(花)"从来不是以花闻名,而是以果著称。在我国传统文化下,它从来就不属于著名花卉,不能与梅、兰、菊、牡丹等第一等的名花相提并论,故其文学意象未得到充分发展,由此无法"进入中国传统文化的核心"①。它虽然有时被认为是"百花之首",也仅指其时间性地位,且从属于其"众果之先"的果实特性。

在我国,樱桃最早是被当成进献宗庙的"祭祀之物",自然也被认为是可食用和可药用的果实。如后梁宣帝《樱桃赋》"推樱桃之为桃,先百果而含荣"(《全梁文》卷68)所述,樱桃在古代被认为是夏果最早的果实,故被当成了尝新祭的果品。关于这点的最早记载是《礼记·月令》:"天子乃以雏尝黍,羞以含桃,先荐寝庙。"对此,东汉经学大师郑玄给出了著名的"郑玄注":"含桃,樱桃也。"②稍后高诱注《吕氏春秋·仲夏纪第五》引前文,进一步解释说"羞,进。含桃,莺桃。莺鸟所含食,故言含桃。是月而熟,故进之,先致寝庙,孝而且敬"。可以说,《礼记》、"郑玄注"和"高诱注"等相关论述不仅建立了"含桃即樱桃"的基本范式,也确立了樱桃作为朝廷祭品的基本属性。这也如"惠帝常出游离宫,通曰:'古者有春尝果,方今樱桃熟,可献,愿陛下出,因取樱桃献宗庙。'上许之。诸果献由此兴"(《史记》卷99)所述,自汉代起,樱桃就已被视为祭品和进献皇室的贡品;也如《拾遗录》"汉明帝于月夜宴赐群臣樱桃,盛以赤瑛

---

① 向卿:《江户时代日本人身份建构研究》,北京:中国社会科学出版社,2022年,第520—521页。
② 原文已不可详考,仅为《齐民要术》《初学记》《太平御览》《树艺篇》等文献提及。

盘。群臣视之月下，以为空盘，帝笑之"①和王维《敕赐百官樱桃》所示，樱桃亦成了皇室"樱桃宴"的重要赐品。

我国最早的药学著作《神农本草》则记载了樱桃的食用和药用特征："味甘平无毒。主调中，益脾气。令人好颜色，美志。"此论奠定了后来知识界关于樱桃药食特征论述的基调，也常为后世文献所引。《初学记·卷28果木部》："《本草》曰：樱桃，味甘，主调中，益脾气。令人好颜色，美志气。"《广群芳谱·卷五十六·果谱》："味甘，无毒。调中，益气，美志。止泄精、水谷痢。令人好颜色。多食令人吐。"可见，关于樱桃的药食特征，后世学者基本都沿袭了《神农本草》的说法，然就"味甘"这一特征而言，个别学者也表示了怀疑，因而提出了一些"味苦""恒酸不可食"而实际应看成是樱花的品种。

相关记载道出了我国古代樱桃认识的最大特征：樱桃首先是被当成一种结子且可食的果木，而不是"花卉"。这点也为后世文献关于樱桃的物性处置所证实。唐宋以后，除将樱桃列入"草木（部）"或"木（部）"外，大多数农业、药学或本草书籍都将其列入了"果部"或"果实"，如《艺文类聚》《初学记》《太平御览》《书叙指南》《树艺篇》《群书通要》《类隽》《本草纲目》《事物异名录》《渊鉴类函》《广事类赋》《中外农学合编》等；只有《全芳备祖》《广群芳谱》等极少数文献将"樱桃（花）"既列入"花部"或"花谱"，又列入了"果部"或"果谱"。

可见，在我国古代，"果"是樱桃的第一属性，花是其次要属性。这种认识及文化传统恰恰为"我国无樱花"的近代自我认识提供了物质条件，也导致了晚清民国知识界形成"中国樱花不繁而实，日本樱花繁而不实"之类的失实认识。

---

① 李昉：《太平御览》卷969，四部丛刊三编景宋本，第6页a。

五、结语

樱花起源于中国，樱属植物也自古就与我国人民的生活和审美密切相关。这些都是无需争辩的历史事实，因而"前近代"和"中国文化"是规定我国古代樱桃认识的主要范畴。这种规定性决定了这一认识的鲜明特征及其在近代的命运。

第一，我国古代樱属植物认识是植物"人为分类系统时期"的一个典型。这种认识基于果实大小、花色、味道等一个或几个明显的形态特征展开，虽对樱属植物的认识提供了丰富资料和宝贵经验，却存在名称混乱、分类模糊、"樱桃"与"桃"的混淆等问题。与此同时，在我国传统文化中，"樱桃（花）"从来就不属于著名花卉，且作为"果实"的特性也压倒了它作为"花"的特性。正因如此，关于它的文学意象在我国古代并未获得充分发展。可以说，"不确定性"和"次要性"构成了我国古代樱桃认识的重要特征。这种认识非但不能反映"真实的事实"，反而具有无法抵抗外来攻击的内部脆弱性，即不具有击破日本人宣扬的"樱花为日本独有"之虚假话语的历史和文献基础，反而有被用于自证"中国无樱花"之误讹的潜在可能性。

第二，因为我国古代樱属植物认识具有"不确定性"的先天缺陷，而其状况在我国从传统走向近代的关键时期也未得到根本改善，故也成为被"近代性"所扭曲的古代中国认识的一个典型。清末民初，因为我国自然科学的一度"落后"，以致知识界未能对樱桃展开及时的科学研究并形成确定的科学认识，反而受到"近代的压迫"，导致迎合了江户之后日本知识界关于"樱花为日本独有"的意识形态宣传[①]，最终形成了关于"中国无樱花"的"文化误判"。这些因素共同制造了"中国没有樱花"等违背历史和事实的错讹，也自行为其论调在我国

---

① 向卿：《身份认同与他者构建："宋濂樱诗"在江户日本的命运》，载《历史教学》2022年12月（下半月刊），第45—46页。

的泛滥埋下了隐患。更为严重的是，这种错讹又经过时间的作用演变为"传统"，加强并巩固了它在我国乃至世界各国的传播，产生了恶劣影响。

为了重建我国对樱桃的物种自信和文化自信，同时帮助世界各国人们形成正确的樱属植物认识，有必要从文献学、文化学、植物学等多维度加强对我国古代樱属植物认识的研究。

On the Cognition of Cerasus in Ancient China: Also on the Cause of "No Cherry Blossom in China"

Abstract: The congnition of Cerasus in ancient China basically stopped at Cerasus in modern botany classification, and the understanding of this type of plant is relatively vague. This is manifested in the complexity and confusion of names, extensive classification, and confusion between "cherry" and "peach". As a general term for cherry plants, the most important attribute of "cherry" is its characteristic as a "fruit" rather than a "flower". This congnition of cherry plants has the potential to be used to prove the fallacy of "China has no cherry blossoms". Since the Edo period, the Japanese propaganda of "cherry blossoms are unique" and the "cultural misjudgment" of scholars in the late Qing and Republic of China about cherry blossoms have jointly created errors and errors that go against history and facts, such as "China does not have cherry blossoms", which has made this possibility evolve into reality.

Key Words: Ancient China; Cerasus; cherry; sakura

作者简介：向卿，博士，湖南师范大学外国语学院副教授，研究方向为日本文学与文化。

【历史学】

日本平安宫朝仪正殿的"名""物"差异及其形成原因

西安外国语大学 聂 宁

【摘 要】古代朝仪空间是国家政务核心空间，亦是重大典礼的举行场所。日本有"千年古都"之称的平安京仿唐长安等中国都城而建，其朝仪空间深受中国影响。但平安宫朝仪空间的正殿大极殿却并非直接承继唐长安的朝仪正殿，而是在名称上采唐长安太极宫太极殿的"太极"之名，在建筑形制上用唐长安大明宫含元殿的"含元"构造。本文通过"名"与"物"的比对，分析了日本平安宫朝仪正殿的"名""物"差异，由此可知日本对中国文化承继的历史性差异。平安以前的日本对中国文化已经形成高度认同，这种认同支撑"大极"之名在律令时代后成为朝仪正殿之名。另一方面，8世纪时期遣唐使在长安直面的含元殿，其建筑形制成为了当时日本朝仪正殿营造过程中的仿照对象。"大极"之名的使用，有日本自身的历史传承作用影响，而"含元"之制的建构，是彼时唐大明宫对东亚地区宫城影响的结果。

【关键词】平安宫；大极殿；长安；中国文化

一、问题提起

古代之朝，是君主主持政务、举行重要仪式的场所。朝仪空间，是君主正式接受朝贺、觐见的场所，是国家重大典礼举行地，属于国家政务核心空间。

日本因天皇制度的存在，朝仪空间从古一直存续至今。日本朝仪空间，根据冷泉家所藏《朝仪诸次第》(『朝儀諸次第』)[①]的记录，律令时代以后，日本的朝仪空间以大极殿院或言朝堂院为主，正殿为大极殿。在日本历代朝仪空间中，最受瞩目的仍然是有着"千年之都"的平安京的朝仪空间。日本社会之共识，平安京仿中国唐长安等都城而建。但平安京中也存在着与唐长安有所不同的地方。作为平安京朝仪正殿的大极殿，就是一个既仿长安正殿但又与长安正殿有所不同的存在。

在唐长安城中，作为皇帝朝寝的宫城有太极宫与大明宫。太极宫朝仪正殿为太极殿，大明宫朝仪正殿为含元殿。而日本平安宫朝仪正殿的大极殿，却是太极殿与含元殿的综合。具体地说，日本大极殿在名称上采用"太极殿"之"太极"[②]，但在建筑形制上却采用了大明宫"含元殿"的殿与楼阁形成的复合结构[③]。

关于中日都城空间规划的比较研究，早在江户时期就已然出现。江户时代，日本基于历代文献记录修成30卷本的《大内里图考证》(『大内裡圖考證』)，书中文图互证，成为现今了解平安宫城的必要史料。通览全书，可见如"唐含元殿，有龙尾道……而国朝朝堂院龙尾道，假其名耳，其制则不同"[④]等将平安宫与唐长安进行关联比对的记述。而在今人研究中，以日本学者关野贞(関野貞)[⑤]为起始，就中日古都之间的讨论逐步成为东亚都城研究领域的显学。讨论核心主要集中在关于东亚古都形制来源的，基于历史学"二重证据法"的史学考证

---

① 冷泉家時雨亭文庫編『冷泉家時雨亭叢書 朝儀諸次第』、東京：朝日新聞社、1997—2001年。
② 大极殿的日语发音与太极殿一致。橋本義則『平安宮成立史の研究』、東京：塙書房、1995年、第185頁。
③ 山田邦和「桓武朝における楼閣附設建築」、『国立歴史民俗博物館研究報告』第134号、2007年、第156—158頁。
④ 今泉定介編『故實叢書大内裡圖考證』、東京：東京築地活版製造所、1893年、第211頁。
⑤ 関野貞「平城京及大内裏考」、『東京帝国大学紀要』、1907年、工科第3冊。

方面[①]。日本学者妹尾达彦（妹尾達彦）更是强调了8世纪的"广域的东亚都市网的核心，正是唐长安城"[②]。于此相对，日本学者山田邦和认为，在细化都城研究的基础上，对某一特殊空间构造的专论略显单薄[③]，桥本义则（橋本義則）与张伟亦先后指出中日都城研究在空间领域的相关成果多存在于对都城的整体论述之中[④]，韩宾娜在就东亚都城研究问题进行阐述时，点明了现阶段东亚都城研究在特定空间研究、营造思想研究的"缺口"问题[⑤]。由此，将研究视点限定在中日都城关联密切的日本平安宫朝仪正殿上，就这一具体的空间构造进行比对研究，就成为了一个可以且需要继续深入探索的部分。

仪式空间的建构并非偶然发生，它是人们在有明确目的的前提下所建构，日本朝仪空间中也存在着不可忽视的空间建构思想。平安宫朝仪正殿出现的"名""物"模仿对象的差异，反映出的正是日本桓武天皇时期对朝仪空间建构思想的时代特点。基于此，本文拟从日本平安宫大极殿的"名""物"差异出发，在东亚比较都城研究的视域下，结合桓武朝的时代背景，明晰平安宫大极殿出现此差异的原因，并进一步探讨其背后的营造深意。

---

① 岸俊男：《日本的宫都和中国的都城》，于德源译，载《大同高等专科学校学报》1997年第2期。王仲殊：《关于日本古代都城制度的源流》，载《考古》1983年第4期；《论日本古代都城宫内大极殿龙尾道》，载《考古》1999年第3期；《论洛阳在古代中日关系史上的重要地位》，载《考古》2000年第7期。王维坤：《隋唐长安城与日本平城京的比较研究——中日古代都城研究之一》，载《西北大学学报（哲学 社会科学版）》1990年第1期；《日本平城京模仿中国都城原型探究——中日古代都城研究之二》，载《西北大学学报（哲学社会科学版）》1991年第2期。茋岚：《日本律令制都城的变迁与日唐交流——关于寺院数量的变化及彩釉瓦建筑的出现》，载《考古与文物》2001年第1期。王晖：《日本中世时期的政治格局与城市空间的变迁——以京都为例》，载《国际城市规划》2008年第2期。韩宾娜、王艺深：《东亚都城研究若干理论问题刍议》，载《东北师大学报（哲学社会科学版）》2021年第4期。

② 妹尾达彦：《隋唐长安与东亚比较都城史》，高兵兵、郭雪妮、黄海静译，西安：西北大学出版社，2019年，第1页。

③ 山田邦和「桓武朝における楼閣附設建築」、『国立歷史民俗博物館研究報告』第134号、2007年。

④ 橋本義則『平安宮成立史の研究』、東京：塙書房、1995年。张伟：《日本奈良时代都城空间形态与迁移过程研究》，东北师范大学博士学位论文，2022年。

⑤ 韩宾娜、王艺深："东亚都城研究若干理论问题刍议"，载《东北师大学报（哲学社会科学版）》2021年第4期。

二、"大极"之名的由来

作为朝仪正殿的大极殿，其名称来源于中国都城主殿之"太极殿"。此说，现已成为学界共识。中国之太极殿，最早出现在三国曹魏洛阳宫中。在曹魏之时，太极殿便作为大朝核心而存在。及至唐代，太极殿在中国已存在日久。《雍录》卷三有记："隋都城中正宫以及正殿皆名大兴，至唐改名太极宫、太极殿也。"[1] 可见，在唐长安城中，太极宫之太极殿正是唐王朝的朝仪正殿。

对于日本使用"大极"之名的原因，学者岸俊男与鬼头清明（鬼頭清明）进行了探讨。他们认为，在太极殿初现的曹魏洛阳宫中，就已经存在着公私分明的空间布局。宫中作为君主的公共仪式空间的主体建筑就是太极殿，可以说太极殿是宫城公共空间的核心构成，并且彼时日本宫城随着律令体制的发展，天皇威仪的逐渐加重，原本公私空间存于一体的内里已然不再适应当时的日本朝政的需要，建构公私分明的宫城已成必然。[2]

换言之，在岸俊男与鬼头清明看来，"大极"之名的使用，是因日本要仿中国宫城建制，在宫城中明确公私区划的结果。当宫城中的公共空间从内里中独立出来时，作为新的公共空间的核心建筑，对于其名称，采用与中国宫城公共空间主体建筑相同或相似之名，亦是一个顺理成章之事。日本以"同名"命名公共空间核心建筑，凸显了"大极殿"作为公共空间区域的作用特点。这一命名能够获得认同的原因，则是因为中国的太极殿作为公共空间中的朝仪正殿已经深入彼时的日本社会的认知之中。

---

[1] （宋）程大昌：《雍录》，黄永年点校，北京：中华书局，2002年，第49页。

[2] 岸俊男「難波宮の系譜」、『京都大学文学部研究紀要』17号、1977年、第24頁。鬼頭清明「日本における大極殿の成立」、『古代史論叢　中巻』、1978年、第123—125頁。

关于"大极殿"之源的"太极殿"名,"太"与"大"本相通[①],日语中亦将"大极"解释为极大,这与儒家经典《易》所释太极有类似之处。"太极"者,为宇宙天地万物根源,太极分方生阴阳两仪,而唐长安太极宫中,按《旧唐书·地理志》所记之"皇城在西北隅,谓之西内。正门曰承天,正殿曰太极。太极之后殿曰两仪"[②],其宫殿之名将唐长安蕴含《易》思想这一特点表露无遗。

日本学者桥本义则认为,日本宫城中虽未见到名为"两仪"的宫殿存在,但日本大极殿是当时作为"现人神"的天皇进行大型朝会、接受拜谒的正殿,日本采用代表宇宙根源之一的"大极"之名以表示身份,也展现出了日本对中国儒家思想的接受。[③]

另一方面,笔者认为不用"太极"两字的原因,或也与天皇身份有关。大极殿出现之时,日本的神道祭祀已成体系。虽然受到中国儒家思想影响,但大极殿所在的大极殿院(一称朝堂院)不仅是举行朝仪的空间,还是日本大尝祭举行之地。大尝祭是天皇即位后一生仅举行一次的祭祀仪式,其目的是确定即位天皇身份的正统性。[④]或许,正因此时日本祭祀传统与中国皇帝制祭祀体系有所差异,故在命名之时,采用了音相通却字不同的形式。但此说仍有待进一步考证。

三、"大极殿"的成立

受中国都城文化影响所用的"大极殿"名,在日本正史中,最早见于《日

[①] 《日本史广辞典》在解释"大极殿"之时,有注明大极殿又名"太极殿"。这是现今日本将"大极"与"太极"进行直接关联的佐证。(日本史広辞典編集委員会編『日本史広辞典』、東京:山川出版社、第1286頁。)

[②] (后晋)刘昫等:《旧唐书》,北京:中华书局,1975年,第1394页。

[③] 橋本義則『平安宮成立史の研究』、東京:塙書房、1995年、第185頁。

[④] 日本武家社会时期,武士掌权,大尝祭曾被中断。日本民间将未举行大尝祭的天皇称为"半天皇"。例如镰仓初期第85代仲恭天皇(1221—1221年、在位70余日),因承久之乱,未举行大尝祭,被认为不能认定为"真正"的天皇。此说参看日本学者奥西保观点。(奥西保「大嘗祭—その本義と祭儀の次第一」、『日本及日本人』、1987年、第52頁。)

本书纪》(『日本書紀』)皇极天皇四年六月戊申条：

> 戊申，天皇御大极殿。古人大兄侍焉。中臣镰子连，知苏我入鹿臣，为人多疑，昼夜持剑，而教俳优，方便令解。入鹿臣，咲而解剑。入侍于座。……于是，中大兄，戒卫门府，一时俱鏁十二通门，勿使往来。召聚卫门府于一所，将给禄。时中大兄，即自执长枪，隐于殿侧。[1]

这是与"大化革新"相关的记录。此大极殿所在宫城是飞鸟板盖宫。然而，皇极天皇时期的这一记录目前仍是孤例。皇极四年以后，孝德天皇、齐明天皇、天智天皇时期皆未见到"大极殿"的直接记述。虽然天智天皇七年"居于飞鸟净御原宫"[2]中在天武天皇时期出现了大极殿，但上述"大化革新"中的大极殿，存在着《日本书纪》的编撰者因后世大极殿的存在而对其进行了"润色"的可能，故而这一记录的可信度仍然存疑。

此后，《日本书纪》天武天皇十年三月丙戌条有记："天皇御大极殿，以诏……令记定帝纪及上古诸事。"[3]又，天武天皇朱鸟元年春正月壬寅条有记："御大极殿，而赐宴于诸王卿。"[4]大极殿出现在天武天皇时期的飞鸟净御原宫。在飞鸟净御原宫，天皇下达了编定律令的诏令，还发布了包括《日本书纪》在内的正史编修的诏令。基于此，福山敏男（福山敏男）推定，飞鸟净御原宫就是建构

---

[1] 日本古典文学大系 68『日本書紀』(下)、坂本太郎・家永三郎・井上光貞・大野晋　校注、東京：岩波書店、1965 年初版、1978 年，第 263 頁。

[2] 日本古典文学大系 68『日本書紀』(下)、坂本太郎・家永三郎・井上光貞・大野晋　校注、東京：岩波書店、1965 年初版、1978 年，第 369 頁。

[3] 日本古典文学大系 68『日本書紀』(下)、坂本太郎・家永三郎・井上光貞・大野晋　校注、東京：岩波書店、1965 年初版、1978 年，第 445、447 頁。

[4] 日本古典文学大系 68『日本書紀』(下)、坂本太郎・家永三郎・井上光貞・大野晋　校注、東京：岩波書店、1965 年初版、1978 年，第 475 頁。

大极殿的第一座宫城。①

在净御原宫之后，藤原宫正殿、平城宫正殿、长冈宫正殿、平安宫正殿等，皆称大极殿。桥本义则基于飞鸟地区所存宫都以及前期难波宫的发掘成果，根据宫殿本身的建筑特点，结合除平安宫以外的藤原宫以后的诸宫城大极殿发掘调查成果，可以判断出诸宫城大极殿的平面构造情况。而诸宫城大极殿的平面构造，展现出的正是自藤原宫开始的宫城正殿在建筑构造方面具有共通性这一点，并根据这一考古发掘的成果断定，在建筑形制上已有正殿形制的大极殿在藤原宫时必然存在。②

若桥本所考无误，那么"大极殿"之名自飞鸟净御原宫开始、"大极殿"正殿建筑形制至迟自藤原宫开始就已存在。而不论其"名"或"形"，都是在受到中国文化影响下，随着日本律令体制发展而出现的朝仪正殿的专有化与固定化体现。有所不同的是，"大极"之名，使用初衷是为了要区分宫城中天皇的公私空间而存在，大极殿本身就标志着朝仪空间的所在，以其所命名的宫殿直接对标中国朝仪正殿，故而"大极"之名更具有固定性需求。与"大极"之名相比，大极殿的建筑形制却并没有固定性的要求。虽然，在凸显大极殿作为朝仪正殿地位这一点上，诸宫城相同，即在建构之时，大极殿的规模大于其他宫殿，但具体的形制可以有所不同。就目前考古发掘成果来看，自藤原宫开始的、在平安宫以前的大极殿基本都呈现单体宫殿建筑的形制，虽与周边建筑形成了不同的大极殿院空间区划，但大极殿本身为单体建筑，并没有与其他的附属建筑直接连接。而平安宫大极殿则有所不同，形成的是以大极殿以及殿东西两侧之苍龙楼、白虎楼形成的"殿阁"形式（如图1）。

---

① 福山敏男『大極殿の研究：日本に於ける朝堂院の歴史』、京都：平安神宮出版、1955 年、第 1—9 頁。

② 橋本義則『平安宮成立史の研究』、東京：塙書房、1995 年、第 186 頁。

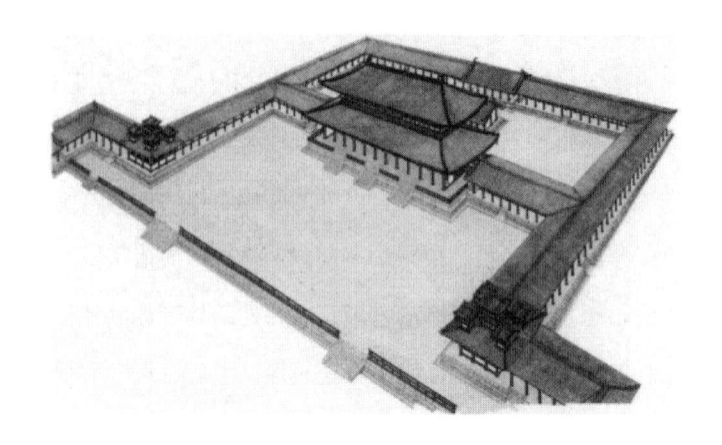

图 1　平安宫大极殿及苍龙楼、白虎楼复原图 [①]

四、平安宫大极殿的"含元"形制

日本平安宫大极殿的建筑设计未采用唐长安太极宫太极殿的建筑形式，而采用了大明宫含元殿的"殿阁"形式，这是唐长安大明宫特有的朝仪主殿建筑形式（如图 2）。

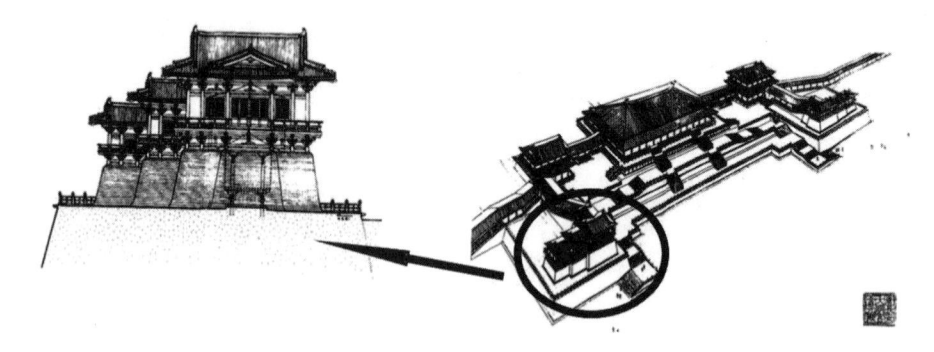

图 2　大明宫含元殿（右）及翔鸾阁（左）复原图 [②]

---

① 山田邦和「桓武朝における楼閣附設建築」、『国立歴史民俗博物館研究報告』第 134 号、2007 年、第 159 頁。

② 图 2 主要部分引自杨鸿勋《宫殿考古通论》（北京：紫禁城出版社，2001 年）第 434、436 页。圆圈、箭头标识为笔者所加。

《旧唐书·地理志》有记："东内曰大明宫，在西内之东北，高宗龙朔二年置。正门曰丹凤，正殿曰含元，含元之后曰宣政……高宗已后，天子常居东内。"[1]即，龙朔三年（663）后，唐代皇帝的朝政重心转移到大明宫，"此宫遂成为全国政治中枢之所在。含元殿为大明宫的正殿，凡属朝会、庆典等重大政治、仪礼活动，皆在此殿隆重举行"[2]。

大明宫朝仪正殿含元殿并不是单体建筑，唐代李华《含元殿赋》有言："左翔鸾而右栖凤，翘两阙而为翼"[3]，又，康骈《剧谈录》有记："含元殿。国初建造。凿龙首岗以为基址。彤墀釦砌。高五十余尺。左右立栖凤翔鸾二阙。龙尾道出于阙前。倚栏下瞰。前山如在诸掌。殿去五门二里。每元朔朝会。禁军与御仗宿于殿庭。"[4]即，含元殿前的左右两边有栖凤阁、翔鸾阁。据考古发掘成果可知，栖凤阁位于含元殿东南，翔鸾阁位于含元殿西南，两阁与含元殿之间由回廊连接，形成了一个近似于"凹"字形的"殿阁"建筑形式。[5]

这种建筑形式，在平安宫中得以展现。作为朝仪空间主殿的大极殿及其东南的苍龙楼、西南的白虎楼之间同样以回廊连接，形成含元殿版的"殿阁"建筑形式[6]。此形式在平安时代的朝仪空间中，构建了最为核心的部分。"殿阁"式的朝仪核心空间，是平安时代对此前单体"大极殿"建筑形制的重构。根据考古发掘遗迹情况以及诸宫大极殿柱洞遗存情况，可知平安宫以前之大极殿采用的是独立式"寝殿造"结构，而在平安宫中，是以唐长安大明宫含元殿"殿阁"

---

[1]（后晋）刘昫 等：《旧唐书》，北京：中华书局，1975年，第1394页。
[2] 王仲殊：《论日本古代都城宫内大极殿龙尾道》，《考古》1999年第3期，第73页。
[3]（清）董诰等编：《全唐文》（三），太原：山西教育出版社，2002年，第1896页下栏。
[4]（唐）康骈：《剧谈录》，上海：古典文学出版社，1958年，第56页。
[5] 杨鸿勋：《宫殿考古通论》，北京：紫禁城出版社，2001年，第434—436页。
[6]《三代实录》元庆七年（883）九月二日乙丑条有记："是日，已时。有鹭集大极殿东楼上。"（黑板胜美『日本三代実録』，大阪：大八洲出版株式会社創立事務所，1932年、第541页。）又，《大内里图考证》引古本《拾芥抄》记："（白虎楼）龙尾道西楼。"（今泉定介編『故實叢書大内裡圖考證』，東京：東京築地活版製造所，1893年、第246页。）

形式为直接参照模板进行建构的复合型宫殿。

如果将日本桓武天皇在位期间的平城宫、长冈宫、平安宫这三宫城的朝仪空间进行整体对比，可以发现，含元殿"殿阁"形式并不仅仅只有平安宫大极殿使用，使用"殿阁"进行建构的宫殿数呈递增态势。平城宫中，就目前发掘成果而言，尚未见到明确使用这一空间建构形式的遗存[①]；长冈宫中，虽然大极殿未按"殿阁"形式修建，但是长冈宫朝堂院南门，即朝仪空间的正门则是"殿阁"形式[②]；至平安宫，朝堂院正门之应天门、朝仪空间正殿大极殿皆采用"殿阁"形式。不仅如此，位于朝堂院以西、作为宴会仪空间正殿的丰乐院正殿丰乐殿，也采用了与大极殿、神嘉殿颇为相似的建筑形制。山田邦和认为，如果大极殿是"凹字形"的仿含元殿建筑形制，那么丰乐殿就是"一字形"的殿与楼阁构成的复合形制。[③]

换言之，唐大明宫含元殿与翔鸾阁、栖凤阁的"殿阁"建筑形制，被平安宫朝仪正殿的大极殿及其东西楼之苍龙楼、白虎楼所采用。

五、名"大极"筑"含元"之原因探析

平安宫朝仪正殿的"名"太极、"建"含元的特点，与其所在的历史时代对中国文化的承继情况是分不开的。如前所言，在唐代帝王的朝政重心转移到大明宫之后，除初期仍是每五日到太极宫听朝以外，此后的国家重大政治活动与仪式典礼都在大明宫举行。从时间来看，对平安宫的建构有着极大影响的遣唐使或有两批。一是天平胜宝五年（753）正月，遣唐使大伴古麻吕列席在唐大明

---

① 平城宫大极殿院所留存的遗迹自奈良初期到平安初期分三个时期，此三时期的平城宫大极殿殿址呈现的皆为单体建筑形制。（内田和伸『平城宮大極殿院の設計思想』、東京：吉川弘文館、2011年、第2—3頁。）

② 西森正晃「長岡・平安宮の造営の実態」、『都城制研究』第11号、2017年、第74—77頁。

③ 山田邦和「桓武朝における楼閣附設建築」、『国立歴史民俗博物館研究報告』第134号、2007年、第161頁。

宫含元殿举行的元会仪。另一批是宝龟十年（779）的遣唐使布势清直，曾在大明宫觐见皇帝，并于大明宫麟德殿列宴。可以推断，日本平安宫建构期的遣唐使，以及平安初期的遣唐使，在唐长安所接触到的正是大明宫，而大明宫作为朝仪正殿的这一认知亦随着遣唐使一行参列大朝会、朝宴而深入心中。此时期的唐长安，对东亚各国的影响颇为深刻。

如前所述，日本学者妹尾达彦认为"7—8世纪，东亚各国在这一时期产生了建国和建都的高潮，使得8世纪诞生了前所未有的、包含整个东亚在内的、巨大而细密的都市网。现今东亚国际关系的原型，即是在各国以都城为核心扩大和完善都市网的前提下形成的。而这个广域的东亚都市网的核心，正是唐长安城"，"如果把历史比作人的身体，那么都城就相当于人的大脑，而唐长安城就是7—8世纪整个东亚的中枢神经系统"[1]。而在8世纪时，东亚在宫城布局以及宫殿建筑结构上受大明宫的影响尤为明显。不仅日本平安宫，渤海国上京宫城的"宫殿建筑在结构及布局上明显受到唐朝大明宫的影响，而非太极宫"[2]。

渤海上京建于唐天宝末年，即8世纪中期，正好处于大明宫成为主宫殿的时期。根据黑龙江省文物考古研究所赵哲夫所指，"渤海上京的一号宫殿对应的是唐大明宫的含元殿（前朝），二号宫殿对应宣政殿（中朝），三号宫殿对应紫宸殿（内朝）"，"其中，在一号宫殿的东西两面，各延伸有小楼阁，这种建筑结构实际上来自大明宫含元殿，即翔鸾阁（东方的楼阁）、含元殿（主宫殿）、栖凤阁（西方的楼阁）这种主宫殿和两侧楼阁相互独立，但又由东西走廊相互连接成一个整体的结构"[3]。

---

[1] 妹尾达彦：《隋唐长安与东亚比较都城史》，高兵兵、郭雪妮、黄海静译，西安：西北大学出版社，2019年，第1页。

[2] 妹尾达彦：《隋唐长安与东亚比较都城史》，高兵兵、郭雪妮、黄海静译，西安：西北大学出版社，2019年，第220页。

[3] 妹尾达彦：《隋唐长安与东亚比较都城史》，高兵兵、郭雪妮、黄海静译，西安：西北大学出版社，2019年，第221页。

日本平安宫建构于8世纪后期，同样是大明宫作为主宫殿、含元殿作为朝仪正殿的时期。而平安宫大极殿的主要功能之一与含元殿一致，正是承担正月元日的朝贺仪式。日本规定，正月元日都城官员需参加大极殿所举行的朝贺仪式，诸国四度使及杂掌、入京郡司获得许可后亦可参加，但地方上，"元日这一天，国司率僚属、郡司向国厅朝拜，然后由国之长官国守受贺"[①]。各地虽没有直接向天皇朝贺，但正月元日的朝贺仪式举行同样能让地方官员加深对朝廷的认知。大极殿所举行的朝贺仪式，正是日本在国家层面确认官吏与天皇之间关系的重要仪式。正因大极殿担负着凸显天皇身份的"任务"，在平安宫建构时，将元日朝仪正殿按照当时作为"东亚中枢"的唐长安元日朝仪正殿——大明宫含元殿而兴建，亦是必然结果。这是日本期望通过利用中国的宫城制度与概念，支撑其本国政权得到凸显与认可的表现。加之，桓武天皇的"正统"身份在迁都长冈京之时就已有争论，使得桓武天皇曾于长冈京仿唐代帝王在都城南郊进行两次"郊祀"，从祭祀仪制上强调自己为皇统正继。从此事也可推定，对于唐长安的制度引用，桓武天皇的态度是十分积极的。

那么，平安宫大极殿为何并没有命名为"含元"呢？对于这一点，原因或许有二。其一，如前述所论，日本对"大极"的认知存在已久。"大极"代表的不仅有等同于太极殿朝仪正殿的内涵，还有标志着大极殿是宫城中公共仪式空间的作用。不仅如此，在平安宫建构以前，大极殿已经存在数百年，"大极"之名、"大极"概念的认知已经深入日本社会。且唐长安太极宫太极殿仍然存在，"大极"已能实现对"太极"的关联，并不存在必须将大极殿改名的需要。其二，含元殿的功能与太极宫太极殿有所区别，它不仅作为朝仪正殿被使用，同时也作为"阙门"而存在，是大明宫"外朝"所在。换言之，含元殿在功能上与平安宫大极殿并不完全一致。功能上的差异，也使得将大极殿改名含元的必要性

[①] 古濑奈津子:《遣唐使眼里的中国》，郑威译，武汉:武汉大学出版社，2007年，第32页。

再次降低。可以说，大极之名的使用，有日本自身的历史传承作用影响，而含元之制的建构，是彼时唐大明宫对东亚宫城影响的结果。

五、结语

都城，是国家政治、文化的代表。存在于都城中的仪式空间，往往存在着不同于一般空间的特殊性。朝仪空间，其政务属性与礼制属性，都使得朝仪空间具备着不同于一般空间的建筑构造。其中的政治概念、礼制认知、空间构造，都具有着人为赋予的时代性。日本平安宫朝仪正殿的大极殿以"太极"为名，以"含元"为制，都是深受中国文化影响的产物，但"名""物"相异的特点，又包含着日本对中国文化受容的历史性。在古代东亚世界，域外政权往往将源于中国的政治概念、礼制语言、空间结构运用于本国的政权支撑中。这种支撑得以实践的基础，是东亚对中国文化已经形成的高度认同。即是说，支撑域外政权得以获得政治胜利的，是源自于域外对中国概念的认知，这种认知构建了其本国的思想认同，从而通过对于中国概念的运用，便可以凸显其政治威仪，实现基于思想认同的广泛认可。桓武时期，以"太极"之名的使用，以"含元"之制的构建，支撑日本桓武天皇实现了正统性认可，而实现这一认可的基础，正是桓武时期以前，日本对中国政治语言符号及其概念在其自身历史脉络中的代代使用与传承。不可忽视的是，在对中国概念、制度使用的过程中，日本有着其自身的历史发展脉络，随着概念的深入与传承，随着制度的仿效与接纳，在某个特定时期，一些源自中国的概念与制度已然成为日本历史认同中的"自我"的一部分而存在了。

A Study of the Difference between "Name" and "Object" of the Main Hall in the Heian (平安) Palace of Japan

Abstract: The ancient ceremonial space was the core space of national government affairs and also the venue for major ceremonies. Heian-kyō (平安京), known as "the ancient capital of a thousand years" in Japan, was built in imitation of Chang'an of the Tang Dynasty and other Chinese capitals, and its imperial space was deeply influenced by China. However, Daji (大极) Hall, the main hall of the chaoyi (朝仪) space in Heian Palace, is not directly inherited from the chaoyi main hall of Tang Chang'an, but takes the name of "Taiji" (太极) from Hall of the Supreme Principle of Tang Chang'an Taiji Palace, and uses the "Hanyuan" (含元) structure of Hanyuan Hall of Tang Chang'an Daming Palace in architectural form. Through the comparison of "name" and "object", it is clear that the difference between "name" and "object" in the main hall of the chaoyi hall of Heian Palace in Japan is a manifestation of the historical difference in Japan's inheritance of Chinese culture. Before the Heian era, Japan had already formed a high degree of identification with Chinese culture, which supported the name of "Daji" to become the name of the main hall of the court after the era of laws and regulations. On the other hand, the Hanyuan Hall, which was directly faced by the Japanese missions to Tang China in Chang'an in the eighth century, became the imitation object of the construction of the main hall of Japanese imperial rites at that time. The use of the name "Daji" was influenced by Japan's own historical inheritance, and the construction of the "Hanyuan" system was the result of the influence of the Daming Palace of the Tang Dynasty on the palace cities in East Asia.

Keywords: Heian Palace; Main Hall; Chang'an; Chinese Culture

作者简介：聂宁，博士，西安外国语大学日本文化经济学院讲师、东北亚研究中心研究员，主要研究领域为东亚比较都城史、东亚仪式空间研究。

"津田飞鸿"与日本的近代国家形象

浙江越秀外国语学院　黄　逸

【摘　要】津田梅子是近代日本女性教育家。1872年，梅子作为岩仓使团最年轻的成员之一负笈美国。日本派遣女学生留学美国的举动引发了美国舆论对日本女留学生的关注。此后美国报刊发表了津田父母与其美国监护人之间的往来信函（飞鸿），这进一步激发了美国舆论对日本近代化进程的报道热情。本文通过对相关往来信函内容的分析，可知"津田飞鸿"的发表是日本利用英美舆论的全球影响力，在近代国家形象展示上的最初尝试，一定程度上改善和提升了日本的近代国际形象，为随后的日美欧三方博弈提供了互信的基础。

【关键词】岩仓使团；津田梅子；美国新闻报道；日本近代国家形象

　　明治维新后的日本在近代化改革进程中开始有计划地改善其固有的国际形象。1871年派遣岩仓使团遍访西方列强各国的目的之一，就是以"新日本"的形象来打动西方列强以争取国际援助。在"新日本"面貌之下随行的日本女留学生则成为彰显日本欧化的最佳舆论宣传工具。岩仓使团中以津田梅子为首的五位女留学生给美国社会留下了深刻的异域印象，尤其是津田父母与其美国监护人之间的信函往来的发表更是激发起美国舆论对日本近代化进程的关注。由这种关注所引发的美国舆论的报道和评论客观上改善和提升了日本的近代国际

---

① 本文为浙江省社会科学界联合会研究课题成果（2024N074）。

形象，为日本进一步寻求国际援助提供了便利，并为其今后操弄国际舆论为其所用提供了最初的方法和路径。

在日本，日本近代国家形象研究成果散见于岩仓使团的研究之中。学者山崎浑子、森川辉纪、松村刚、藤井泰均曾利用美国、英国、意大利、法国的当时当地的新闻报道考论使团的各项行程。上述的研究成果都部分涉及日本的近代国家形象问题。本文拟以当时的美国新闻报道为资料，以津田梅子父母致其美国监护人的信函为线索考察日本的近代国家形象的塑造之路。

一、赴美前岩仓使团的新闻形象

1871 年 12 月，以岩仓具视（岩倉具視）为特命全权大使，木户孝允、大久保利通、伊藤博文等为副团长的日本第一个现代外交使团由横滨启航驶往第一个访问国——美利坚合众国。使团成员包括政府人士在内共有五十人，其中包括五名年幼的女留学生[①]。岩仓使团是日本近代以来向西方国家派出的第一个正式的现代外交使团，日本希望通过使团的欧美历访活动展现其对西风东渐的"诚意"，以此来博得欧美列强对其近代化改革的支持。由日本政府的美籍荷兰裔顾问、传教士沃贝克（Guido H. Verbeck，日语名：グイド・フルベッキ）起草的使团工作指南——《草案概要》（*Brief Sketch*）内详细地记录着沃贝克对使团考察活动的规划和建议，即希望使团成员通过亲身体验西方文明的成果，以此来确

---

① 岩仓使团回国后提交的《特命全权大使美欧回览实记》中记录了女留学生的人数，但是没有记录她们的姓名。战后日本学者大久保利谦在其编著的《岩仓使节的研究》一书中开列了随团赴美的女留学生的姓名和当时年龄：山川舍松（当时 12 岁）、永井繁（当时 11 岁）、吉益亮（当时 16 岁）、上田悌（当时 16 岁）、津田梅（即津田梅子，当时 9 岁）。田中彰在《岩仓使节团的历史研究》中考证了吉益亮和上田悌因健康原因最终中途离开使团或由美返日的史实，最后只有津田、山川、永井三人在美国完成学业。参见久米邦武编，田中彰校注（久米邦武編・田中彰校注）：《特命全权大使美欧回览实记》（『特命全権大使米欧回覧実記（一）』），東京：岩波書店，1985 年，第 376—377 頁；大久保利谦编（大久保利謙編）：《岩仓使节的研究》（『岩倉使節の研究』），東京：宗高書房，1976 年，第 96 頁；田中彰：《岩仓使团的历史研究》（『岩倉使節団の歴史的研究』），東京：岩波書店，2002 年，第 339—340 頁。

认是否将所谓的"西方文明理论"照搬到亟需近代化改革的日本。①

美国是岩仓使团访问的第一个西方国家。美国媒体对日本政府的真实意图洞若观火。当东京正式宣布使团出访消息后，美刊《纽约时报》(New York Times)随即在1871年12月18日发表新闻述评，颇有见地地指出使团的使命是"日本的统治阶级已经不再满足于通过报告了解这个世界了。他们准备亲自去学习西方文明"②。这篇述评的题目叫《一个新的日本使团》。在岩仓使团之前，日本的江户幕府曾经在1860年以交换《日美修好通商条约》批准书为借口向美国派出的幕府使团，这个使团在日本历史上被称为"万延遣美使节"③。不仅如此，1858年的安政诸条约签订后幕府还曾向英法俄等国派出过使团。但是上述的幕府使团都以处理独立通商交涉事务为主，并不肩负近现代外交使团的常驻和考察的义务。④因此，岩仓使团的出访作为维新后的"新日本"的国际"处女秀"自然受到包括美国媒体在内的西方媒体的关注，使团形象的一举一动也关系到"新日本"的国家形象。

教育制度的欧化是西方列强尤其是美国衡量"新日本"是否是一个"合格的近代化国家"的重要指标。美刊《旧金山晚报》(Daily Evening Bulletin)在12月19日在以《美国理念在日本》为题发表的日本教育欧化的述评中回顾了日本面对西方强权从抗拒、屈服到学习、合作的转变，赞扬了日本致力于成为"近代国家"的努力，特别是不无欣喜地透露：

  日本人热切期望进步。……目前，约有千名日本青年在美国，其中绝大部分是日本政府奖学金资助的学生，他们中的大部分在美国的大学、研

---

① 高山道男（高山道男）译:《沃贝克书信集》(『フルベッキ書簡集』)，東京：新教出版社，1978年，第215頁。
② "The New Japanese Embassy", *New York Times*, Dec.18, 1871.（引用部分为本文作者自译，下同）
③ 石川榮吉『海を渡った侍たち—万延元年の遣米使節は何を見たか』，東京：読売新聞社，1997年，第11—13頁。
④ 大久保利謙編『岩倉使節の研究』，東京：宗高書房、1976年、第15—16頁。

究机构、科学专门学校学习和进修，其他年轻人则在私立学校接受教育。他们最显著的变化是他们喜爱和接受美国的文化，自愿脱下母国的衣服改穿欧洲款式的服装。①

美式教育在19世纪的全球化教育体系中并非独树一帜的存在，只不过是英式教育在北美大陆的翻版而已，东亚开化各国在近代化过程中均将英国列为留学的首选之地。但是岩仓使团却将美国作为其国际考察学习的第一站，对此美国社会的反应是惊喜和感激，所以《旧金山晚报》的评论在一定程度上反映出美国媒体对日本接受美式教育的赞赏和对使团到来的期待。

与《旧金山晚报》报道评论角度不同的是12月19日的《纽约时报》的评论。该报向美国读者着重介绍了开国前日本与荷兰的传统关系。文章写道：

> 日本与荷兰两国的国民共同具备坚忍不拔、热爱海洋事业、热心贸易、爱好园艺的国民性。……17世纪中叶日本取消了与葡萄牙的贸易，此后近二百年，荷兰独占了与这个非凡的岛国的贸易。这一贸易的成果在荷兰比比皆是，尤其在海牙的博物馆和王宫中保存着大量来自日本手工艺人所制作的代表其最高技艺的工艺品，那就是最好的见证。②

在上述评论中，"热爱海洋事业"与"热心贸易"被归纳为日荷两国共通的国民性，这给人留下了深刻的印象。大航海以来的历史证明，西方所谓"海洋事业"与"热心贸易"其含义等同于"殖民事业"，从葡萄牙人到英国人均通过其所谓"海洋事业"在全世界各地攻城略地，以野蛮残酷的方式进行资

---

① "American Ideas in Japan", *Daily Evening Bulletin*, Dec.19, 1871.
② *New York Times*, Dec.19, 1871.

本的早期积累。① 当时身处幕末的日本也同样深受西方侵扰的荼毒。该文将白种荷兰人的海洋冒险精神附会到黄种的日本人身上并给予正面的评价，客观上拉近了日本与白种人世界的关系，在美国的白人读者面前，展现出一个身形兼具西方特质的东方海洋之国的形象，对改变当时日本的幕末国际形象不无裨益。

从今人的角度来看上述这些报道和评论，其中不乏溢美之词，但是客观上传递了开启近代化事业的日本的基本信息，描绘了步入近代化进程的日本。这些报道和评论也为使团访美营造了良好的国际氛围，为美国媒体报道评论日本女留学生提供了正面的前期舆论引导。

二、日本女留学生到达后的最初报道

1872年1月15日，岩仓使团一行抵达美国西海岸的旧金山。随团登陆的日本女留学生的身影迅速抓住了美国媒体的眼球，随即引发了颇为热情的报道和评论，在众多报道使团和女留学生的美刊中，来自于加利福尼亚的《旧金山晚报》总是最先刊发使团的最新报道，并为其他美刊所转载。② 使团抵达次日，该报就刊发了两篇有关日本女留学生的重要报道。在题为《日本使团——六位女士被送来美国完成学业》一文中报道了女留学生的安置情况：

乘着蒸汽船而来的女留学生们将被送到位于波基普西市的瓦莎学院（Vassar College, Poughkeepsie, USA）。她们将在那里接受全面的教育。人们

---

① 横井胜彦：『アジアの海の大英帝国—19世纪海洋支配の構図—』，東京：同文館，1988年，第137—144頁。
② 19世纪中叶以来美国的"西进运动"将其领土边界一直推进到太平洋沿岸地区。美国为了独占美中日环太平洋贸易圈的利益，将加利福尼亚州的旧金山打造成对华对日贸易文化交流的重要城市。当时绝大多数涉及中日的新闻报道均为设在该州的《旧金山晚报》所最先刊发，成为北美各报转载中日情况的重要新闻源。

希望她们不仅能够掌握教科书内外的知识，也能熟悉这个国家淑女的礼仪和规范。现在这批青涩的女留学生暂时置于德隆夫人的保护之下。①

报道中出现的"德隆夫人"指的是当时陪伴岩仓使团赴美的美国驻日公使德隆（Charles E. Delong，1869年至1876年美国驻日特命全权公使）的妻子。这篇报道说明了日本女留学生是在美国公使夫人的照顾保护之下来到美国的，这意味着从1871年12月启航之后这批日本女留学生就与德隆夫人在一起了。这种安排若非出于刻意也是充满善意的。五位从未离开故土的女孩踏上了一条前途未卜的求学之路，且一路之上身旁的同胞尽是男性，不便之处可想而知。德隆夫人的照料应该是她们认识美国的第一步，一个多月航行中与德隆夫人的交流也使年幼的日本女留学生渐渐熟悉美式的社交礼仪，令她们在旧金山上岸后得以从容应对美国媒体的报道和评论。此外，这篇报道有一个小瑕疵，抵达旧金山的女留学生不是"六名"而是五名②。

在同日另一篇题为《女性的使节》的报道评论中，作者以"女性使节"来称呼日本女留学生，带有很深的早期美国女权思想的痕迹。在这篇赞扬日本女性历史性变化的报道中，作者以点睛之笔描述了维新前日本女性的生存状态和精神状态：

日本女性远比我们更早接受教育，这是一个事实，但是这种教育专为她们所设计，其目的不是提升她们的智识而是使她们变得卑微和服从。等

---

① "The Japanese Embassy — Six Young Ladies Sent to America to Finish their Education", *Daily Evening Bulletin*, Jan.16, 1872.
② 日本女留学生登岸之后的确切人数的报道在最初阶段颇显混乱。《旧金山晚报》的报道为六名，有一部分媒体转载使用了该报当时的数据。但是更多的美国地方媒体在报道女留学生人数时用的是"several young ladies"的表述形式，如1月22日美刊《洛厄尔每日公民与新闻》（Lowell Daily Citizen and News）刊发的"Changes in Japan"中就使用了上述措辞。这种以犹抱琵琶半遮面的方式公布女留学生人数的形式的确给当时的美国媒体造成了一种神秘之感，这也许正是岩仓使团的美国舆论公关策略之一。

级制度限制了她们的跨阶层婚姻,并且鼓励男性纳妾——这种为现代日本人所摈弃的习俗。①

随后文章颇为自豪地宣称,明治政府的近代化改革使日本女性开始分享改革的成果,其中之一就是"中高阶层的女性也被允许赴海外留学,从而打开了一扇通往有益于日本国民增广见闻的知识王国的大门"。实际上随团到来的五名日本女留学生全都出身于低级武士家庭,而且在经历艰难的旅途和异国生活后只有三位女留学生坚持留下来在美国完成了学业,除津田梅子之外还有山川舍松和永井繁子。其中的山川留美归国后成为大山岩(1842—1916)的夫人,在明治时代的鹿鸣馆外交活动与创办日本红十字会的过程中发挥了重要的作用。②

上述的两篇报道为后续的欢迎奠定了基调。1872年1月25日,加利福尼亚州中央委员会授权其妇女代表以"美国妇女"的名义招待日本女留学生,其代表热情洋溢地邀请日本女留学生参加到女性教育平权的运动中去:

> 日美两国的女性,正如我们深切感受到的,我们有充分的理由在我们两个国家为促进女性教育的发展而并肩努力。你们的到来对于正在为女性权利奋斗的我们而言是意义非凡的。③

19世纪30年代,美国女权主义者开始就教育的平权而努力,至19世纪下半叶,女子学院已经成为美国女性教育的主要形式。④ 日本女留学生预备前往的瓦莎学院当时正是以女子教育而闻名于北美大陆。从上述的言辞可以看出美国

---

① "Woman as Missionary", *Daily Evening Bulletin*, Jan.16, 1872.
② 久野明子『鹿鳴館の貴婦人大山捨松—日本初の女子留学生』、東京:中央公論新社,2003年,第201—217頁。
③ "To the Ladies of the Japanese Embassy", *Daily Evening Bulletin*, Jan. 25, 1872.
④ 金莉:《十九世纪美国女性高等教育的发展轨迹及性别定位》,载《美国研究》1999年第4期,第63—84页。

女性对赴美的日本女留学生抱有极高的期望,这不仅仅体现在呼吁女性教育的平权上,更是在日本女留学生面前直接提出了女权主义的诉求,这对于刚从封建制度束缚中解脱出来的年幼的日本女留学生来说,可能是无法理解的,但是这种愿意与日本女性共同进步的社会乐观情绪也为接下来的津田飞鸿的发表奠定了良好的舆论环境。

三、"津田飞鸿"始末

1872年8月9日的《旧金山晚报》刊登了一篇题为《日本致意美国——一封来自日本女士的信函》的长篇报道。该报道的按语转述自美刊《纽约晚邮报》(The New York Evening Post),介绍了"津田飞鸿"发表的前因。根据按语,美国读者了解到梅子与其同伴被送到美国东部的新英格兰地区,置于她们的新监护人查尔斯·兰曼夫妇的照顾之下。兰曼夫妇随后在1872年3月4日将梅子等人安顿后的情况以信函的形式告知了梅子在日本的双亲。兰曼的信函被东京的英文报纸《江户寰球新闻》(Universal News of Yedo)全文刊登,同时另一家日本的英文报纸《日本先驱报》(Japan Herald)转载了兰曼的信函并收到来自当地读者的海量反馈,其内容据说是"充满着感激之情"[①]。为什么日本读者的反应是"充满着感激之情"?文章随后在按语中援引了上述两家日本英文报纸的评论:

> 【日本的】读者可以通过这封来自于美国女士的信函一窥美国文明的实质。对于部分美国人民在与我国人民交往过程中所展现的友好善意,我们不应该妄自菲薄。我国人民也许会为他们在对外交往中的短视而感

---

① "Japan to America, Greeting — Letter from a Japanese Lady," *Daily Evening Bulletin*, Aug. 09, 1872.

到羞愧。若干年前我国不仅闭关锁国，甚至也没有与美国保持友好关系。但是近年以来，尤其是在新的时代，我们发现美国女性开始以亲善的精神与日本女性交流。这是一个证据，表明【西方】文明正在使这个国家进步。我们期望日本的女学生牢记这篇书信，精进学业，最终成为才学兼备的现代女性。①

紧接着按语的正文是梅子双亲回函的英译文。该报描述回函原件是一份用优美的日语字体书写在缀有绿色和金色藤蔓花纹之上的绢书，表达了一个来自东方的母亲对美国教育的敬意。回函的英译文很简练、共有十三段，其中第三、四、七段是回函的中心部分，从中流露出对美国社会、美国教育、日美关系的态度，可以一窥当时日本士人阶层的美国观。第三段写道：

> 通过报章我们得知使团已经达到华盛顿，更为欣喜的是，得益于森先生的安排，使团一行没有遇到困难。这是他们第一次来到美国，看到了许多令他们感兴趣的东西。日本国民怀着感激之情得知了贵国人民对使团的隆情厚谊。②

第三段中出现的"森先生"指的是当时日本驻美临时代理公使森有礼（1847—1889）。森有礼，一如津田梅子，都是出身底层士族的日本人，青少年时代作为萨摩藩的留学生在伦敦大学学习，并赴美游历，是维新前少数踏足英美两国的日本人之一。森有礼的多元文化的经历和教养使得他本人较易被英美主流社会所容纳。③事实上，在岩仓使团访美一事上，森有礼所起的作用还不

---

① "Japan to America, Greeting — Letter from a Japanese Lady," *Daily Evening Bulletin*, Aug. 09, 1872.
② "Japan to America, Greeting — Letter from a Japanese Lady," *Daily Evening Bulletin*, Aug. 09, 1872.
③ 木村力雄『異文化遍歴者森有礼』、東京：福村出版、1986 年、第 48—49 頁。

止于此。使团在美期间，3月30日《纽约时报》(*The New York Times*)以日本教育为主题全文刊发了森有礼与美国学者讨论的往来书信。在书信中，森以诚恳的态度从知性、道德、体育三个方面请教美国教育界如何改造日本的教育体制，提升日本的教育质量。森的咨询得到了美国教育界的积极回音，获得了颇为理想的社会声誉。[1] 此外，在使团出发前，森有礼在美国发表的《日本的宗教自由》一文，代表日本政府承诺维新后的日本会在尊重人权和信仰自由的基础上反省中世纪以来反基督教的历史，强调会以立法的形式保障日本的信仰自由权利。[2] 森有礼的上述言论站在契合英美新教徒信仰自由的立场上阐述了日本的主张，在英美舆论一统天下的19世纪下半叶，事实上为日本的近代形象的提升争取到不少英美拥趸，而其本人也成为英美舆论描述日本进步的代名词。梅子双亲在信函第三段中提到森有礼应该也是考虑到森有礼在英美舆论界的影响力，提到森有礼应该是在委婉地对美国示好。

在信函的第四段，梅子双亲以愉快的口吻表示通过和其他女留学生山川、永井等人的通信更加深切地体会到兰曼夫妇的善意和期待。他们恳请兰曼夫妇同意一直监护到梅子能够上学为止：

> 让她在您家中寄居的确是一个大麻烦，但是我们以感恩之情请求您一直让她待到能够上学为止。我请求您严格管教梅子，以您认为对她的幸福的最好方式，您完全不必顾及我们的态度。同时我希望您和您的丈夫在梅子留美期间担当起她父母的角色。这对梅子是一个机遇，是她在日本姊妹兄弟众多的家庭中所无法获得的。我们已经欣慰地获悉您待梅子如己子，对此感激之情不能尽书于笔端，您的善意山高海深。[3]

---

[1] *New York Times*, Mar. 30, 1872.

[2] 佐渡谷重信『アメリカ精神と近代日本：森有礼から三島由紀夫まで』、東京：弘文堂、1974年、第14—19頁。

[3] "Japan to America, Greeting — Letter from a Japanese Lady," op.cit.

梅子双亲的上述表述即便在开始欧化普及的明治初年也是颇为引人注目的言论。虽然，日本在江户末期就已经开始向美国派遣留学生[①]，但是至"津田飞鸿"发表之前尚无美国报刊刊发过接受日本留学生机构与其母国家庭的通信往来，换言之，在美国的报刊上刊登感激美国教育、将自己骨肉至亲托付于美国国民的言行表明，开明的日本士族阶层开始接受欧化政策给他们带来的利益，对美国教育表示感谢的同时也意味着对本国欧化政策的肯定和支持。这种立场和态度不仅是当时美国舆论所喜闻乐见的，更是日本政府所希望的，同时在客观上也为日本女留学生和使团的形象加分不少。在第七、八段中，梅子双亲以美国工业在日本的影响进一步表达了对日美关系的期待。他们以欣喜的口吻告诉梅子的美国监护人，日本正在敷设铁路和电话线，"一两年后贵国将会更深刻地影响我国，在可预见的将来，我们可能逐渐发展到直接联系的程度，届时我的万般感激之情将会直呈您的面前"[②]。

"津田飞鸿"的发表之时正是岩仓使团结束访美之际。此前7月，美刊《密尔沃基每日卫报》(*The Milwaukee Sentinel*)报道了美国太平洋铁路的完成和泛太平洋航线的开通对日本的影响。这种影响促使日本"通过开放国门与世界通商，并谋求与美国欧洲的通商条约。在日本，新的教育制度正在建设，年轻的贵族被送到这里学习，享受美国大学的成果，接受我们崭新的生活理念。洋基的工程师、农业技师和教育专家受聘于日本，传授我国物质进步与繁荣的奥秘真理"[③]。事实上，使团访问的成果绝非如上述报道所言充满着乐观情绪。由于日本代表无法提供全权委任书，双方谈判在3月之后中断过一段时间。在使团结束访美之前，日本才获得美方对其要求的独立关税主权口头承诺和继续谈判

[①] 据统计，在使团到达美国前的1872年1月为止，由新旧政权派出的留美日本学生总数为一百五十九人。参见：石附实『近代日本の海外留学史』、京都：ミネルヴァ書房、1972年、第301頁。

[②] "Japan to America, Greeting — Letter from a Japanese Lady," op.cit.）

[③] "Japan has become the land of surprises," *The Milwaukee Sentinel*, Jul.18,1872.

的承诺，这一切都被 7 月 29 日出版的《纽约时报》所详细报道。[1] 由此可见，岩仓使团在美谋求修改不平等条约的意图并未能实现。因此，在这个敏感的节点，美刊发表"津田飞鸿"的意义在于：一是在美国民众面前强调美国在日本近代化进程中的特殊地位；二是彰显日本对美的依赖性和美国文明的优越感；三是进一步鼓励和拉拢日本向美国靠拢，以占据对日关系的有利位置。当然，不言而喻的是，美刊通过"津田飞鸿"对日本教育改革的赞扬和鼓励对于日本苦心积虑塑造的"近代形象"无疑是一个巨大的积极舆论助力，为日本后续的一系列国际活动奠定了积极的舆论基调。

四、美国影响在日本近代国家形象塑造中的位置

美国是打开日本国门的第一个西方列强，也是最早在教育领域影响日本的西方列强。幕末的日本向荷兰、英国学习海军，向法国学习陆军，在教育领域却深受美籍荷兰裔传教士沃贝克的影响。1859 年，沃贝克来到日本长崎，在传教的同时开始英语教学。[2] 当时的长崎不仅是幕府的贸易和信息港口，更是各种新思想交融荟萃之地。沃贝克通过教授英语结识和影响了众多憧憬西方工业文明的有志之士，其中就包括来自最早开始欧化改革的佐贺藩维新青年大隈重信。[3] 这些维新青年在明治政府中获得权力后就引荐沃贝克成为政府顾问。1869 年 3 月，沃贝克前往新都东京就任东京大学的前身——开成所的教授，并受雇日本政府担任其公议所的顾问。同年 6 月他向大隈递交了备忘录《草案概要》(Brief Sketch)，这是建议明治政府派遣使节出使欧美的最初建白。必须指

---

[1] *New York Times*, Jul. 29, 1872.
[2] 宮永孝『日本洋学史—葡・羅・蘭・英・独・仏・露語の受容』、東京：三修社、2004 年、第 247—248 頁。
[3] 村瀬寿代「長崎におけるフルベッキの人脈」、『桃山学院大学キリスト教論集』2000 年（36）、第 64 頁。

出，这个建议提出的背景正是神户事件①发生后，明治政府国际声誉遭受重创之时。在强权胁迫之下，明治政府只得宣布继承和遵守幕府签订的不平等条约。②对此，沃贝克的建议是尽快派遣使团，最主要的目的则是观察、学习近代工业文明的原理和社会运作系统。写作"Brief Sketch"的本意是启蒙日本的近代化，而其实质则为日本的近代国家形象塑造提供了一个可行方案。这个方案将遣使、求学、年幼的女留学生等诸多元素有机地融合在一起，从而展现出一种生机勃勃的进取状态，而这正是西方列强乐意看到的，西方媒体乐意宣传鼓吹的。在沃贝克的要求下，使团在美国共考察了八十四所教育机构，其中小学到大学共三十九所。归国后提交的各国教育报告中，美国教育考察部分占据着重要的地位。③1872年8月，日本颁布《学制》，规定教育体制模仿法国，教育内容则取法美国。1873年6月，美国教育行政官员莫理（David Murray）作为日本文教政策的最高顾问——文部省学监来到日本，由他起草的《学监考案日本教育法》作为1877年颁布的《教育令》改正案，奠定了近现代日本公共教育制度的基础。④

明治政府在教育领域的对美倾斜态度也推动了美国媒体为其国际形象大唱赞歌的行动。一篇具有代表性的报道日本的的评论写道：

> 基于迄今为止的观察，今日之日本已经成为世界上最进步之民族。在欧化最重要的教育领域江户的官学中近四分之三的学生在美国教师的指导下学习。学校校长和二十几位教师均为美国人。""日本人一旦意识到进步

---

① 1868年2月在神户的三宫地区爆发的日法两国士兵的冲突，导致驻神户的各国外交官和外国居民遭到日军的枪击。该事件是明治早期的著名外交事件。
② 下村富士男『明治初年条約改正史の研究』、東京：吉川弘文館、1962年、第6—7頁。
③ 井内慶次郎『明治文教の曙』、東京：雄松堂、2005年、第139—140頁。
④ 橋本美保『明治初期におけるアメリカ教育情報受容の研究』、東京：風間書房、1998年、第79—85頁。

的重要性，他们就会在服装、饮食习惯、生产方式以及生活方式方面加以改进。作为一个民族，他们优秀而勇于行动，干净的卫生习惯、对个人尊严的尊重、由上及下的彬彬有礼，特别对美国人有好感。日本人虽然热爱他们的祖国，但是为了渴求知识，始终保持着海外探索的精神。①

上述溢美之词今日听来颇有令人哂笑之处，但在当时客观上直接促进了美国社会对日的友好之情，并通过国际电讯的传播转载于欧美各大报章之间，客观上为日本近代国际形象的正面描画起到了添砖加瓦的作用。

五、结语

近代以来，美国一直都以所谓"文明"的一面启发日本，引导日本走上近代化的道路，帮助日本加入列强的阵营。在这一系列国际政治外交活动中，英语新闻的强势话语所形成的重要国际政治符号及其影响力，对日本近代化进程施加了持续高压，左右了日本的近代国家形象设计，影响了近代日本民族对外意识的重构。与此同时，日本也积极利用英语媒体的日本报道，在西方列强面前竭尽全力将自己打造成一个接受西方理念、继承西方法统的"东方英格兰"②。岩仓使团的出使和"津田飞鸿"的发表正是日美互相利用的最初表演，也是日本构建其近代国际形象的最初尝试。这种尝试在当时客观上提升了日本国家的形象，为其近代化事业的展开提供了有效的外部舆论支援。同时，也应指出英语媒体的褒日言行也是促使日本走上侵略东亚各国道路的兴奋剂。这种兴奋作用在中日甲午战争和日俄战争中达到高潮，并为美国在 20 世纪早期绥靖政策失败埋下了历史的伏笔。

---

① "Our Progressive Neighbor in the Orient," *Daily Evening Bulletin*, Jan.15, 1872.

② "We announced yesterday the arrival in this country of the Japanese Embassy", *The Times*, Aug.20, 1872.

"Japan to America, Greeting"——The Letter from the Tsudas and the National Image of Modern Japan

Abstract: Umeko Tsuda is a modern Japanese female educator. In 1872, Umeko served as one of the youngest members of the Iwakura Mission to the United States. The sending of Japanese women students to study in the United States has aroused widespread concern in American public opinion about them. Since then, the Daily Evening Bulletin published the letter from Tsuda's parents to their American guardians, which further aroused the enthusiasm of American public opinion about the progress of Japan's modernization around 1870. The Letter from the Tsuda's family can be regarded as the first attempt to display the modern national image of Japan, which has improved her modern international image to a certain extent.

Keywords: Iwakura mission; Umeko Tsuda; US reports and comments; modern national image of Nippon

作者简介：黄逸，男，生于1975年，博士，浙江越秀外国语学院讲师。研究方向为日本学、日欧美国际关系。

【法学】

德日近代立宪主义思想的隔代"同频共振"

南京航空航天大学　洪骥

【摘　要】德日两国同作为二战战败国，在近代国制的构建上体现出较大的共性特征。其主要原因可归结为明治维新后日本政府官方对于"德国模式"的狂热追捧与模仿，具体到国内法治领域，最典型的表现便是1889年《明治宪法》对于1871年《德意志帝国宪法》的参考借鉴。但这只是一条"明线"，即官方的、国家制度层面的实然状态。在其背后，还隐藏着一条"暗线"，即民间的、思想精神领域的应然状态，抑或是一种当时日本进步知识分子的"理想型"。这便是活跃于自由民权运动时期的日本近代启蒙思想家植木枝盛的宪治思想，其草拟的"宪法私案"虽未被官方认可，但背后的精神与1849年德国《法兰克福宪法》跨越时代的共鸣，共享了近代立宪主义限制君权、保障自由的基本要素，达到了一种"同频共振"的效果。这两部宪法（草案）又分别连接着德日两国二战以后的新宪法与国制，因此，将它们分别视为各自近代立宪主义草创期的思想源泉具有重要的理论价值和意义。

【关键词】《法兰克福宪法》；近代立宪主义；日本宪法私案；植木枝盛

一、引言

"近代宪法，最为重要的，首先乃是自由的基础法。"[1]这是日本已故著名宪

---

[1] 芦部信喜著・高橋和之補訂『憲法（第5版）』、東京：岩波書店、2011年、第10頁。

法学者、前东京大学法学部教授芦部信喜的名言。国家机关之所以能正当地行使权力，是因为其最终目的应当是为保障人权而服务的。换言之，宪法的第一要义是自由的规范（人权规范），这也是宪法的核心部分，正是从人权保障的目的出发，针对国家机关的组织规范（授权规范）才获得了存在的价值。两者必须是手段服从目的的从属关系，而不能是不分主次的并列关系。因此，政治权力最本源的合法性依据来自个人，正如芦部所说"与此同时，宪法也是一部限制国家权力的基础法"[1]。如此这般的"自由规范"与"限权规范"的两个侧面共同构成了近代立宪主义宪法的基本要素，将"尊重个人"的精神最大限度地反映在其中。

约翰·洛克（John Locke）、孟德斯鸠（Montesquieu）等启蒙运动时代的英法政治思想家们，伫立在时代的风口浪尖，给当时的民众描绘出立宪民主主义国家的蓝图。再经过英国清教徒革命、美国独立战争以及法国大革命，启蒙思想的理论终于付诸实践。然而，不同于英美法这些先进民主国家，德国无论是国民国家的形成还是民主化的进程都显得相对滞后。首先，从统一的近代国民国家这一角度来看，在拿破仑的军事强攻下，第一帝国（神圣罗马帝国）走向解体，在被视为保守反动之代名词的维也纳体系的框架下，由普鲁士主导的德意志国民国家的统一之路随即开启。结果，排除了奥地利帝国的"小德意志主义"胜出，以普鲁士王国为核心的德国统一大业在1871年得以实现。其次，从民主化这一角度来看，德国却走上了一条乏善可陈的道路，可以说这条路源自于1849年通过的《法兰克福宪法》（*Frankfurt Constitution*，亦称《保罗教堂宪法》）的挫折与失败。《法兰克福宪法》本身意义非凡，其条文充分吸收了近代立宪主义的基本精神，然而由于当时的政治环境和各种因素的交织影响，统一后的德国却采用了普鲁士王国的宪法。1850年《普鲁士宪法》

---

[1] 芦部信喜著・高橋和之補訂『憲法（第5版）』、東京：岩波書店、2011年、第10頁。

（*Prussian Constitution*）与之后承继它的 1871 年《德意志帝国宪法》(*Verfassung des Deutschen Reiches*）又漂洋过海，给 19 世纪末的明治日本国制（1889 年《明治宪法》）造成了深远的影响，二者都强调"君主的大权"，相对贬损或压制"臣民的自由"，在暗通款曲之中，共享着一种负面消极的"同频共振"。后来，《法兰克福宪法》被历史遗忘了整整 100 年后，1949 年的《德意志联邦共和国基本法》（*Grundgesetz für die Bundesrepublik Deutschland*，也称《波恩基本法》）继承了其近代立宪主义精神。不过，在那个曾经受到"负面影响"的明治帝国，也存在着正面积极的共鸣与回响，那就是以启蒙思想家植木枝盛（植木枝盛）于 1881 年自己起草的《东洋大日本国国宪案》（『東洋大日本国国憲按』）为代表的"宪法私案"，跨越日本海并横穿欧亚大陆，与 1849 年《法兰克福宪法》形成了隔代的"同频共振"，它们二者都极力主张限制君权、保障民权，强调近代国民国家秩序中的个人自由，共享着国民主权原则、基本人权保障原则等近代立宪主义的根本价值。而植木宪法私案的主要精神又戏剧性地在二战日本投降后制定并实施至今的新宪法《日本国宪法》（『日本国憲法』）中得到了体现与传承。①

本文对于德日两国宪法史的研究，并非与我国毫不相关。1908 年 9 月，清政府颁布了《钦定宪法大纲》。1911 年 11 月，面对辛亥革命的大潮，旋即仓皇出台《宪法重大信条十九条》（简称《十九信条》），二者其实皆深受日本明治政府的官方思维之影响（事实上也都招聘了日本法学专家作为立宪制度设计的顾问）。两个文本中对于清朝皇帝之大权的确认与《明治宪法》中"万世一系"的天皇统治权又是何其相似。但清廷的统治者们显然运气没有明治维新中的日本

---

① 笔者以"法兰克福宪法"在知网数据库中检索，得到的搜索结果寥寥无几。仅有两篇历史学领域的研究（张恒山：《论十九世纪西欧大陆国家立宪特点》，载《安徽大学学报（哲学社会科学版）》1990 年第 2 期，第 3—9 页、屈连璧：《德国 1848 年革命初期法兰克福地区的革命斗争》，载《阴山学刊（哲学社会科学版）》1992 年第 1 期，第 56—64 页），且二者均来自他学科角度的审视，未对《法兰克福宪法》的文本作出法学理论上的分析。而法学领域却鲜有先行研究存在。

政府官僚那么好，随后便被历史潮流所抛弃。"天下大势，浩浩汤汤，顺之者昌，逆之者亡"，同为大陆法系国家，清政府曾经无限神往的德日两大帝国也都先后发生剧变。近代立宪主义作为政治文明的晴雨表，通过限制国家权力的方式谋求个人的权利和幸福。它应当是"依宪治国"的题中之意，更应该是国家治理体系和治理能力现代化的基石。

二、《法兰克福宪法》与近代立宪主义

（一）1848 年革命与君主专制的危机

19 世纪上半叶，德意志各邦迅速推进工业化，1833 年"德意志关税同盟"成立，其中几乎囊括了当时所有的德意志国家（18 国）。[1] 这可以说是先行于政治统一的经济上的统一。关税同盟的成立愈发加速了德意志的经济发展，而市民意识的启蒙则不断催化着人们对于成立近代国民国家（德意志，Reich）的渴望。1848 年 2 月 8 日至 11 日，在巴伐利亚王国的首都慕尼黑，由于国王路德维希一世（Ludwig I）宠信西班牙舞女罗拉·蒙特斯（Lola Montez）并授予其贵族身份干预该国政治，愤怒的学生们涌上街头对此表示抗议，之后引发了一系列的暴动。这也是三月革命的导火索。[2] 同年同月的 22 至 24 日，巴黎爆发了二月革命，国王路易·菲利普（Louis Philippe）被迫退位，法兰西第二共和国成立，普通选举制得以实施。该革命的浪潮迅速波及德意志，3 月 13 至 15 日，维也纳也爆发了革命，曾在反动的时代粉墨登场的政治家、奥地利帝国宰相梅特涅（Klemens von Metternich）逃亡到英国。革命的火种还引燃到同一时期匈牙利首都布达佩斯。在维也纳，奥地利皇帝被迫命令军队撤退，并同意将维也纳的治安委托给由市民、工人以及学生所组成的国民防卫军，另外还承诺制定

---

[1] C. F. Menger 著・石川敏行他訳『ドイツ憲法思想史』、京都：世界思想社、1988 年、第 189 頁。
[2] 小林孝輔『ドイツ憲法小史〈新訂版〉』、東京：学陽書房、1992 年、第 121 頁。

宪法，将政权委任给革命势力组织的公共安全委员会。[1] 在柏林，情况也如出一辙，经过了激烈的巷战，反动势力被迫屈服并重新组成了自由派内阁，甚至还将制定何种宪法的决定权拱手交给了由国民各阶层组成的制宪国民议会。德意志其他各邦的情况也大同小异，都毫无例外地迎来了"君主专制的危机"。这场由 1848 年法国二月革命以及之后扩散到欧洲各国的三月革命所组成的运动，被称之为"人民之春"。

（二）1849 年《法兰克福宪法》的诞生与意义

从以上的时代背景中，也不难看出德国不同于英法废除君主制[2]的激进，而可窥见其特有的"后发性"特征。而《法兰克福宪法》从草案制定到通过直至被抛弃的最终命运，也证明了德国的这种"后发性"。1848 年 3 月 5 日，一群德意志西部与西南部的政治家们在海德堡汇聚一堂，决定了召开制宪预备议会（Vorparlament）等事宜，于是，预备议会如期在同年 3 月 31 日至 4 月 3 日的法兰克福举行。[3] 此后，经过各邦的同意和国民议会选举[4]，同年 5 月 18 日，"德意志制宪国民议会（Deutsche verfassunggebende Nationalversammlung）"在法兰克福的圣保罗教堂（Paulskirche）召开。[5] 借用第一任议长海因里希·冯·加格恩（Heinrich von Gagern）的话说，该议会"是被拥有主权的德意志国民委以使命和全权的代表议会"[6]。当时，该国民议会内部存在着两派政治意见的对立。即，

---

[1] 小林孝輔『ドイツ憲法小史〈新訂版〉』、東京：学陽書房、1992 年、第 121 頁。
[2] 革命势力废除君主制最激进的做法莫过于处死旧制度的最高代言人——封建君主了，无独有偶，英国清教徒革命期间，英王查理一世（Charles I, 1600—1649）于内战失败后以叛国罪被处死；法国大革命期间，波旁王朝国王路易十六（Louis XVI, 1754—1793）亦身葬断头台。这两位同时也是欧洲历史上第一、二位被公开处决的国王。
[3] C. F. Menger 著・石川敏行他訳『ドイツ憲法思想史』、京都：世界思想社、1988 年、第 191 頁。
[4] 当时国民议会的选举，即使从世界史的角度看来也是极其进步的。因为它实现了直接、平等、秘密投票制以及无财产限制的成年男子的普通选举。
[5] C. F. Menger 著・石川敏行他訳『ドイツ憲法思想史』、京都：世界思想社、1988 年、第 192 頁。
[6] C. F. Menger 著・石川敏行他訳『ドイツ憲法思想史』、京都：世界思想社、1988 年、第 192 頁。

"三月初的革命以来，主张立宪君主体制的温和自由派和主张联邦共和制的激进自由派这两股势力"①。讨论的主要问题点主要是如下三点。

(1) 大邦与小邦之间的利益平衡。
(2) 将来的德意志采用君主制还是共和制。
(3) 是包含奥地利的"大德意志"（Die Großdeutschen）还是排除奥地利的"小德意志"（Die Kleindeutschen）。②

结果，君主制与"小德意志主义"以267票对263票的毫厘之差险胜。投票表决通过后，奥地利帝国被排除在外，剩余各邦中实力最强者普鲁士脱颖而出，该国国王腓特烈·威廉四世（Friedrich Wilhelm IV）便顺理成章地被推选为统一德意志的皇帝（Kaiser der Deutschen）。

接下来，概观一下《法兰克福宪法》中最能体现近代立宪主义精神的人权条款。当时宪法的审议便从"德意志国民的基本权利"（Grundrechte des Deutschen Volkes）这一部分开始，更有甚者，1848年12月27日，这部分还被作为单独的法律先于整部宪法颁布③。基本权条款，即被称为"德意志国民的基本权"的有关内容，被置于这部宪法的第六章之下进行充分的保障。其主要内容如下："不被限制的基本权"（第130条·总则规定）、"帝国市民权"（第132条）、"迁徙自由、职业自由"（第133条）、"平等待遇"（第134条）、"民事死亡的废除"（第135条）、"移居自由"（第136条）、"平等原则、公职就任权、兵役义务"（第137条）、"人身自由"（第138条）、"死刑以及残酷刑罚的禁止"（第139条）、"住宅不受侵犯"（第140条）、"通信秘密"（第142条）、"表达自由、出版自由"（第

---

① 小林孝輔『ドイツ憲法小史〈新訂版〉』、東京：学陽書房、1992年、第122頁。
② 小林孝輔『ドイツ憲法小史〈新訂版〉』、東京：学陽書房、1992年、第123頁。
③ C. F. Menger著·石川敏行他訳『ドイツ憲法思想史』、京都：世界思想社、1988年、第194頁。

143条)、"信仰及良心自由"(第144条)、"宗教活动自由"(第145条)、"禁止基于信仰限制市民权"(第146条)、"禁止对礼拜相关行为的强制"(第148条)、"学术及教授的自由"(第152条)、"受教育权与学费无偿制"(第157条)、"职业选择自由"(第158条)、"请愿权"(第159条)、"公务员的弹劾"(第160条)、"集会自由"(第161条)、"结社自由"(第162条)、"所有权不可侵犯与土地所有制"(第164、165条;有"公共福利"的限制)、诉权(第175条)。[①] 与此同时,还规定了审判公开原则以及司法独立等相关内容。

另一方面,该宪法虽未明确规定主权所在,但却在第三章"帝国元首"的第三节中,规定了"统治权的承担者",即"皇帝遵照帝国宪法,对于有关帝国的所有事项,都拥有统治权。该权力的承担者皇帝,在帝国宪法范围内被赋予权力,且被赋予未被分配给帝国议会的权力及权限"(第84条)。而第七章"宪法保障"的第一节,则规定了皇帝对宪法宣誓的义务。"宣誓内容如下:'朕宣誓保护帝国以及德意志人民的各项权利,坚守帝国宪法并诚实的执行之。我向神如此起誓。'宣誓一经结束,皇帝方可着手统治行动。"(第190条)。这样一来,皇帝的大权就完全被放置在宪法之下了。另外,第二章"帝国权力"的第十二节中规定,"帝国的权力,负有依据帝国宪法监督并保护所有德意志人的各项权利之义务",仔细品味,其中甚至不乏些许国民主权的味道。本文引言部分既已说明,近代立宪主义的本质,一言以蔽之,便是通过宪法对公权力的行使施加限制,从而实现对基本人权的保障。从该观点出发来看的话,《法兰克福宪法》正是通过宪法对前近代不受限制的德意志君主大权进行制约的一种尝试。也有观点认为,它从西欧的宪法或美国人权法案当中直接或间接地汲取了营养。例如,第六章第130条的总括性规定:"德意志国民的下列基本权应当受到保障。

---

① 初宿正典=高田篤訳「フランクフルト憲法——1849年3月28日ドイツ·ライヒ憲法」、『法学論叢』1992年第131卷第6号を参照。下文有关《法兰克福宪法》的具体条文内容都参照该文献,均系笔者翻译而成。

这些基本权，对于德意志各邦的宪法也构成规范，任何德意志邦国的宪法或者立法都不能废止或限制它们。"以及第 132 条："所有的德意志人都享有德意志帝国市民权。德意志人在德意志所有邦国中，可以行使据此从属于德意志人的各项权利。"这两条合起来，甚至都可以理解为"德意志版的《人权宣言》"。

质言之，这部宪法虽然也包含了一些相对保守的元素[①]，但不可否认其大体上给出了一套束缚皇帝大权的制度设计。在此基础之上运用宪法解释的技术，进一步将君主权力抽象化、形式化并扩充民主主义的实质内容也不是不可能。作为德国历史上首个近代立宪主义宪法，该宪法在当时可谓闪耀在欧洲大陆上空的一片星光，甚至说它是"伟大的自由主义宪法"都不为过。盐津彻（塩津徹）在其著作中提到："虽说《法兰克福宪法》之后完全流产，它却成了 1871 年《德意志帝国宪法》、1919 年《魏玛宪法》（Weimarer Verfassung）以及 1949 年《波恩基本法》的重要模板。"[②] 譬如，有关邦与邦之间的关系，它成为了随后的北德意志联邦（1867 年）和 1871 年的《德意志帝国宪法》的重要参考；有关基本权，它又成了《魏玛宪法》和《波恩基本法》中传统自由权与平等权规定的先例[③]。"从这个意义上说，姑且不论其实效如何，从思想性上看，它在德国宪法史上占据了重要位置"[④] 这样的宏观论断自然是毋庸置疑的了。

三、德国的"反动化"及对明治日本的影响

接着上文的介绍，1849 年 3 月，《法兰克福宪法》公布的翌日，制宪国民议会就选举了普鲁士国王腓特烈·威廉四世（Friedrich Wilhelm Ⅳ）为帝国皇帝。

---

① 例如，世袭君主制的承认；采用对君主负责的内阁制度而非议院内阁制；君主和议会分享立法权等。所以也被批评为国民主权贯彻得不够彻底。
② 塩津徹『現代ドイツ憲法史』、東京：成文堂、2003 年、第 17 頁。
③ 小林孝輔『ドイツ憲法小史〈新訂版〉』、東京：学陽書房、1992 年、第 124 頁。
④ 塩津徹『現代ドイツ憲法史』、東京：成文堂、2003 年、第 17 頁。

然而，这个人却以"普鲁士对宪法持保留态度"以及"难以接受国民主权思想"为理由，拒绝了上述选举结果①。诚然，此人拒绝的真实理由应该是"担心国民主权原则下的统一宪法会制约其本来的统治权"②吧。于是，在法兰克福国民议会尚处于讨论的白热化阶段之时，这边《普鲁士宪法》便先声夺人地颁布了。这是一部普鲁士国王的钦定宪法，它完全规避了当时时代的主旋律，即呼声甚高的国民主权理念以及基于此的议会主导原则，是一种"针对本应该在法兰克福制定的统一宪法的反动挑战"③。1849年3月，《法兰克福宪法》公布前夕，奥地利也颁布了自己的钦定宪法。对于这种历史的反动，民众揭竿而起，但却遭到军队的残酷镇压。1849年夏天，普鲁士制定了《法兰克福宪法》的代替方案，但因为遭到奥地利的反对而撤回。于是，对于德意志各邦无论是三月革命还是《法兰克福宪法》最终都迎来了胎死腹中的结局。

1850年，普鲁士制定了一部基于君权主义的钦定宪法。三月革命后的德意志各邦内部，普鲁士坐拥强劲的军事力量和成熟的近代官僚制度，强力的政治主导性使其逐渐掌握霸权地位，一面严厉打压自由民主主义运动，一面实现德国的统一。1871年的《德意志帝国宪法》（即《俾斯麦宪法》）当然也就继承了1850年《普鲁士宪法》的血脉，二者皆为不依靠国民主权而成立的"形式上的立宪主义宪法"。本文在此就不赘述"铁血宰相"俾斯麦主导的德国统一政策以及"自上而下"的近代化路径了，但需要留意的是，"普鲁士国王就连国民主权精神贯彻得不那么彻底的《法兰克福宪法》都无法接受，取而代之的是自发地将君权主义的普鲁士政治体制像同心圆一样地"④强加给德意志各邦⑤。纵观当时欧洲大陆的政治形势和世界潮流，不得不说这是一种极其保守的"反

---

① C. F. Menger 著・石川敏行他訳『ドイツ憲法思想史』，京都：世界思想社、1988年、第198頁。
② 小林孝輔『ドイツ憲法小史〈新訂版〉』，東京：学陽書房、1992年、第124頁。
③ 小林孝輔『ドイツ憲法小史〈新訂版〉』，東京：学陽書房、1992年、第123頁。
④ 塩津徹『現代ドイツ憲法史』，東京：成文堂、2003年、第18頁。
⑤ 不过，当时德意志各邦采用君主制的占主流，所以与其说这是来自普鲁士的"强加"，倒不如说是保持既有权力的统治者们"期待"由权威主义的普鲁士出面完成统一的结果。

动化"操作。

这时，让我们把目光投向东亚世界近代化最早，同时也是最先接受大陆法体系的国家——日本。从19世纪70年代后半期开始，自由民权运动掀起巨大的浪潮，日本全国上下都酝酿着制定宪法的强烈呼声。到底是德国模式的帝国宪法还是英国模式的议院内阁制宪法，明治政府内部的政治势力对此分为两派并展开激烈争论。结果，德国派的代表伊藤博文、井上毅等人得势，将英国派的代表大隈重信[①]等人逐出政坛，从而让德国模式的君主主义宪法在战前的日本生根开花。这便是为后人所知的日本近代史上有名的政治事件——"1881年政变"（或称"明治十四年政变"）。在这种政治背景的影响之下，1882年（明治十五年），明治政府派出了以伊藤博文为首的宪法调查团，漂洋过海乘船驶向学习的对象国——当时的德意志帝国。时年，明治天皇下诏书内容如下：

> 朕于明治十四年十月十二日践行诏旨，大成立宪政体之规模虽为定案，其间运作之个中详情尚需考虑诸国政治并采之，故今遣尔遍访欧洲立宪各国，与其政府及硕学之士交游，以观彼组织及实况，以防不足。兹令尔充特派理事之职，望汝不辞万里劳苦，担此重任，他日回朝。[②]

除了诏书，需要调查的明细也被详细列出，总计31处。例如，有关皇室各项特权的问题、内阁制度、地方制度、司法制度、议院的形态等，基本上囊括了立宪制度的各个方面。上文中的天皇诏书中提到了应当和欧洲各国"政府及硕学之士"进行接触一事，具体指的是当时德意志帝国的两位人物，即柏林大

[①] 作为一则小插曲，大隈重信在这次政争失败后沦为在野政治家，于1882年创办了"东京专门学校"，即后来的早稻田大学。建校宗旨为"改良政治·推进法律"，而时至今日的早稻田大学校训之一仍有"在野的精神"，其院系设置也采用了"法学－政治经济学分离"的英国模式，区别于以东京大学所代表的主流德国模式，即法学部下设法律学科与政治学科。

[②] 尾佐竹猛『日本憲政史大綱（下卷）』、東京：宗高書房、1939年、第662頁。该段原文为日文的引用文字系笔者翻译而成。

学法学家鲁道夫·冯·格耐斯特（Rudolf Hermann Friedrich von Gneist）教授与维也纳大学国家学者洛伦茨·冯·施泰因（Lorenz von Stein）教授。[1]据说，日本的宪法调查团在柏林待了5个月，在维也纳待了3个月用以考察研究。格耐斯特当时年事已高，只做了一些简单的指点，而将讲课的任务交由自己的弟子阿尔伯特·莫塞（Albert Mosse）去完成。尽管如此，在格耐斯特仅有的零星指导当中，其保守的内容却让伊藤博文等人印象深刻。他向这群日本人极力兜售了这样的观点："应当注意想方设法的去缩小议会的权限，从而尽力保全帝室之权、行政府之权的强大性和独立性。"[2]不过，格耐斯特同时也不忘提醒一句："勿忘王者应当伸张自由权并保护之"[3]，以明确人权保护的重要性。这或许是权威主义体制下为缓和国家内部矛盾而提出的政策性手段，其最终目的还是为了更好地确保君主大权的稳固地位，而并非从一开始就肯定了人权保障的目的。另外，具体到日本的国情，格耐斯特还认为："如欲巩固君主制宪法之国体，切勿参照英国，唯因该国实为共和政体，权在议院，不适合日本国。"[4]就这样，他把英国模式的议会政治给彻底排除，给日本的建议是德国模式的君主制立宪政体，也算是"王婆卖瓜"了。而在维也纳，施泰因的说教好像也大同小异。他本人是批判德国的立宪政体进而被赶出德国的学者，在研究了日本的情况之后，认为日本这个国家甚至比德国本国更加适合普鲁士流的政制条件。如此一来，伊藤博文等人便顺理成章地倾倒于德国模式的立宪君主制，或许在欧洲考察期间就早已下定了今后模仿德国的决心。下文就是他离开维也纳并再度出访柏林时的书面文字：

  施泰因先生的宪法讲义既然已经结束，我终于也可以再回到这份工作

---

[1] 大石眞『日本憲法史（第2版）』東京：有斐閣，2005年、第105—106頁。
[2] 尾佐竹猛『日本憲政史大綱（下卷）』、東京：宗高書房，1939年、第684頁。
[3] 同書、第689頁。
[4] 同書、第689頁。

上来，研究之前调查过的事项以及行政经济等的概况了。……施泰因的讲义也提到，对于宪法政治而言必不可少的东西有三个：帝家之法、政府之组织以及立法府组织。说是这三者任缺其一的话，立宪政治都难以为继。确立有关三个组织的实定法并付诸实施，统合其根本以至于不出差错的东西，这才是宪法。由此观之，确立政府之组织、行政之准绳确实是一大重要事项。……当今论者，谈及政体之人，绝大多数都以英国的议会政府为楷模，然后自己又说重视帝室。……但是，正所谓要么就设置议会政府，要么就削减帝权。重视帝权了，就不可以再采用议会政府。愚以为，论者的见解其实偏向民权共和，有悖于立宪君主制。①

诚然，之后《明治宪法》(1889年)的制定正是受到了上述原委的影响，日本近代政治家们对于德国模式的立宪君主制之崇拜可以归为一种对前近代秩序的"依恋与敬爱"之情。而当时的历史情况也确实告诉我们：对于尊奉天皇主权的明治政府一方而言，相较于英法的政制，《普鲁士宪法》(乃至于之后的《德意志帝国宪法》)或许真的更"适合"他们的利益，不愧为"绝佳"的模仿对象。本文在此就不细探明治宪法的起草与通过史了，而是将上述原委作为一段"前史"加以介绍。

四、自由民权运动中的日本近代立宪思想

(一)植木枝盛其人与日本宪法私案

上文介绍了《明治宪法》诞生前的19世纪70—80年代的日本官方动向，其实，在这个时代，虽然明治政府方面基本上早早地就排除了近代立宪主义精

---

① 大石眞『日本憲法史（第2版）』東京：有斐閣、2005年、第108—109頁。该段原文为日文，引用文字系笔者翻译而成。

神在制度上真正扎根本土的可能性,但不乏一些民间人士的在思想意识层面继承了1848年欧洲革命以来的进步遗产,这便是明治年间著名的"自由民权运动"。倒幕之后,日本天皇开始亲政,旋即"自上而下"地开展起一场寻求实现近代化的明治维新。对于明治政府内部掌权的萨长藩阀(倒幕运动的两大中坚力量,旧萨摩藩和长州藩的军政元老各自组成的利益集团)所主导的保守政治,一些知识分子表达了强烈的不满和政治诉求,他们期望制定宪法、开设国会、减轻地租、修改不平等条约以及保障基本人权,并据此向明治政府施压,这就逐渐演变成了一场政治、社会运动。在此时代的大潮中诞生了一位勇敢的弄潮儿——日本近代启蒙思想家之一的植木枝盛。

植木枝盛出身于南国土佐藩(今高知县)藩士家庭,幼名繁太郎,又称竹治,号榎径。1871年进入致道馆学习并开始接触西方思想文化。他是明治初年与中江兆民(人称"东洋的卢梭"「東洋のルソー」)齐名的思想家,但在以时评与演说等为代表的政治活动领域,他比后者要活跃得多。植木除了在哲学思想领域坚持无神论和唯物主义的认识论之外,在社会思想领域也提出了诸如反对旧封建家庭道德的改革进步思想;而在其主战场的政治思想领域,更是大放异彩,以近代自由主义的启蒙视角阐释了自己对国家、社会和人民的理解。在其短暂的一生中,竟发表文章400余篇,其中多数为政论性内容。例如,《天赋人权辩》(『天賦人権弁』)、《开明新论》(『開明新論』)、《民权自由论》(『民権自由論』)等等。更难能可贵的是,他除了写作评论之外同时也积极投身实践,而绝非纸上谈兵。早在1876年,年方19岁的植木便在《邮便报知新闻》上发表了名为《猿人政府》(「猿人政府」)的文章,用形象的比喻阐释言论自由的重要性,即"政府必须保障人的著述言论自由,而不能用对待猿猴的办法来对待人"。但之后报纸编辑故意将题目中的"政府"二字改为"君主",是为《猿人君主》,这立刻触动了"天威",被扣上违反新闻条例的帽子而致使他蒙受了两个月的牢狱之灾。①1877年，年仅20岁的植木在故乡高知县加入政治性结社组织立志社，并开始进行巡回日本全国进行政治演说，宣传民主思想，启迪民智。到1890年为止，他在全国共作了503次演讲。此外，他还在民间要求政府设立国会的请愿活动、政党运动和宪法私案起草等领域大显身手。②

"宪法私案"（『私擬憲法』）又称私拟宪法，指的是不同于明治政府官方的民间人士所起草的宪法草案，它在1889年《明治宪法》颁布前的自由民权运动全盛期达到了高潮，民间涌现出一批水平较高、内容进步的宪法私案。1880年3月，民间政治团体爱国社在大阪举行全国性集会，将结社改组为"国会期成同盟"，自由民权运动的宗旨得到了更好的伸张。而在1880年11月举行的国会期成同盟第二届大会上，决定翌年的大会中由各地的民间结社拿出自己的宪法草案来共同讨论。而以都市知识分子为主要成员的结社"嘤鸣社"在此之前就已经有自己的宪法私案了，该草案在国会期成同盟第二届大会上被各地代表私下传阅，进而对之后著名的《五日市宪法》（『五日市憲法』）草案（1881年由千叶卓三郎于神奈川县五日市町起草）产生了一定程度的影响。而植木枝盛所起草的《东洋大日本国国宪案》正是在这样的背景下应运而生。③

（二）1881年《东洋大日本国国宪案》

作为民间在野的启蒙思想家，植木对于近代立宪主义精神有着深刻的思考。在论及政府和人民的关系时，植木认为，"大凡人类建国家设政府，无论古今东西，也不管政体如何，其目的都是为了落实权利，保障自由。现如今还为了君主而组织国家、为了政府而设立政府的现象就不应该存在。政府是为了人民的

---

① 参见杨孝臣：《论植木枝盛的改革思想》，载《外国问题研究》1987年第2期，第56页。
② 参见杨孝臣，同上，第56—58页。
③ 松沢裕作『自由民権運動—＜デモクラシー＞の夢と挫折』，東京：岩波新書、2016年、第121—126頁を参照。另外，有关这一时期几部代表性的私拟宪法草案在人权保障与君权限制等方面的对比内容，可参见许晓光：《日本明治前期的立宪主义思想争鸣》，载《世界历史》2015年第1期，第91页以下。

政府，官吏是人民的雇员，所以政府的职责除了管理国家保护人民之外别无他用。将国家视作政府的私有物品并打压人民的做法是毫无道理可言的"①。因此，"政府是人民的政府，履行人民代理之职责，不过是处理从人民那里受托的事务罢了。想来，人民是预先的一种存在，而国家则是后来才有的……政府依照国民的承诺而设立，根据国民的约定其存续才拥有了正当性。这样一来，政府就不是自动性质的存在，而是属于被动性质的——即，从属于人民的存在"②。上述植木对于人民主权理论的朴素认识乃至于近似自然权性质的理解，同样也很好地反映在了他自己起草的宪法私案——1881年《东洋大日本国国宪案》当中。

例如，"有关日本联邦的立法之权属于日本联邦人民全体……日本皇帝可以参与日本联邦立法权"③这样的法条规定，实际上间接地就排除了君主主权原理。更有甚者，上文中植木对于政府和人民之间关系的思考直接导出了草案中有关"抵抗权"④和"革命权"的明文规定。植木原本在草案的初稿中，规定为"政府运用威力而逞肆意暴虐之时，人民可以举兵对抗之"，但之后将此条加以修正（其实是大大充实了），最终版草案的相关各条文如下所示：

第64条　日本人民一般可以抵抗非法行为。
……
第70条　政府违背国宪之时日本人民可以不遵从之。
第71条　政府官吏实施压迫之时日本人民可以排斥之。
第72条　政府肆意背弃国宪残害人民的自由权利妨害建国之本意时

---

① 家永三郎『革命思想の先駆者—植木枝盛の人と思想』、東京：岩波新書、1955年、第83—84頁。
② 同書、第84頁。
③ 同書、第85—86頁。
④ 当时处在人民行使"抵抗权"对立面的，自然可以联想到《明治宪法》中的"安宁秩序"。例如，帝国宪法第28条规定："日本臣民在不妨碍安宁秩序，不违背臣民义务的条件下，享有宗教信仰之自由。"

日本人民可以推翻它并建设一个新的政府。①

其实，约翰·洛克的《政府论》（Two Treatises of Civil Government）、杰斐逊（Thomas Jefferson）起草的美国《独立宣言》（The Declaration of Independence）、大革命中诞生的法国《人权宣言》（Déclaration des Droits de l'Homme et du Citoyen）等前代文本中也都有类似表述，正是植木枝盛受到启蒙运动以来欧美先贤们的启迪从而在当时的日本发出了最具有人性价值的呼唤。

除此之外，该国宪案的人权部分也值得高度评价。其内容对于各种具体的人权都十分详尽地逐个列举②，更值得注意的一点是，勿论《明治宪法》了，就连现行的《日本国宪法》都将天皇作为文本的开篇第一章，而植木草案却完全打破了这样的保守惯性思维。草案首先将"国家之大则及权利"放在第一编，之后的两编插入有关联邦与各州的规定，紧随其后的便是"日本国民及日本人民的自由权利"编，而将"皇帝及皇族摄政"放在其后。③人民在先，君主靠后。相对于君主的权力，更强调的是人权的保障。其中闪烁的近代立宪主义精神之光便不言自明了。

植木枝盛的思想中，无论是自然权学说、社会契约论还是人民主权理论，都体现着近代英法模式的进步观念，将其称为照耀日本近代的启蒙思想家是名副其实的。他的理论其实也应该成为日本国近代的出发点与立国之本。但遗憾的是，在当时的保守势力看来，他的思想过于"民主""激进"，其宪法私案自然也绝无被政府一方采纳的可能。结果是象征着植木启蒙思想集大成之作的《东

---

① 家永三郎『革命思想の先駆者—植木枝盛の人と思想』，東京：岩波新書，1955年，第90—91頁参照。该段原文为日文的引用文字系笔者翻译而成。

② 例如，植木的国宪草案中载入了诸如思想自由、信教自由、出版自由、集会·结社自由、住宅不受侵犯的权利、住所的选择与旅行的自由、教授·学术自由、经营产业的自由、离开日本国的自由、抵抗权等，这比《明治宪法》所保障的"受天皇恩惠的臣民的权利"要厚重许多，且没有任何法律保留，均为无条件的保障。

③ 家永三郎『革命思想の先駆者—植木枝盛の人と思想』，東京：岩波新書，1955年、第134頁。

洋大日本国国宪案》一度被掩埋在时代的尘埃中，直到二战结束，日本实现真正意义上的民主化之后，才被历史学家们"朝花夕拾"，给了他的思想复活登场并感召世人的机会。不过，无论如何，在植木所生活的那个年代，整个东亚乃至非西方世界几乎都是近代主义的一片荒漠[①]，他的思想以及国宪案是绿洲一般的存在。以其为代表的自由民权运动时期的多个宪法私案，即使拿到今天的日本也极具启发意义。正如著名宪法学者樋口阳一先生曾经指出的那样，"日本近代史的挫折以二战战败为契机，而对于已经坐拥包含了'基本人权'之宪法（指现行的《日本国宪法》——笔者注）60多年后的当代日本，（指战败之时——笔者注）启发着我们，'新宪法'对于我们自己的精神史而言完全不是无缘的舶来品"[②]。

五、结语

本文通过对历史背景的考察和两个宪法草案文本当中重要条款的梳理分析，集中展示了1849年《法兰克福宪法》和1881年《东洋大日本国国宪案》之间的"最大公约数"，即严格限制君主权力、充分保障个人权利的近代立宪主义基本精神。近代德国对日本的强烈影响主要体现在官方（明治政府）所追求的"自上而下"的近代化体验中，虽然从表层看来，似乎只有1871年《德意志帝国宪法》对于1889年《明治宪法》的影响，但其实，不同于当时官方"正统"主张的旁支系的思想却像一股清澈的暗流缓慢流淌。在德国，《法兰克福宪法》最终虽未被官方采纳，但100年后的《波恩基本法》却将其精神内核发扬

---

① 当时的大清国，虽然也由部分汉族权臣官僚和开明地主阶层主导了一场轰轰烈烈的"洋务运动"直至所谓的"同光中兴"，但众所周知，"师夷长技以制夷"乃至"中体西用"的核心指导思想就注定了学习西方的内容仅限于军事技术和近代工业等极少数"实务"层面，而制定宪法、伸张民权的主张却是不见踪影的。即使等到甲午战后的1898年，康梁等人碍于保守势力的强大压力在维新变法的施策中也未提及制定宪法的内容。

② 樋口陽一『国法学・人権原論（補訂）』、東京：有斐閣、2007年、第37頁。

光大[①]；而在日本，作为民间"宪法私案"的《东洋大日本国国宪案》从一开始当然也不会有任何被采纳的可能性，但在60多年后的《日本国宪法》中，其精神内核也同样得到体现。[②] 相距三十多年的两部宪法草案，超越时间与空间的阻隔，其本质内核在思想层面俨然产生了"同频共振"，分别给各自的人民带去了对未来社会的希冀。

当然，日本没有近代市民革命，不存在欧美的那种自发的、由独立自主的市民阶层通过斗争而获得成功的历史记忆。因此，"即使在近代日本的第二个解放期——1945年之后——其战后民主化的发端不是基于个人的主体性，而是基于集体民主主义这种样态"[③]。"无论是明治时代的民权运动家们，还是战后民主主义的活动家们，也正因为'政治上的压制'过于严苛，才感到了'首先要运动''首先要团结'的强烈必要性。尽管有这样的情况存在，预先在世间或社会上培养锻炼出自立的'人'权主体这一正途被捷径所超越的结果，便导致将'未完成的市民革命'这一课题不断往后拖延"[④]。这也是困扰日本知识界的大难题。

最后需要指出的是，《法兰克福宪法》不仅对于日本，对我国而言也是具有启发意义的。本文引言当中也已提到，作为同属于大陆法系国家的中国，清末以来的近代化历程步履维艰。"预备立宪"直至《宪法重大信条十九条》的颁布都明显烙上了模仿明治日本国制的痕迹。《普鲁士宪法》→《德意志帝国宪法》→《明治宪法》→《十九信条》，这样一个"保守流派法的移植与继受"之系谱，最终也以辛亥革命的成功以及清廷覆灭为契机而导致其"绝嗣"。不过这些也都只是当时官方层面的近代化尝试，真正立宪主义思想的源流，诚如本文所述，其实都是"在野"的。

---

　① 据说，现在的德意志联邦共和国国旗——"黑、红、金"三色旗的缘起之一便是1848年法兰克福国民议会上被首次使用的模样。一战后的魏玛共和国国旗以及二战以后沿用至今的德国国旗都继承了法兰克福的传统，这可以看做是一种"近代立宪主义精神的寄托与传承"。
　② 这样的体现自然是国民主权原则、基本人权保障原则等近代立宪主义的根本原则。
　③ 樋口陽一『国法学・人権原論（補訂）』、東京：有斐閣、2007年、第19頁。
　④ 同書、第19—20頁。

The atavistic "co-frequency resonance" of modern constitutionalism in Germany and Japan

Abstract: Germany and Japan, as both defeated countries in World War II, have shown significant commonalities in the construction of modern national systems. The main reason can be attributed to the fanatical pursuit and imitation of the "German model" by Japanese government officials after the Meiji Restoration. Specifically, in the field of domestic rule of law, the most typical performance is the reference of the 1889 *Meiji Constitution* to the 1871 *Constitution of the German Empire*. But this is only a *clear line*, that is, the actual state at the official and national institutional level. Behind it, there is also a *hidden line*, that is, the state of ought to be in the field of folk and ideology, or the *Ideal type* of Japanese progressive intellectuals at that time. This is the constitutional thought of Ueki Emori, a Japanese modern enlightenment thinker who was active in the Freedom and People's Rights Movement. Although the *private constitutional case* drafted by him was not officially recognized, the spirit behind it and the *German Frankfurt Constitution* of 1849 transcended the barriers of the times, sharing the basic elements of modern constitutionalism to restrict monarchy and protect freedom, and achieving the effect of *resonance with the same frequency*. These two constitutions (drafts) respectively connect the new constitutions and national systems of Germany and Japan after World War II. Therefore, it is of great theoretical value and significance to regard them as the ideological sources of their respective modern constitutionalism during their initial stages.

Keywords: *Frankfurt Constitution;* modern constitutionalism; Japan's Privately Drafted Constitutions; Ueki Emori

作者简介：洪骥，法学博士，南京航空航天大学法律系讲师。主要研究领域为日本宪法学、比较法制史、日本近代法制与社会。

【语言学】

日语访谈中体言结句的形态与功能探析

西安电子科技大学　卢　磊

【摘　要】体言结句作为一种特殊的表达形式常见于日本的文学作品、新闻报道及会话中。目前对体言结句的研究主要集中于文学作品、新闻报道、广告宣传等文体，对日语访谈中出现的体言结句则鲜有研究。本文以日语访谈中的体言结句为研究对象，以句子结构和句意为基础，采用定性分析的方法对体言结句的形态和功能进行了考察。结果表明：体言结句的形态多种多样，其中大部分具有通常的句子成分关系，仅有少数形态是日语访谈中特有的。体言结句在日语访谈中发挥多种独特的话语功能，其中大多数起提供信息的作用，只有少数功能用于和对方建立良好的人际关系及说话人作出反应。这些功能分别产生中性礼貌效果和正礼貌效果。

【关键词】日语访谈；体言结句；形态；功能；礼貌效果

　　众所周知，日语句子的谓语通常处于句子末尾，同时谓语由体言加断定助动词或推测助动词、语气助词等，或由形容词、形容动词、动词构成。但是，违反上述规则、句子末尾仅是体言的所谓体言结句，作为一种特殊的表达形式，不仅时常出现在日本的文学作品中，而且在新闻报道及会话中也大量存在。以往对体言结句的研究主要集中于文学作品、新闻报道、广告宣传等文体，鲜见涉及其他文体中的体言结句的研究。此外，对体言结句的形态和功能方面的研究也为数不多。

访谈是指一对一的人物采访对话。通过访谈者的提问和嘉宾的回答,让观众知道嘉宾究竟是一个怎样的人,或者这个人对于某件事的观点和态度是什么,从而让受众了解事件背后的真相。根据对日语访谈语料的先期研究,笔者发现:在礼貌体成为话语礼貌基本态的日语访谈中,绝大多数体言结句作为普通体形成语体转换;语体转换的产生原因可归纳为心理原因和语境原因两大类,所引起的语体转换分别产生正礼貌效果和中性礼貌效果。[①] 那么,体言结句具有怎样的具体形态?其在访谈中具有哪些独特的功能?这些都是值得探究的问题。

有鉴于此,本文以日语访谈中的体言结句为分析对象,探究其结构形态和在访谈中所发挥的功能、体现出的话语礼貌效果,以期对体言结句这一特殊的会话表达形式有更为全面、深入的认识和了解。

一、文献概述

关于日语的体言结句,山室和也、泉子·K.梅纳德(泉子·K.メイナード)、胡以男、柏宝清及林林等人进行过分析和探讨。

山室和也对体言结句的形式进行了分类研究,共分为列举型、文章和段落标题化表现型、抛词型、难以归类的其他情况四种类型。[②]

泉子·K.梅纳德通过对所收集的新闻报道、小说及随笔、广告词中的体言结句实例进行分析,探讨了体言结句在各文体中的功能。研究结果表明:新闻报道里的体言结句能凸显出某个相对独立部分的主题、要点;小说里的体言结句具有唤起感动的作用,能够使读者感受到作者传递感动的意图;随笔里的体言结句避免了和其他句子同样的断言形式,因而能够增强读者的想

[①] 卢磊:《日语访谈中语体转换的生成原因及礼貌效果》,载《日语学习与研究》2020年第3期,第20页—第30页。

[②] 山室和也「宙に浮く名詞止めの表現」、『日本語学』1999年第12期、第41頁—第44頁。

象；广告词里的体言结句具有传递文案作者感情、展现语言韵律、坚定判断语气等效果。"①

胡以男、柏宝清认为："名词结句是日语文章写作的技法之一。名词结句现象主要出现在文学作品中，用名词结句后，句子变得简洁并产生出绝妙的余韵，可以唤起读者的注意。"② "在宣传广告和报刊杂志标题里可常见使用名词结句的短语，给人主题明确、文字精练的感觉，还可以减少文字，节约版面。"③ "而主要在文学作品中出现的名词结句句子，则像一门摄影艺术，抛开了主观意识，能够客观地进行情景描写。"④

林林对体言结句的形式与功能进行了分析，将其基本形态概括为倒置式、名词列举式、常态的省略式三种，并且认为体言结句的效果是增加文体的生动性，减少句尾强加于人的主观表达，从而为读者的自主判断提供了可能性。⑤

总体而言，以往对日语中的体言结句的研究大多只针对新闻报道、文学作品、广告用语等文体，而对于日语访谈中出现的体言结句问题则鲜有研究。尽管山室和也和林林对体言结句的形式（形态）进行了分类研究，但二者都是将功能与形式相结合进行的研究。考虑到日语访谈本身的特点，本文认为应该将其中的体言结句的形态和功能分开进行探讨，唯有如此才能从不同视角研究清楚二者的实际情况。基于上述考虑，本文以日语访谈中的体言结句表达形式为研究对象，以句法理论为基础对体言结句所在话语句的句子结构进行分析，归纳总结体言结句的形态。其次，结合体言结句所处的语境，运用会话分析方法对

---

① 泉子·K.メイナード『談話表現ハンドブック』、東京：くろしお、2005 年、第 53 頁—第 55 頁。
② 胡以男、柏宝清：《试论日语中格助词与名词结句现象》，载《日语学习与研究》2006 年第 4 期，第 18 页。
③ 胡以男、柏宝清：《试论日语中格助词与名词结句现象》，载《日语学习与研究》2006 年第 4 期，第 18 页。
④ 胡以男、柏宝清：《试论日语中格助词与名词结句现象》，载《日语学习与研究》2006 年第 4 期，第 19 页。
⑤ 林林：《试析"体言止め"的几种形态》，载《解放军外国语学院学报》2009 年第 6 期，第 20 页—第 23 页。

其在访谈中所发挥的独特的话语功能进行考察,并在此基础上探讨各功能所体现的话语礼貌效果。

二、研究资料与研究对象

(一)研究资料

本文以刊载于《周刊朝日》(『週刊朝日』)的访谈语料《真理子的嘉宾集》(『マリコのゲストコレクション』)为研究资料。该语料是将访谈者林真理子与嘉宾进行一对一访谈的内容记录并转写为文字的文本。具体为从 2006 年 3 月至 2009 年 5 月的语料。

(二)研究对象

本文以日语访谈中的体言结句表达形式为研究对象。在参考高木丈也定义[1]的基础上对研究对象作如下定义:说话人主观决定中断谓语或省略助词、仅以体言作为句子末尾的表达形式,作为一个独立的话语句,其前后有明确的非语言信息、语音、意义等类型的断句标识。

三、体言结句的形态

由句法理论可知:构成句子的基本单位是句素,句素和句素之间的关系主要有主谓关系、谓宾关系、谓补关系、修饰限定关系、同位关系等。[2] 体言结句作为一种特殊的句子形式,其句素间是否具有这些关系?除此之外还有哪些特

---

[1] 髙木丈也「日本語と韓国語の談話におけるいわゆる『中途終了発話文』の出現とその機能」、『社会言語科学』2012 年第 1 期、第 89 頁—第 101 頁。

[2] 顾明耀:《标准日语语法(第二版)》,北京:高等教育出版社,2004 年,第 356 页。

殊的关系形态？为了弄清这些问题，本文从句子结构入手，以结句体言和距其最近的句素之间的关系为认定基准，对体言结句的形态进行了分析，归纳出以下几种类型：

（一）格关系型

所谓格关系型，是指结句体言和其前方句素之间存在某种格关系的体言结句形态。该类形态的特征是二者之间有格助词。以下通过例句分析进行说明。

(1) 林：初めてで、いきなり主役で、演出が宮本亜門さん。
藤原：そうなんですよ。

（《周刊朝日》p56　2008.10.31）

(2) 林：経歴を拝見すると、慶応の商学部の 2 年生のとき、史上最年少の 19 歳で公認会計士の 2 次試験に通って、在学中に結婚。
（中略）
勝間：そうですね。

（《周刊朝日》p56　2008.10.17）

例（1）是由格助词「が」构成的主格关系型体言结句，句尾省略了断定助动词「でした」。例（2）是由格助词「に」构成的补格关系型体言结句，句尾省略了サ变动词词尾「する」。此外，还存在由格助词「を」构成的宾格关系型和由格助词「で」「と」构成的补格关系型体言结句。

（二）主题关系型

结句体言出现在由「は」「も」等提示助词构成的主题部分后的体言结句形

态称为主题关系型。该类型中也存在提示助词被省略的情况。

(3) 林:細野さんも都会的な感じの方ですよね。
　　松本:細野さんは白金。

(《周刊朝日》p58　2008.10.24)

(4) 林:つまんない話ですけど、お二人、何にいちばんお金使ってるんですか。
　　田中:2人も、銀行のキャッシュカード、待たせてもらってないんです。僕の小遣い、月5万円。

(《周刊朝日》p56　2006.5.19)

例（3）是由提示助词「は」构成的主题关系型的例句，而例（4）则是提示助词被省略的情形。二者皆因句尾省略了断定助动词「です」而形成体言结句。

（三）定语关系型

定语关系型是指结句体言前存在定语成分的一类体言结句表达形式。具体如下例所示：

(5) 林:先代は松緑さんですね。
　　草笛:そう。あの素敵な人。

(《周刊朝日》p57　2008.9.19)

(6) 林:西川さんは「元ミス日本」ですね。確実なタイトルが欲しかったわけですか。

西川:そうです。「きれい」には偏差値がないじゃないですか。「ミス日本」だったら間違いなくブスじゃない。

林:まあ、奥の深いお言葉。なるほどね。偏差値はないですね。

(《周刊朝日》p57　2008.8.22)

(7) 長谷川:されましたよ。モデル時代は本当に派手にやってました。毎晩クラブに行って。高いヒールはくから、ただでさえ大きいのに、メチャクチャ目立つ軍団。

林: 今までいろんな女の人に「若いとき、すごいモテたでしょう？」って聞くと、「私なんか全然」とか言って、同性に嫌われまいとモテた歴史を封印しようとする人が多いんだけど、長谷川さんが初めてですよ。

(《周刊朝日》p57　2008.10.10)

以上三个例句中的结句体言前均存在分别由形容动词、形容词、动词构成的定语成分，因而属于定语关系型体言结句。

(四)独词句型

由单个体言构成的独词句也属于体言结句表达形式。另外，把由感叹词和独词句构成的体言结句形式也归入本类。

(8) 萩本:チアガールは入れてないんです。太鼓も禁止。バイオリンだけ。

林:<u>バイオリン！？</u>格調高～い。

(《周刊朝日》p50　2006.3.24)

(9) 林：40歳過ぎてからブレークしたんですよね。

戸田：テレビという媒体に出たのが40歳なんで、そう言われるんですけど、自分じゃそれまでもブレークしてきたつもりなんで。アハハ……

林：あ、失礼。ごめんなさい！

(《周刊朝日》p50　2006.4.14)

(10) 林：あの中に一人だけ本職の方がいたんですよ。

立川：そうなんです。桂吉弥さん。

(《周刊朝日》p53　2008.8.1)

(11) 黒柳：（前略）100歳になったら、どなたに何をうかがったって答えていただけると思うの。楽しみ。頑張りましょう。

林：はい、頑張ります。

(《周刊朝日》p58　2008.12.12)

以上四例均为独词句型的体言结句。例（8）画线部分的完整形式应是「バイオリンですか！？」，例（9）画线部分的完整形式应是「あ、失礼しました。」。例（10）、（11）画线部分可认为是省略了断定助动词「です」后仅以体言结束句子。另外，例（9）是由感叹词和独词句构成的体言结句的例子，除「あ」之外还可见到「えーと」「まあ」「おー」「ちょっとぉ」等感叹词的使用情况。

（五）其他型

本文把不属于上述任何类型的情况划分为其他型。该类型主要包括倒装型、重复型和无关系型三类。因主语（主题）、宾语等成分和谓语倒置，使得本应位于句子前部的主语（主题）、宾语等出现在句末，从而形成体言结句。另外，说话人在句末重复前方话语中的关键词也会形成体言结句。以下通过例句对倒装型和重复型进行说明。

(12) 太田：よしもとばななもいたな。中井美穂が放送学科にいて。
　　 林：すごいですね。百花繚乱という感じじゃないですか、各学科。
　　　　　　　　　　　　　　　　　　　　　　　(《周刊朝日》p54　2006.5.19)

(13) 林：私は、テレビのモノクロ時代、「光子の窓」という番組を見てました。紙芝居のようなところからお顔を出して……。
　　 草笛：紙芝居じゃなくて、窓です、窓。
　　　　　　　　　　　　　　　　　　　　　　　(《周刊朝日》p56　2008.9.19)

　　例(12)是倒装型体言结句的例子，其主题部分「各学科」被补充在句末。该句可还原为「各学科は百花繚乱という感じじゃないですか。」这一正常语序的句子。例(13)是重复型体言结句的例子，嘉宾先否定对方的误解，而后重复正确信息「窓」的话语行为产生了体言结句。
　　另有一类语序正常、结句体言前存在状语但并非该体言的状语的句子。由于前方状语和结句体言之间并无直接的修饰关系，故将此类体言结句定义为无关系型。例句如下：

(14) 林：若くないですよ。もう54歳ですよ。昔だったら定年退職。
　　 黒柳：あら、そんなことを言わないで。
　　　　　　　　　　　　　　　　　　　　　　　(《周刊朝日》p56　2008.12.12)

(15) 林：すごいですね。雑誌を開いても、テレビをつけても佐伯さん。本を出せばベストセラーだし。

佐伯:言いたいことは、たったひとつしかないんですけどね。

(《周刊朝日》p56　2006.3.31)

　　从以上分析可以看出：格关系型和主题关系型体言结句体现了句素间的主谓关系、谓宾关系、谓补关系；定语关系型则属于修饰限定关系；独词句型和其他型由于句子结构特殊，不具有本章开头提到的任一句素间关系，因而属于特殊形态的体言结句。

四、体言结句的功能

　　本节以体言结句句意为基础，结合其前后话语内容，探讨体言结句在日语访谈的具体语境中所发挥的独特话语功能。为此，本文将话语句所传递的话语意图定义为该话语句的功能，在此基础上参考铃木香子(鈴木香子)和扎托拉乌斯基(ザトラウスキー)对话语功能(発話機能)的分类结果[1][2]，对日语访谈中体言结句的功能进行了考察，明确了二大类话语功能。下面加以详细论述。

(一)信息提供

　　该功能以说话人向受话人提供、传递实质性内容为目的，是本研究中数量占比最多的功能类型。这也与高木丈也的研究结果一致。根据体言结句话语句提供信息的不同形式，可进一步分为答问(応答)、意见表明(意見説明)、补充(補足)、复述(言い直し)四种类型。

---

　　[1]　鈴木香子『機能文型に基づく相談の談話の構造分析』、東京：早稲田大学出版部、2009年、第78頁。
　　[2]　ザトラウスキー，ポリー『日本語の談話の構造分析―勧誘のストラテジーの考察―』、東京：くろしお、1993年、第38頁―第39頁。

1. 答问

在访谈中，面对访谈者的提问，嘉宾时常会以体言结句的形式作出回答，仅提供对方需要的信息。

(16) 林:そのあとロンドンですか。

長谷川:高校3年間。でも、英語はしゃべれないんです。

（《周刊朝日》p57　2008.10.10）

(17) 林:それで結局どこ行ったの？

山ちゃん:関西大学。

（《周刊朝日》p57　2006.4.21）

例（16）中，面对访谈者对自己人生经历的提问，嘉宾在肯定对方所问内容的同时，以体言结句的形式提供了更为详细的信息。例（17）中，嘉宾直接以体言结句的形式对访谈者的问题进行了回答。在问答形式的会话中，通过以体言结句的形式简洁地提供对方所需的信息，能够构建起更为顺畅的交际。

2. 意见表明

通过否定前方内容、以体言结句形式肯定后方内容的表达形式，能够起到加强断定语气、更加明确地展现出说话人对某一事物的主观态度和个人观点的作用。

(18) 林:そうですか？私から見ると、いつも小国いじめをやっていたのはソ連じゃないかと思いますが。

亀山:ソ連という国家の歴史ではなく、民衆の歴史。第2次世界大戦で一気に2千万人死に、スターリン時代の粛清で300万人殺され、

2 千万人が流刑でラーゲリに送られている。(中略)

(《周刊朝日》p54　2007.11.30)

例（18）以体言结句的形式消除了误解、澄清了事实，从中能感受到说话人对此问题的坚定立场。泉子・K.梅纳德也认为这种形式不仅能简洁地提供信息、表现节奏感，而且具有强烈的断定语气。

3. 补充

说话人有时会在陈述完主要内容后以体言结句的形式对前方的主要内容进行补充说明，以便让受话人更准确地理解自己的表达意图，从而维持顺畅的交际。发挥此种功能的体言结句不仅存在于陈述句中，在疑问句中也多有出现。

(19) 林: 次の作品、決まってますよね。

戸田: はい。「HUMANITY」というミュージカル(5月8日～6月11日)。今度はでかいところでやるんですよ、新宿コマ。

(《周刊朝日》p54　2006.4.14)

(20) 林: 今、持ってるんですか、調理師免許。

ギャル曽根: 持ってます。私、ごばんつくるのもすごい好きなんですよ。

(《周刊朝日》p61　2008.9.26)

例（19）的体言结句部分「新宿コマ」是对前方话语中的「でかいところ」的补充说明。例（20）的体言结句部分「調理師免許」则是对前方疑问句宾语的补充。

4. 复述

通过复述前方话语里的关键词，能够起到强调所提供的信息进而澄清事实、消除误解的作用。

(21) 林：「笑点」で拝見できないのがさびしいです。昔、新潟からお米1俵かついで出てきたんですよね。

海老名：1俵なんてとんでもない。1升よ、1升。

林：まあウソだったんだ。（笑い）

海老名：だって、苦しいさなかですもの。

《周刊朝日》p63　2006.5.5）

例（21）的体言结句部分通过对数量「1升」的复述，强调了这一正确信息，以此消除了对方对自己的误解。

（二）接受

所谓接受（受容）是指以建立良好的人际关系和接受前方实质性话语内容后作出反应为目的的功能。与信息提供功能不同，该功能主要用来表示说话人的反应，通常并无实质性内容。经过分析，本文明确了其中两种具体功能的存在，即关系建立/礼节（関係作り・儀礼）和对方关注表示（相手注目表示）。

1. 关系建立/礼节

该功能通过寒暄、感谢、道歉等方式以期和对方建立起融洽的人际关系，从而推动访谈顺畅、高效地进行。

(22) 林：40歳過ぎてからブレークしたんですよね。

戸田：テレビという媒体に出たのが40歳なんで、そう言われるんですけど、自分じゃそれまでもブレークしてきたつもりなんで。アハハ……。

林:あ、失礼。ごめんなさい！

(《周刊朝日》p50　2006.4.14)

例（22）是访谈者在听完嘉宾的解释后突然意识到自己先前的失言，因此匆忙道歉的例子。

2. 对方关注表示

用以表明对对方话语的理解、意识到对方的存在等功能称为对方关注表示。其中包括继续、认可、确认、兴趣、同感、感想、否定等11种具体类别。下面举一例进行说明。

(23) 仲代:（前略）まあ、ボランティアと言えばボランティアなんですけど、後世に残るいい役者みたいという道楽ですよ！

林:すっごいぜいたくな道楽！

(《周刊朝日》p52　2007.11.23)

例（23）是访谈者在得知嘉宾的愿望后表达感想的例子。从中不仅能感受到访谈者极其惊讶、感慨的心理，也能感受到访谈者对嘉宾话语的接受和关注。

五、讨论

下面以宇佐美真由美（宇佐美まゆみ）提出的"话语礼貌理论"（Discourse

Politeness Theory/ディスコースポライトネス理論/简称 DP 理论）[①]为基础对上述功能所体现的话语礼貌效果作一分析。DP 理论是以"基本态"（default/基本状态）这一概念为基础展开的。所谓"基本态"，即特定语言文化和活动类型中的话语的"典型状态"。"基本态"包含"话语的基本态"（特定的"活动类型"中的话语的"典型状态"）和"话语要素的基本态"（构成话语基本态要素的"特定的言语行为和言语项目的典型状态"）两种。"基本态"是根据"典型状态的话语"中的"主要言语行为的构成比例（分布）平均值"所计算、确定的典型状态。换言之，即各言语行为要素占据一定的构成比例、一定的出现频率的具有典型场景、状态的会话形态。在此基础上，DP 理论将礼貌效果分为三种，分别是正礼貌效果（プラス・ポライトネス効果）、负礼貌效果（マイナス・ポライトネス効果）和中性礼貌效果（ニュートラル・ポライトネス効果）。前两种效果为有标礼貌。正礼貌效果保护对方的面子，给予对方良好印象；负礼貌效果则不论有意还是无意，都会伤害对方的面子。中性礼貌效果标示话题展开、转换等情况，属于无标礼貌。

本文依据 DP 理论对前述体言结句的功能进行分析后发现：属于"信息提供"范畴的功能能够使信息交流更为全面、准确，进而使访谈流程简洁、高效，从而更好地推动访谈的展开；而属于"接受"范畴的功能则是通过说话人使用建立良好的人际关系、表示对对方的关注等积极礼貌策略而发挥促进访谈顺畅进行的作用。由此可见，本文所探讨的体言结句的信息提供功能与访谈参与者的面子无关，仅与话题的进展过程相关联，因而体现出中性礼貌效果；而体言结句的接受功能能够维护对方的积极面子，因而体现出正礼貌效果。

---

① 宇佐美まゆみ「談話のポライトネス—ポライトネスの談話理論構想—」,『第 7 回国立国語研究所国際シンポジウム報告書—談話のポライトネス—』、東京：凡人社、2001 年、第 9 頁—第 58 頁。

六、结语

综上所述，在礼貌体成为话语礼貌基本态的日语访谈中，作为构成语体转换的方式之一的体言结句以其脱离通常句子形态的独特表达形式，能够打破单一的、严肃的话语形式，使访谈会话更为生动、自然。其所在句子的结构多样性使得体言结句的形态也多种多样，其中大部分形态具有通常的句子成分关系，仅有少数形态属于访谈特有的句子成分关系。这反映出日语访谈中的体言结句和其他文体中的体言结句在形态上既有共性又有特性的特征。作为一种特殊的话语形式，体言结句在访谈中发挥多种独特的话语功能，其中大多数以不同方式起提供信息的作用，仅有少数功能用于和对方建立良好的人际关系及说话人作出反应。这些功能分别产生出中性礼貌效果和正礼貌效果，这两种礼貌效果都有助于访谈双方实现更为顺畅、高效的交际。

因受条件所限，本文仅对日语访谈中的体言结句进行了定性考察。接下来有必要进行定量分析，以进一步弄清体言结句的形态和功能的数量对比关系及二者的关联情况。此外，也大量存在于新闻报道、广告宣传及文学作品中的体言结句又具有怎样的形态和功能？不同文体中体言结句的形态和功能有何异同？这些都是需要继续深入探讨的课题。

On the Forms and Functions of Noun Endings in Japanese Interviews

Abstract: Noun endings, as a special form of expression, are commonly found in Japanese literary works, news reports, and conversations. At present, research on noun endings mainly focuses on literary works, news reports, advertising, while there is little research on noun endings that appear in Japanese interviews. This article takes noun endings in Japanese interviews as the research object, based on sentence structure and meaning, and uses qualitative analysis to study the forms and functions of noun endings. The results indicate that: There are many forms of noun endings, most of which have the usual relationship between sentence components, and only a few forms are unique to Japanese interviews. Noun endings play a variety of unique discourse functions in Japanese interviews. Most of these functions provide information, and a few are used to build interpersonal relationship and express the speaker's reaction. These functions have a neutral discourse politeness effect and a plus discourse politeness effect.

Key words: Japanese interviews; noun endings; forms; functions; politeness effect

作者简介：卢磊，外国语言学及应用语言学硕士，西安电子科技大学外国语学院副教授，日语系副主任，主要研究领域为日语语言学。

【翻译学】

河上肇与《资本论》翻译及论争
——以"三种《资本论》邦译"为中心

浙江理工大学 徐 青

【摘 要】 日本马克思主义研究的先驱河上肇对中国早期马克思主义的传播和研究影响甚大。1920年,河上肇撰写了论文《三种〈资本论〉的邦译》,针对《资本论》的标题和开篇首句的翻译,进行了详尽的点评和分析。河上肇指出译词粗看虽然都很相似,但是,一经推敲就会发现意义上的巨大差异。1928年河上肇与学生宫川实共同翻译了《资本论》,为了尽可能精确地体现马克思专用术语的特质,其译文追求从德文原语入手、采取直译法,以忠实原文为重。但是,学界对《资本论》日译本的探讨还不够深入,因此,研究《资本论》几个日译本之间的差异,对我们应该如何正确地翻译马克思主义学说类文献资料具有一定的参考价值和借鉴作用。

【关键词】 河上肇;马克思主义;资本论;翻译;传播

一、引言

1920—30年代,日本出现了空前的马克思主义热潮,这一时期,日本著名的马克思主义经济学家河上肇的著作和论文被译介到中国,仅汉译单行本就有十二种[1]，在期刊上发表的文章近三十多篇[2]，对中国的马克思主义传播影响甚大。

被誉为中国"最后的儒家"的梁漱溟撰有《读〈河上肇自传〉》(『自叙伝』，以下简称《自传》)[3]一文，梁漱溟称，"深爱河上肇其人，是'在人生实践上一追求真理的勇士'"。不仅是梁漱溟，中国的许多有识之士都很敬重河上肇，有的曾是他的学生，有的听过他的讲座，有的在20世纪20—30年代，把他的论文和著作译介到中国。

国内对河上肇的研究涉及唯物史观、马克思主义观、早期社会主义传播、社会组织与社会革命、经济学、哲学思想、《共产党宣言》的翻译等诸多领域，但是对河上肇投入近三十年时间研究马克思主义理论，翻译《资本论》，撰写《资本论入门》(『資本論入門』)，最后从资产阶级经济学家转变成马克思主义经济学家的研究较少有人涉及。本论文在前人研究的基础上，聚焦河上肇发表于1920年的论文《三种〈资本论〉邦译》(「三種の『資本論』邦訳」)，梳理河上肇对《资本论》三种译本的术语翻译的评价，深入考察当时日本国内涌现的马克思主义热潮。

二、Das Kapital 应该翻译成"资本"，还是"资本论"？

从小崎弘道在《近世社会党的起因》(「近世社会党ノ原因ヲ論ズ」1881年）

---

[1] 例如，李培天译《近世经济思想史论》(启智书房，1922)、林植夫译《资本主义经济学之史的发展》(商务印书馆，1924)、周拱生译《唯物论纲要》(乐华图书公司，1930)、汪伯玉译《劳资对立的必然性》(北新书房，1929)、丁振一译《人口问题批评》(南强书房，1929)、温盛光译《马克思主义经济学》(启智书房，1928)、陈豹隐译《经济学大纲》(笔耕堂书房，1929)、李达译《马克思主义经济学之基础理论》(昆仑书房，1930)、邓毅译《社会主义经济学》(光华书房，1930)、钱铁如译《新经济学的任务》(昆仑书房，1930)、江半庵译《唯物辩证法者的理论斗争》(星光出版社，1931)和钟古熙译《通俗剩余价值论》(神州国光社，1930)。天野敬太郎编著：『河上肇博士文献志』，東京：日本評論新社，1956年，第98頁，筆者訳。

[2] 程慎元：《介绍到中国的河上肇的著作》，载《党史纵横》1988年第7期，第47—48页。

[3] 梁漱溟：《勉仁斋读书录》，收入《梁漱溟全集》第7卷，山东：山东人民出版社，1993年，第801—812页。

中首次提到了马克思和恩格斯的名字①到河上肇出版著作《资本论入门》和日译本《资本论》之间经历了近半个世纪。河上肇在《自传》中指出,"真正理解马克思主义,在日本,不妨说至少是1926年以后的事"②。

九一八事变前日本已经出版了《资本论》几个日译本。1909年,创立早稻田大学棒球部的社会主义者安部矶雄（安部磯雄）翻译的《资本论》第一卷问世,但只翻译了部分的译文,且原件丢失,一般日本学者认为该译本不能算是《资本论》的首个日译本。1919年9月,经济学博士松浦要翻译的《资本论》第1—3章由经济社出版部出版,尽管该译本只涉及了《资本论》第一卷中的部分译文,但是,日本东北大学名誉教授、MES（国际马克思恩格斯基金会）编辑委员会成员大村泉对该译本做出了高度评价,他将松浦要翻译的《资本论》视为第一部以著作形式出版的《资本论》日译本,肯定了该译本在日本《资本论》传播史中的地位③。同年12月,评论家、小说家生田长江（生田長江）翻译的《资本论》第1—4章由绿叶社出版。1920年6月,社会思想家、哲学家高畠素之翻译的《资本论》第一卷第一分册第1—9章由大镫阁出版。四年后的1924年7月,高畠素之翻译的《资本论》全译本八分册由大镫阁出版,另外两个分册因关东大地震的影响,后来改由而立社出版,这也是当时日本唯一的以一人之力完成《资本论》全文翻译的版本。1927—1929年,河上肇与学生宫川实（宮川実）翻译的《资本论》第一卷第1—5分册由岩波书店出版。1931年,第一卷上册由改造社出版。世人对以上几个译本的评价可谓众说纷纭,褒贬不一。

1920年,《经济论丛》（『経済論叢』）第11卷第4号上,河上肇就松浦要、生田长江以及高畠素之三个日译本,撰写了著名的论文《三种〈资本论〉邦

---

① 劉孟洋：「日本初の『共産党宣言』全訳本からみた術語の生成」,『或問』,2021年第93期,第94頁。
② 河上肇：《河上肇自传（上）》,北京：商务印书馆,1963年,第116—117页。
③ 大村泉：《〈资本论〉第1首版在日本的收藏和1920年代的马克思热潮》,盛福刚译,载《现代哲学》2018年第5期。

译》①。论文开篇，河上肇就提出，"原文的标题为 Das Kapital，三个译本都一致地翻译成'资本论'，都加了'论'，感觉有些不可思议"②。河上肇提出的虽然是一个非常单纯的问题，有西文基础和常识的读者也会发现，德语 Das Kapital 应该直译为"资本"而非"资本论"。如果是"资本论"的话，德语原文应该是 Der kapitalist。日本翻译理论家柳父章曾言，"往往看似简单，实则最难翻译"③，对此高畠素之的回忆如下：

> 河上博士认为把马克思的原题 Das Kapital 翻译成《资本论》是不合适的，应该翻成《资本》。虽然，如果说"论"是多余的话也确实多余，但是，如果加上，也没有错。按照日本人的习惯，加上"论"会与人以亲切感，如果马克思用日语来写作的话，题目肯定也是《资本论》。④

从河上肇的论文，以及高畠素之的回忆中可以得知，首先，河上肇对比三个译本是首创之举。其次，对比德文书名 Das Kapital 和三种不同的翻译，在日本也还未有人涉及研究。而且，河上肇和高畠素之围绕着书名 Das Kapital 的翻译观点显然不同，河上肇注重忠实于原文的翻译，高畠素之则侧重于读者的感受。换言之，河上肇注重直译，高畠素之更注重意译。河上肇此后在自己的论文中涉及《资本论》的时候，还是会使用"《资本》"。

其实，高畠素之刚开始翻译《资本论》的时候是以直译为主的，1928 年当高畠素之完成了《资本论》三卷本全文翻译后，在著作《谈自己》中写道：

---

① 河上肇:「三種の『資本論』邦訳」,『經濟論叢』1920 年第 11 卷第 4 号。(本论文参照河上肇『河上肇全集』、第 11 卷、東京: 岩波書店、1982 年、第 251—259 頁)。
② 同上，第 251 頁。
③ 柳父章『翻訳とはなにか——日本語と翻訳文化』、東京: 法政大学出版局、第 1 頁。
④ 高畠素之『自己を語る』、東京: 人文会出版社、1928 年、第 16 頁、筆者訳。

> 旧译本最大的缺点就是难以理解。作为译者，很多地方连我自己都读不太明白，读者一定会觉得费解。因此，新译本首先要写得通俗易懂，尽最大的努力尽可能地避免因文章的生硬和翻译酸腐而折磨读者。因此，我采取的方针是，先将旧版改写成易于理解的日语，然后再与原文对照。我发现，不读原文，按文章意思修改的文章，虽然与文章的形式不同，但往往反而更能让读者理解原文所要表达的真正的含义。①

这里的"旧译本"，是指高畠素之在1920年出版的译本。显然，他并不满意自己的翻译，而且对自己的翻译有其独到的见解。

> 逐字翻译被认为是最忠实原文的翻译，但忠实不仅仅只是形式上的问题。当原文的主动句被翻译成被动句时，前后文的语气变得流畅。在此种情形下，反而更忠实于原文。②

除上述对书名 Das Kapital 翻译的质疑以外，河上肇在论文中针对1919年后陆续出版的松浦要、生田长江和高畠素之的三个《资本论》译本做了比较研究。河上肇在梳理了三个译本的基本信息后指出，三个译本的排列顺序是因为松浦要的译本最早出版，因此排在第一位，高畠素之的译文在三人中出版的最晚，翻译的量也是最多的，因此排在第三位。论文《三种〈资本论〉邦译》长达九页，河上肇对三个例文一丝不苟地进行了比较。

> 我比较了三个译本，在曾经评论松浦要译本的基础上，再来谈一谈我在三位的翻译中发现的问题。当然，这些问题在整个译本中仅仅只是极其

---

① 高畠素之『自己を語る』、東京：人文会出版社、1928年、第11頁，筆者訳。
② 高畠素之『自己を語る』、東京：人文会出版社、1928年、第12頁，筆者訳。

细微的存在而已,仅凭这些细微部分的比较,无法全面了解译本的特点。我现在还无法将三种译本的全文与原文一一对照比较,所以关于译本整体的价值判断,只能暂且搁置。[1]

　　河上肇用词谦虚,简洁明了,对自己只比较了三个译本中的三个例文,无法全面地了解每位译者的翻译特点有着清晰的认知。在论文中提出的问题的多寡并不重要,指摘的问题能否切中要害,说到了点子上,是否言必有中才是最重要的。河上肇指出了三个问题,只谈自己比较过的译文内容中存在的问题,对未经过比较的内容未有涉及。既是抛石引玉希望引起大家的思考,也体现了其实事求是的研究态度。而且,河上肇在论文中也恰如其分地写明了当下的自己暂时无法把三个译本与原文全文进行一一对比,事实也确实如河上肇所言,没有把三位译者翻译的《资本论》译文与马克思的《资本论》原文整体进行比较。其原因,不是没有必要比较,而是无从比起,因为《资本论》不同于其他著作,实在是太浩瀚庞大了。

　　河上肇虽然只例举了三个例文,但是,所涉及问题,值得译者和读者深思,从中也反映了河上肇对马克思学说著作翻译的思考讲究对特质语言的正确把握和从德文原文直接入手的翻译方法。当然,不是说学习了德文语法就等于具备了可以翻译《资本论》的素养,译者同时还要拥有与《资本论》内容相关的政治经济方面的知识。也就是说,阅读德文原文就等于让自己进入了德国的知识体系中。如果从英文译本入手,可想而知,德文与英文是两种不同的语言,语法不同,文体也不同,这就注定了选择德文原文来翻译《资本论》还是选择英文原文来翻译,将会有完全不同的译文文体出现。译文来自于德文还是英文,将决定译者的文体,所选择的文体不同,也就决定了译文是否原汁原味。

---

[1] 河上肇『河上肇全集』、第 11 卷、東京:岩波書店、1982 年、第 259 頁。

三、"惊人的""集大成"和"原素形态"等词语的翻译

马克思在《资本论》初版的序里一语中的："凡事起头难,这句话对于一切科学都适用。"[①]从《资本论》初版到第二版,马克思对《资本论》的开头部分,前后共修改过三次,因为这部分内容是马克思著作中最为严密和重要的部分。河上肇在著作《〈资本论〉入门》(『資本論入門』)中也同样指出,《资本论》的第一章,尤其是对分析"商品"部分的理解是最困难的。《资本论入门》必须为这个首章多费一些篇幅[②]。河上肇在论文《三种〈资本论〉邦译》中的第一个译文实例对比,就是以《资本论》第一卷开篇的第一句话开始的[③],该句德文原文如下:

(原文) Der Reichthum der Gesellschaften, in welchen kapitalistische Produktionsweise herrscht, erscheint als eine ungeheure Warensammlung, dieeinzelne Waare als seine Elementarform.Unsere Untersuchung beginnt daher mit der Analyse der Waare.

因河上肇在论文中涉及英译版的问题,随后附上了《资本论》的英译,如下:

(英译) The wealth of those societies in which the capitalist mode of production prevails, presents itself as "an immense accumulation of commodities", its unit being a single commodity. Our investigation must therefore begin with

---

[①] 参阅郭大力、王亚男译:《资本论》第一卷,北京:读书出版社,1947年,第2页。
[②] 河上肇:《〈资本论〉入门》(上册),仲民译,北京:生活·读书·新知三联书店,1961年,第48页。
[③] 河上肇「三種の『資本論』邦訳」、『経済論叢』1920年第11卷第4号。

the analysis of a commodity.

紧接着河上肇摘录了松浦要、生田长江和高畠素之的三个日语翻译。

（松浦氏译文）資本制生産方法が專ら行わはれる社会の富は、「巨額なる商品の集積」で、個々の商品は之を組織するものゝ形式のやうに思はれる。故に吾人の研究は商品の分析を以て端を開かう。

（生田氏译文）資本家的生産の支配してゐるやうな社会の富は、「巨大なる商品の集積」として現れ、個々の商品はそれの単位として現はれる。そこで我々の討究は商品の分析から始められねばならぬ。

（高畠氏译文）資本制生産方法の蔓つてゐる諸々の社会の富は「厖大なる商品集積」として現はれ、個々の商品は其の成素形態として現はれる。故に我々の研究は商品の分解を以て始まる。

为了便于比较，我们先来读一读郭大力和王亚男译本对该句的翻译，"资本主义生产方式统治着的社会的财富，表现为'一个惊人庞大的商品堆积'，个别商品表现为它的原素形态。所以，我们的研究，要从商品的分析开始"①。

河上肇首先指出，"松浦要有误译，原文为 Der Reichthum…erscheint als…, die einzelne Waare als seine Elementarform（财富……显示为……，个体作为其元素形式）②，松浦却翻译成了'……個々の商品は之を組織するものゝ形式のやうに思はれる'（每个商品都可认为是构成组织之物），特别是把 erscheint als（显示为）翻译成了'のやうに思はれる'（我认为是这样）。河上肇认为显然是

---

① 参阅郭大力、王亚男译《资本论》第一卷，北京：读书出版社，1947年，第5页。
② 括号内汉译文为笔者所加（下同）。

翻错了"。又道,"Elementarform（元素形式）被翻译为'之を組織するものゝ形式'（組织之物的形式）,意思不够通顺流畅"。其次,"生田长江的译文有参照英译的迹象。例如,Elementarform（元素形式）,英文翻译为 unit,（英译副本为 elementary form）生田长江也翻译为'单位',此外,Unsere Untersuchung beginnt daher（因此,我们的调查开始了）……英译为 must begain,生田也译成了'始められねばならぬ'（必须开始）。最后河上肇总结道,"高畠素之的译文是将德文原文逐字逐句地,按照原文语言的形式翻译,尽可能地保留了原文的特质。例如,原文的'社会',使用了复数,高畠素之将之译成'諸々の社会'（各个社会）。又比如,Warensammlung（收集货物）,英语是 accumulation of commodities,是由三个单词组成的,生田长江也翻译为'商品の集積'（商品的集积）,而高畠省略了'的',翻译为'商品集積（商品集积）'。Elementarform 也直译为'成素形態'（原素形态）"。

基于上文对比可以得知,对于《资本论》开篇第一句的翻译,河上肇是非常郑重其辞的。第一,河上肇发现了翻译中的误译问题。第二,指出了生田长江和高畠素之的译文有参照英译文的迹象。第三,高畠素之的译文对照原文逐字逐句地尽可能地保留了德文原文的特质,河上肇虽然没有以"好""了不起""精彩"来褒扬,但是,从其冷静的只言片语中,透露出河上肇是认同高畠素之译文的,因为这也正符合河上肇一贯追求的翻译标准。

河上肇的论文《三种〈资本论〉邦译》发表九年后的1929年,当自己与学生宫川实也一起翻译了《资本论》之后,在弘文堂出版了著作《〈资本论〉入门》,在该著作中河上肇详细地论述了对开篇首句翻译的思考过程。

資本家的な生産の仕方が支配的である諸社会の富は、一個の「おそろしく厖大な商品の集大成」として、個々の商品は、かゝる富の原基形態として、現はれる。だから吾々の研究は、商品の分析をもつて始まる。

中文译文:"资本主义生产方式统治着的社会的财富,表现为'一个惊人庞大的商品堆积',个别商品表现为它的原素形态。所以,我们的研究,要从商品的分析开始"[1]。

河上肇对为什么要把"ungeheure Warensammlung"中的"ungeheure"由初译的"非常"改译成"惊人的"进行了分析。

> 资本主义社会的财富,它是由千千万万的商品构成的。原来,商品自几千年以前就已在地球上出现于人类社会了。某种劳动产品和另一种劳动产品交换,那就成了商品。像这样说法的商品,它的发生历史,可以上溯到几千年以前。可是这样的商品决没有达到"惊人的"数量。只有在资本主义生产方式统治着的社会,由于那里一切劳动产品——人们用他的劳动生产出来的一切物品——完全成了商品,所以,它实在达到了"惊人的"数量。[2]

可见,一个"惊人的"背后隐藏着众多的信息。首先是历史层面的,工业革命前的劳动数量和工业革命爆发后通过机械替代手工劳动,资本家们所获取的利益的增殖效果,决定了资本主义社会商品本质的不同。这就是,为什么河上肇不使用太过俗气的"非常",而改用稍嫌冗长的"惊人的"原因。

其次,河上肇对"Warensammlung"翻译成"商品的集大成"也做了详细的解释。

> 人们所要的物品,人们所制造的物品,都可求之于"资本主义生产方

---

[1] 参阅郭大力、王亚男译《资本论》第一卷,北京:读书出版社,1947年,第5页。
[2] 河上肇:《资本论入门》(上册),仲民译,北京:生活·读书·新知三联书店,1961年,第50页。

式统治着的社会的财富"——这个"惊人庞大的商品集大成"之中。在这个意义上，它真是商品的集大成"。"'个别商品表现为它的原素形态'。这里的'它的'，是承接前面的'富'，详言之，是承接'资本主义生产方式统治着的社会的财富。'日本语只译为'它的'，有被误解成好像是承接它的前面的'商品集大成'的危险。所以，我特地译成'这种财富的'"。①

河上肇指出，日语中指示代词"它的"（「その」）带有一种模棱两可含糊不清的感觉。因此，这种时候使用"它的"是不适合的，容易造成误解。因此不使用指示代词"它的"，而是为了把具体所指的内容"资本主义生产方式统治着的社会的财富"清晰地表述出来，所以，河上肇翻译成"这种财富的"。

最后，河上肇又提到了把"Elementarform"翻译成"原素形态"，以及把"erscheint als"翻译成"表现为"的事例。指出，前者把它当作"要素的形态"这个意义，就如长年致力于马克思主义经济学文献翻译的日本学者长谷部文雄（長谷部文雄）翻译的"原素形态"似乎也很好。如果要依照初版序的用语，那就是"细胞形态"。如果依照列宁的用语，那就是"根本构成分子"（Grundbestandteil）。而后者"erscheint als"不是指那种需要经过种种思考之后才知道的事情，只是任何人都由自己的经验直接确定的现象——"任何人眼睛里都照样反映"的那种现象，把它摆在"资本论"的开端。所以在"政治经济学批判"上，把 Auf den ersten Blick 一语——意思是"最初一看"——放在开端。那作为摆在我们眼前的现象，是谁也不能怀疑的，从而毋庸论证的、最根本的经验的事实②。

河上肇进一步解释道："此处的 ungeheure Warensammlung 是很难翻译成日语的，原文很长，我们暂且把它翻译成'一个惊人庞大的诸商品集大成'然后

---

① 河上肇:《资本论入门》(上册)，仲民译，北京:生活·读书·新知三联书店，1961年，第51页。
② 河上肇:《资本论入门》(上册)，仲民译，北京:生活·读书·新知三联书店，1961年，第52页。

加上了引用符号，并加上了脚注。"

河上肇为何还要加上脚注呢？因为，"《资本论》第一卷（1867年出版）第一篇，题名《商品与货币》，前面曾说过，第一篇的内容相当于《政治经济学批判》（1859年出版）的全部内容。也就是说，这一篇是把在"政治经济学批判'中论述过的内容重新改写的"。对此，河上肇引用了恩格斯的原文，也充分说明了"注释的重要性"和"为何而注"。

因为《资本论》的注释不是可以随便地增减的。因为，如果发表相同意见的有许多位专家，那就应该以最先发表的专家为重，注释中要写这位最先发表的专家。一种特别的经济思想，是最先在何处、在何时、由何人明白表示出来。所以"一个惊人庞大的诸商品集大成"这样话来表现资本主义社会的财富的，只有马克思自己于1859年的出版的《政治经济学批判》才是经济学史上的最初的著述，我想马克思就是在这个意义上要人们参阅他的旧著的。

综上所述，河上肇对三位译者对同一段译文的客观、中肯的评述，以及河上肇对《资本论》开篇第一句翻译的思考可以得知，河上肇做学问的严谨态度非同一般。特别是针对《资本论》的翻译，对马克思恩格斯语言独特性的把握，可谓准确到位。如果翻译不到位，就削弱了马克思恩格斯所要表达的真正的含义，即特定语言的正确性。河上肇在论文《三种〈资本论〉邦译》中还举例比较了其他两个例子，由于本论文篇幅的限制，不再一一例举说明。

高畠素之回忆道：

> 记得博士还说，把 menschliche Arbeit 翻译成"人间劳动"不合适。应该翻译成"人间的劳动"[①]。而我认为，"人间的劳动"会使人联想到与其相对立的概念"非人间的劳动"，而马克思所言指的正是"人间的劳动"，因

---

① 着重号为原文所加（下同）。

此我翻译成"人间劳动"是正确的……①

对照河上肇的论文，可以发现高畠素之歪曲了河上肇的原话。河上肇在论文中其实是这样论述的：

> 比较生田长江和高畠素之的译文，两者之间多少有些不同，因为不是出自同一人之手，所以也是理所当然的事情。例如，生田长江把menschliche Arbeit，menschliche Arbeitskraft翻译成"人间的劳动"或"人间的劳动力"，而高畠素之翻译成"人间劳动"或"人间劳动力"。在此种情形下，生田长江想要保留原语品词的特质。但是，高畠素之却不使用"人间的"，是因为人的劳动中既含有"人间"的意思，也含有"非人间"的意思。因为"人间的"一词也可以做"像人一样"的来使用，为了避免被混淆，所以高畠素之故意不译成"人间的"而译成了"人间"。②

从上述河上肇和高畠素之的文章中，我们不难发现高畠素之在《谈自己》（『自己を語る』）中对menschliche Arbeit的翻译与河上肇在论文中推测高畠素之对menschliche Arbeit一词的认识，我们可以认为翻译思路基本是一致的。河上肇没有评论"好""不好"，仅指出了生田长江的翻译是直译，并论述了高畠素之在译文中为何要省略"的"的翻译思路。西方人的言论、思想都出现在同一个语系之间，而日本人涉及的是与西方完全不同的语系、文化之间的翻译问题。因此，马克思的《资本论》在德文、英文，或者法文等语言之间的区别或许不如东方语言那样复杂。但是，即便是很细微的差别，有的时候说不定可以一过了之，有的时候却有可能会造成天差地别的错误。不仅如此，翻译《资

---

① 高畠素之『自己を語る』、東京：人文会出版社、1928年、第16頁、筆者訳。
② 河上肇在原论文中对"的"字上方都加了着重号，此处用下划线代替。

本论》，也意味着《资本论》将从德文的世界转换到日文的世界，是东西文化的，两个世界的转换。河上肇所坚持的通过德文来翻译《资本论》，也就是想延续德文的世界中其知识体系的情趣和思考，从而确定日译本《资本论》的轮廓和神髓。

河上肇在论文的最后写道："预祝马克思学说能在我国兴隆，不是非得有三种译本不可，能有一种或者两种译本能坚持到最后，能完整地翻译完全文就好。祈愿能在日本尽早地读到《资本论》的全译本。"① 河上肇虽然撰文公开指出了译文中存在的问题，并指出这些问题是值得大家进一步思考探讨的，但总体而言对三个译本抱着肯定的态度。

四、三木清评价高畠素之和河上肇的译文

1931年，改造社出版了河上肇和学生宫川实翻译的《资本论》第一卷（上册）。文艺评论家青野季吉在东京朝日新闻上对高畠素之和河上肇等的译文进行了比较，对高畠素之的译文的评价是，"通俗的，较多的日文"，对河上肇等译文的评价是，"学术的，较多的原文"。又指出河上肇为了追求正确性，译文太过直译而且生硬。与青野季吉唱反调的是京都学派哲学家三木清。三木清支持河上肇译文，对高畠素之的译文进行了全面的批判。对两个译本的比较如下：

> 高畠素之：ヘーベルにとっては、思惟行程——かれは更にこの行程を観念と呼んで独立の主体たらしめたのであるが——は現実世界の創造主であって、現実はただ思惟行程の外部現象たるに過ぎぬ。これに反して、私の立場から見れば、観念世界なるものは畢竟するところ、人類の

---

① 河上肇『河上肇全集』第11巻、東京：岩波書店、1982年、第259頁。

頭脳の内で変更され翻訳された物質世界に外ならぬのである（下划线笔者加）。

　　河上肇、宮川実:ヘーゲルにとっては、彼れが観念の名のもとに一つの独立せる主体にまで転化したところのかの思惟過程は、現実的なるものの創造主であり、現実的なるものはただこの思惟過程の外的現象をなすに過ぎない。私にあっては、これに反し、観念的なるものは、人間の頭脳に移植され翻訳されたる物質的なものに外ならぬ（下划线笔者加）①。

三木清指出，确实如青野季吉所言，高畠素之的译文比较容易理解，相对而言，河上肇和宫川实的译文忠实地再现了原文。前者当然没有误译，后者也并不晦涩难懂。只是风格上不同，都在许可的范围内，没有什么特别的问题。三木清对高畠素之的译文又评价道，"我并不认为前者比后者更容易让读者理解。例如，das Materielle 翻译成'物质世界'，把 das Ideelle 翻译成'观念世界'，而且，加上了'成为'，当然，这是高畠素之惯用的翻译技法。但是，这样一来，就丧失了黑格尔和马克思专用术语的特质，有误导读者的危险。自成一派的思想家、学者用语都极其严谨，翻译时也必须留意"。又对比了"独立の主体たらしめる"和"独立せる主体にまで転化する"的翻译，三木清认为高畠素之的译文比较通俗，把原语 verwandeln 翻译得较为生硬。此外，对 umgesetzt 的翻译，高畠素之译为"変更され"、河上肇和宫川实译为"移植され"，三木清认为，河上肇和宫川实的翻译正确，高畠素之的译文有误。②

其实，河上肇对语言的使用一向严谨且讲究，之所以指出以上这些问题，

---

① 鈴木直『輸入学問の功罪』、東京：ちくま書房、2007 年、第 50—51 頁。
② 三木清『三木清全集』第 20 巻、東京：岩波書店、1986 年、第 258 頁。

并非因为是高畠素之的译文而故意刁难。在河上肇的《自传》中记录了这样一个小插曲。1928 年，河上肇有篇文章刊登在《苹果》(『林檎』) 杂志上，但是河上肇读后心里非常不高兴，原因是，写作"その"的地方都被改成了"其の"，"つもり"被改成了"所存"。河上肇指出，自己对用字用词一向严谨，有时印刷厂为了迁就行数或其他原因，把文章里的"その"改成"其"，"この"改成"此"，自己都很不舒服。所以，平常给杂志写稿，总要他们把校样寄给自己，由自己亲自校对才能放心。① 从这段小插曲中我们可以感受到，其一，"その"和"其"；"この"和"此"含义虽然相同，但是，从文章整体的美学角度来看的话，效果是完全不一样的。其二，"つもり"的含义是，"前もってもっている考え。意図。心ぐみ"，而"所存"的含义是，"心に思うところ。考え"。显然两个词语看似相同，含义其实不同。河上肇对自己的文字绝对负责，来不得半点勉强可见一斑。

不仅如此，在河上肇的著作《经济学大纲》(『経済学大綱』) 的序论中正对自己的讲义中的日语"進程"一词的翻译做了这样的说明："進程"是日文"過程"二字的翻译，就是进行的程序的意思。也有人译成"行程"我却嫌他和"形成"的音相混，所以用"進程"②。河上肇在"汉字"和"平假名"的使用上嗅觉灵敏，而且对于"汉字词"以及"读音"的讲究也不同于常人。

五、小结

综上所述，河上肇把马克思的论著《资本论》的研究和翻译当作了自己一生的使命，在翻译过程中恪守一贯的严谨学风，对不易察觉之处，都能留意并发现问题，虽然受到来自各方的批判，但河上肇自始至终保持着谦虚的态度，

---

① 河上肇：《河上肇自传》(下)，储元熹译，龙仁校，北京：商务印书馆，1964 年，第 350—352 页。
② 河上肇：《经济学大纲》，陈豹隐译，上海：乐群书店，1929 年，第 2—3 页。

端正的学术作风。经过近二三十年的时间，河上肇在思想方面，好容易弄懂了马克思主义的哲学基础，从唯心论走到了唯物论。在这期间不仅翻译了《资本论》第一卷，还撰写了著作《〈资本论〉入门》，在京大课堂上使用的经济原论的讲稿，也成了彻头彻尾的对《资本论》的精读和释义，这些都标志着河上肇从资产阶级经济学家转变成了马克思主义经济学家。一百年前，河上肇作为马克思主义研究家和翻译家，其学术成就已经走在了时代的前头，他对同时代的不同译本的对比，对德语、英语译本的相互比较，翻译术语和概念时的一丝不苟，都体现出了河上肇译文讲究原语和直译的特色。

通过文中河上肇在《资本论》翻译研究和实践经验，以下几点对我国今后翻译马克思文献资料具有重要的现实价值和借鉴作用：（1）需要加强《资本论》原文涵义的重要性的认识。（2）加强《资本论》译本和译本之间的对比。（3）需要对《资本论》各译本之间进行共时的对比研究，重点研究不同之处、话语表达和文体风格。（4）加强《资本论》译文与德语版、法语版和俄语版等其他语版之间的对比研究。（5）术语和概念是马克思恩格斯思想之凝结，需要对《资本论》中术语和概念进行溯源和梳理，以期为马列著作的进一步研究提供一定的借鉴。

Hajime Kawakami and the Translation and Debate of Das Kapital: Centering on the Three Kinds of Das Kapital Translation

Abstract: In 1920, Hajime Kawakami wrote a paper entitled "Three Interpretations of Das Kapital", in which he reviewed and analyzed the translation of the title and the opening sentence of Das Kapital in detail. Kawakami Hajime pointed out that although the translation words are very similar at first glance, but once the examination will find great differences in meaning. In 1928, Hajime Kawakami and his student Miyagawa Minoru jointly translated Capital. In order to accurately reflect the characteristics of Marx's special terms, the translation pursued a literal translation from the German original, focusing on the fidelity of the original.

Key words: Hajime Kawakami; Marxism; Das Kapital; Translation; spread

作者简介：徐青，博士，浙江理工大学外国语学院副教授。主要研究方向为国际文化关系学，日本语言文学等。

【反战与和平】

视角、结构与主线：《恶魔的饱食》叙事策略研究[①]

华南师范大学　吴佩军

【摘　要】 日本作家森村诚一创作的《恶魔的饱食》是侵华日军七三一部队题材报告文学的集大成之作。本文运用叙事学理论和研究方法，从视角、结构、主线三个方面入手，分析了《恶魔的饱食》的叙事策略，认为该作品通过全知视角设定宏大的历史叙事的舞台，利用限制视角展现历史细节，采用视角越界的策略和悬念设置等叙事手法提高了作品的文学性，同时以构建三重叙事结构的形式，明确了叙事主线和思想主题，强化了社会批判性，颠覆了细菌战题材类报告文学叙事传统中以当事人为主要人物、以第三人称进行叙事的单一模式，解构了以加害者为中心、强调国家与群体的战争责任的观念，为日本读者提供了一种从加害者和受害者的双重视角反思战争责任的角度。《恶魔的饱食》对报告文学叙事传统的扬弃反映了作家的多元创作理念，也是文学创作和史学研究相结合的有益尝试。

【关键词】 森村诚一；《恶魔的饱食》；七三一部队；叙事策略

一、《恶魔的饱食》与细菌战题材报告文学的发展

七三一部队全名为"日本关东军驻满洲第七三一防疫给水部队"，对外称石

[①] 本论文为国家社科基金重大项目"近代以来中日文学关系研究与文献整理（1870—2000）"（项目号：17ZDA277）的阶段性成果。

井部队或加茂部队,是侵华日军以研究防治疾病与饮水净化为名,使用中国人、朝鲜人、苏联人、蒙古人进行活体实验,研制生物武器与化学武器的死亡工厂。1945 年 8 月日本战败前夕,七三一部队炸毁了哈尔滨平房区的设施后仓皇逃回日本,而部分人员则被进入东北的苏军抓获。1946 年,部队长石井四郎与美国占领军进行秘密交易,以提供人体试验和细菌战的数据为筹码换取了不起诉的承诺。1949 年 12 月,苏联政府在伯力对七三一部队队员及其实施的细菌战罪行进行了公开审判,第一次向世界公开揭露了日本侵华期间准备和实施细菌战的事实,以及使用活人进行实验的罪行,轰动一时。以此为契机,日本开始出现对七三一部队及细菌战的研究和相关题材的文学创作[1]。

日本七三一部队及细菌战题材的文学创作大致可以分成以下两类。第一类是报告文学类作品,如名为"秋山浩"的作家创作的《特殊部队七三一》(『特殊部隊七三一』1956 年)、吉永玲子的《人体试验的恐怖:关东军女子军属的手记》(『人体実験の恐怖 ある関東軍女子軍属の手記』1966 年)、岛村乔的《三千人的活体实验》(『三千人の生体実験:関東軍謎の細菌秘密兵器研究所』1967 年)、山田清三郎的《细菌战军事审判:记录小说》(『細菌戦軍事裁判:記録小説』1974 年)、桧山良昭的《追踪细菌战部队的医师》(『細菌部隊の医師を追え』1980 年)、森村诚一的《恶魔的饱食》三部曲(『悪魔の飽食』1981—1983 年)和《被审判的七三一部队》(『裁かれた七三一部隊』1990 年)、石田新作的《恶魔的日本军医》(『悪魔の日本軍医』1982 年)、西里扶甬子的《生物战部队 731:被美国免罪的日本军的战争犯罪》(『生物戦部隊 731:アメリカが免罪した日本軍の戦争犯罪』)、青木富贵子的《731——石井四郎及细菌战部队揭秘》(『731:石井四郎と細菌戦部隊の闇を暴く』)、森田靖郎的《告白 731 部队》(『告白 731 部隊』2013 年)等;第二类是小说类作品,如山田清三郎创作的小说《天

---

[1] 牛島秀彦解説『細菌戦部隊ハバロフスク裁判』、東京:海燕書房、1982 年、第 232 頁。

总会亮的》(『明けない夜はない』1955 年)、檀一雄的《鼠疫物语》(「ペスト物語」,『小説公園 』1955 年第 10 期)、松本清张以"帝银事件"为素材创作的推理小说《日本的黑雾》(『日本の黒い霧』1959 年)、加藤秀造的《黑死病》(『黑死病』1961 年)、森川哲郎的《帝银事件》(『帝銀事件』1964 年)、吉村昭的《细菌》(『細菌』1975 年)《跳蚤和炸弹》(『蚤と爆弾』1975 年)、五木宽之的小说《冻河》(『凍河』1976 年)、森村诚一的推理小说《新人性的证明》(『新・人間の証明』1982) 和《战场上的圣歌》(『戦場の聖歌』2015 年)、松谷美代子的儿童文学《阁楼的秘密》(『屋根裏部屋の秘密：直樹とゆう子の物語』1988)、山本弘的《妖魔夜行之魔兽苏醒》(『妖魔夜行魔獣めざめる：シェアード・ワールド・ノベルズ』1996 年)、雾村悠康的《细菌 No.731》(『細菌 No.731』2009 年)、永瀬隼介的《皇帝的毒药》(『帝の毒薬』2012 年)、上田早夕里的《破灭之王》(『破滅の王』2017 年)、柳广司的《乐园的蝴蝶》(『楽園の蝶』2013 年) 和《幻影城市》(『幻影城市』2018 年)、吉田修一的《湖里的女人们》(『湖の女たち』2020 年) 等。

在上述文学作品中,《恶魔的饱食》三部曲[1] 的影响力无疑是最大的,该系列丛书先后由光文社和角川书店等出版社出版,年销售量一度达到三百万册,此后的四十年间再版重印了二十三次,成为战后日本文学史上非常少见的对大众读者具有持久号召力的报告文学作品。日本著名作家井上靖高度评价道:"读完这本书后,我命令自己：把它放在眼前！我想把它作为一个反面的教员,以免人再次堕落为魔鬼的弟子。"[2]《恶魔的饱食》在国际上也产生了广泛的影响,曾被翻译成汉语、英语、俄语、韩语和法语等多国语言,截至 2021 年,中国 (含港台地区) 的九个出版社共出版了十一个译本。

---

[1]　森村诚一在 1981 年创作完成《恶魔的饱食》第一部 (副标题是《"关东军细菌部队"恐怖的全貌》),该作品先是在日本共产党机关报《赤旗》上连载,随后由光文社出版单行本。1982 年又创作了《续・恶魔的饱食》(副标题为"关东军细菌战部队"谜的战后史),1983 年又创作了《恶魔的饱食・第三部》。

[2]　井上靖「新しき年の初めに」、『潮』1982 年増刊、第 41 頁。

《恶魔的饱食》的成功不仅在于揭露了许多鲜为人知的历史真相，也在于突破了报告文学传统叙事手法的限制，将报告文学所要求的真实性和文学性以及社会批判性有机地统一在一起。但目前中国学界大多关注其内容的真实性问题[①]，而鲜有人关注《恶魔的饱食》的叙事策略。因此，本文拟从叙事视角、叙事结构等层面来分析《恶魔的饱食》的叙事策略，把该作品放置在历史叙事与文学叙事传统的对话关系中进行讨论，同时分析作者对报告文学传统叙事技巧及观念扬弃的原因思考其背后的文史价值。

二、多种叙事视角的设定与七三一部队罪行的揭露

在《恶魔的饱食》问世之前，日本文坛虽然已经出现少量七三一部队细菌战题材的报告文学作品，但这些作品大都采用单一视角进行叙事，平铺直叙，缺乏文学性。因此，森村诚一在意识到了日本细菌战题材报告文学叙事单一的缺陷后，有意识地将推理小说的艺术手法应用于报告文学创作之中，在《恶魔的饱食》中运用多种叙事视角对七三一部队的罪行进行揭示与呈现，一方面在全知叙事视角模式下对七三一部队的历史进行整体描述，另一方面运用限制视角增强真实感，同时采用视角越界的叙事策略，将全知视角的便捷性与限制视角的真实性结合起来，增强了文本的内在表现力。

---

① 中国研究界的代表性研究主要有王向远著《中国题材日本文学史》(宁夏人民出版社、2007年)、左谦的《森村诚一的反思》(载《黑龙江史志》2013年第10期)、王云峰的《日本人笔下的731部队罪行》(载《辽宁日报》2017年9月18日第4版)。日本研究界的代表性研究主要有常石敬一「戦争 七三一部隊－－森村誠一『悪魔の飽食 新版』」(『國文學：解釈と教材の研究』2001年11月号, 學燈社編)、松村高夫「森村誠一『悪魔の飽食』の今日的な意味」(『語りの世界』2012年53号)、尹芷汐「日中友好の時代と戦争記憶——鄧友梅『さよなら瀬戸内海』と森村誠一『七三一部隊』シリーズ」(坪井秀人編『東アジアの中の戦後日本』, 臨川書店, 2018年)。

（一）全知视角下对历史叙事舞台的营造

《恶魔的饱食》在整体上采取了视野开阔的全知视角，营造出宏大的历史叙事舞台。从时间跨度上看，从1932年至20世纪80年代，该作品跨越了近50年；空间上看，涉及日本、中国、美国、苏联等国家；专业方面，涉及医学、植物学、动物学、微生物学、毒物学、化学等各种领域。书中不仅全方位地呈现七三一部队从建立到解散以及对战后日本社会的影响，还对"马路大"的悲惨命运、各种残酷的活体实验的真相、部队内部的各种丑闻、苏联对细菌战犯的审判、美军与七三一部队高层的交易内幕等细节，甚至美军在朝鲜战场进行的细菌战及帝银事件与七三一部队的关系、战后医学界与七三一部队的关系也都进行了详细介绍。通过全知视角的叙事模式，《恶魔的饱食》将读者的阅读空间变得更加宽广，将七三一部队及其细菌战的历史问题上升到战争责任问题、医学伦理问题、政治问题层面，提升了读者思考问题的深度。

《恶魔的饱食》中，在全知视角的叙事模式之下，叙述者的权力高于一切，不仅统摄整个作品的发展，而且能频频介入文本之中，进行评论，形成叙-议一体的特异结构。如石井四郎面对GHQ（驻日盟军总司令部）的审讯，供述出七三一部队开发的医药品、诊断治疗方法、疫苗和血清等，并称这些成功浓缩了当时日本医学界最高技术的精华。针对这种谬论，全知视角下的叙述者进行了猛烈的批判，指出"这些所谓成果是对三千多马路大进行惨绝人寰的活体实验后获取的精华，是血池中开放的恶之花，石井四郎的供述反映出其对人的生命的轻视"[1]。读者很有可能被石井四郎的谎言所迷惑，对七三一部队产生模糊的认识，而正是在叙述者的批判下，七三一部队的谎言及其罪恶的本质才被揭示出来。全知视角模式下随处可见的叙述者身影可以说是作者的一种代言，其主导的议论和批判反映了作者的创作思想，也为读者阅读建立了参照系。

---

[1] 森村誠一「悪魔の飽食：『関東軍細菌戦部隊』謎の戦後史：衝撃のノンフィクション」、東京：光文社、1982年、第171頁。

除了建构出宏大的历史叙事的背景外,《恶魔的饱食》还通过全知视角设定了许多悬念,然后逐步解开谜底,达到引领叙事的目的。悬念的设定具体可以分为直接提问、间接设疑、列出俳句三种方式。第一种形式在作品中比比皆是。如作品开篇就以全知视角介绍了七三一部队一直被恶臭所包围,然后提出了恶臭来源于何处的疑问,接着道出恶臭源于两个地方,一是将培养细菌的琼胶回收消毒后产生的味道,二是焚尸炉发出的恶臭,前者培养的细菌用于细菌战和人体试验,后者焚烧的是解剖后的"马路大"尸体,都是罪恶之源。第二种形式也很常见。如第二部中出现了"大尉"和其部下两个人计算监牢面积和"茶"的使用量的情节,当读者感到大惑不解的时候,作者才点明二人是五一六毒气部队人员,"茶"是氰化氢的代号,计算牢房面积和氰化氢的使用量是为了确定毒气投放量,然后描述了"马路大"被毒杀致死的惨状[①]。第三种形式可以说是森村诚一独具匠心的设计。作者先是在第一部的第三章开篇列出了七三一队员创作的意境深远的十七首俳句,制造了十七个悬念,这些俳句中出现了"冻伤""生体""刀光剑影""恶魔""跳蚤"等一系列词语,令读者既感到恐怖又费解。然后,对每个俳句进行点到为止的"题解",如第一首"酷寒冻肉伤,友祥画笔描彩绘,双手惊颤颤"和第二首"凝视马路大,双手僵冻硬如冰,肉裂白骨露",引出冻伤实验;第七首"魔怕留罪状,慌把尸体火中抛,油脂臭味冒",暗示七三一部队逃跑前对"马路大"的屠杀;第五首"越狱求生存,刀光枪影紧逼人,解放献终身",暗示着"马路大"的暴动;最后一首"多磨静悄悄,黑碑无言风中立,五轮塔下寒"意味深长,暗示七三一部队在战后阴魂不散,仍然影响着日本社会。接着在第三章到第十一章,对十七首俳句所代表的人和事进行详细的叙述,破解悬念。

可以说,森村诚一在设置悬念的时候,运用了推理小说的叙事模式,通过

[①] 森村誠一「悪魔の飽食:『関東軍細菌戦部隊』謎の戦後史:衝撃のノンフィクション」、光文社、1982年、第 48 頁。

一个个悬念（谜题）剥丝抽茧，深刻揭露七三一部队的罪恶行径，这种叙事方法的运用与其创作推理小说时积累的经验有关。他作为社会派推理小说作家，不仅能够娴熟地使用"谜题—推理—解谜"这种推理小说常用的叙事模式，而且还非常注重批判谜团背后复杂的战争责任问题。

（二）限制视角下对历史细节的揭示

《恶魔的饱食》所使用的素材包括四部分，即美苏两国对七三一部队成员的审讯报告材料、七三一部队战友会战后出版的内部杂志、细菌战题材的报告文学、证人证言。其中，证人证言数量最多，内容也最为丰富。基于此，森村诚一在全知视角之外大量采用了限制视角的叙述模式，通过加害者、受害者的视角来叙述具体事例和细节。

"马路大"是七三一部队的核心机密，也是最为神秘的部分，相关档案大多被销毁，但作者却获得了原队员的大量证言。因此，作者在作品中借用加害者的回忆，对"马路大"的情况进行叙述。比如，作品一开始并没有直接去写活体解剖"马路大"的残酷，而是从加害者的限制视角去介绍活体解剖的流程。解剖"马路大"的执刀和进行实验的权力，属于拥有这个"马路大"的那个班。执刀解剖和实验完毕以后，人体的内脏，根据各研究班的要求分配。可见，"马路大"在七三一部队成员眼里已经不是人，而是作为一种无生命的实验材料，寥寥数语就暗示了活体解剖的残酷和"马路大"的悲惨命运。接下来，作者又透过加害者的视角叙述了活体解剖一个被诱骗来的少年的事例。

> （一位资深的雇员）沿着少年的胸腔用手术刀开出了一个Y字形。再用止血钳进行止血，鲜血不停地流出，露出了白色的脂肪，活体解剖便开始了……
>
> 沾满少年体液的手术刀闪闪发光。由于雇员熟练地"执刀"，少年的

上半身在流血中几乎变得空无一物了。取出的内脏，泡在福尔马林液中，还在不断地抽动，进行着收缩运动……

取掉胃，切除肺部之后，中国少年只剩下头部，一个小小的光头。凑班的一个人把它固定在解剖台上，在耳部到鼻子之间，横切了一刀。在剥开头皮之后，开始锯头，头盖骨被锉成三角形之后取了下来，露出了脑子。部队人员用手插入柔软的保护膜，像取豆腐般地把少年的脑子取了出来，又迅速地放入装有福尔马林液的容器中，解剖台上的少年只剩下四肢和一副空躯壳了。到此，解剖结束。

"拿走!"

待在一旁的人员把装有少年内脏的容器一个个地拿走，而对这个被迫死去的少年没有一点怜悯之心。在他们看来，这不算是死刑。少年只不过是摆在恶魔餐桌上的一块肉而已。①

在加害者的证言中不仅出现了"熟练""迅速"等形象化的语言和"取豆腐"等比喻的修辞方法，还对少年从一个鲜活的生命变成一副躯壳的过程进行了详细的描写，残酷的解剖现场跃然纸上。作品中虽然还出现了多个加害者叙述的活体解剖的事例，但都没有这一事例具体和有震撼力，从中也可以看出作者选取典型事例、有主有次的创作原则。

在强调残忍的同时，作者还对"马路大"面对死亡时的挣扎进行了描写。如通过曾参与毒气实验的原七三一部队队员之口，回忆了一对苏联母女被毒杀的过程。

当毒气源源不断地排出后，母亲使劲把孩子按在地上，然后用自己瘦

---

① 森村誠一「悪魔の飽食：『関東軍細菌戦部隊』恐怖の全貌！：長編ドキュメント」、東京：光文社、1981 年、第 67—68 頁。

小的身体紧紧地护着孩子，但这根本阻止不了毒气的侵害，没过多久小女孩便死去了，而那位母亲最终也没能撑过去。直到生命最后一刻，母亲都紧紧地抱着孩子，双手牢牢地护着孩子的头部。①

"紧紧地""牢牢地"是七三一部队队员实实在在的视觉，读者通过这名队员的回忆也真切地看到了、感受到了母亲试图保护自己孩子的努力和绝望。此处借用这名队员的视角将画面聚焦于加害者参与毒气实验时的所见所感，既能让读者直观地感受苏联母女临死前的绝望无助，也能感受到这名队员内心深处的痛苦，拉近了读者与作品中人物的情感距离。

作品中限制视角下的叙事是饱满的，除了加害者的回忆，还插入了中国受害者的叙事视角，丰富和完善了作品的视角区域，这种限制叙事策略下形成的复合人物限制视角更能让读者真切地感受到七三一部队的残暴和受害者的痛苦。在第三部中，作者采访了四位住在平房区的中国受害者的代表，白武斌（劳务班钣金工）、金国忠（动力班）是七三一部队中国劳工的代表，陈芳盛是失地农民的代表，靖福和则是七三一部队撤退时制造的鼠疫大流行的受害者代表。其中，白武斌不仅回忆了日本人迫害误入七三一部队的中国农民、抓捕反抗的劳工、使用箱床刑惩罚缺勤的劳工等普遍现象，而且介绍了日本看守真田殴打老人，秋叶砍杀劳工潘德亮等具体事例，金国忠则回忆了自己因为工作证纸面磨损而被真田殴打的亲身经历。② 在限制视角之下，每个叙述者由于自身的经历和认识的不同，叙述的内容也是千差万别的，叙述的视角也是受到限制的。森村诚一为了解决这一问题，有意识地让上述四人的回忆产生叠加和互补，形成了揭露七三一部队残暴本性的有力的证据链，特别是白武斌和金国忠的回忆中都

---

① 森村誠一「悪魔の飽食：『関東軍細菌戦部隊』謎の戦後史：衝撃のノンフィクション」、東京：光文社、1982 年、第 61 頁。

② 森村誠一『悪魔の飽食』（第 3 部）、東京：角川書店、1983 年、第 103 頁。

提及日本人"真田",使得加害者个体的形象愈发清晰。

森村诚一还巧妙地将加害者和受害者的证言进行对照分析,以求还原历史,揭示真相。如中国劳工提及七三一部队存在称为"龙宫"的地下室,里面安装有大型设备,而七三一部队队员的证言也提到地下室的存在,并猜测其为"停放汽车的车库"或"收藏细菌武器的冷冻仓库"。作者查阅伯力审判材料时发现七三一部队第四部部长川岛清供述:"为了大量繁殖跳蚤,第二部有四个保持三十度恒温的特别室",认为恒温特别室很有可能是四方形的地下室,而中国证人口中的所谓"龙宫"很符合这一特征。[①]另外,他还将两种证言的差异放大,并进而提出加害者和受害者在战争历史记忆上存在差异的问题。如中国劳工证言中出现了七三一部队凶狠的劳务班嘱托[②]工藤、翻译春日、植物研究班长八木泽、残暴的门卫等人物,"粪刑""灌辣椒水""鞭刑"等一系列刑罚,以及警卫为了防止中国人逃走而饲养的大狼狗,而七三一部队队员的证言虽然证实了这些人员真实存在,但对他们残害中国劳工的情况却不甚了解。作者对此评述道:"七三一部队是秘密机关,各部门人员之间的信息交流是被严格禁止的,每个人很难了解自己所在部门之外的情况。但更为重要的是,身份地位和所处环境的不同也使得每个人的记忆出现不同。"[③]

(三)视角越界策略下对战争责任问题的探讨

如前所述,《恶魔的饱食》主要运用全知视角和限制视角两种叙事视角模式,为作品定下了基本的视角框架。除此之外,也出现了不少视角越界现象。该报告文学主要出现了两种较为常见的视角越界现象,一种是全知视角侵入第三人称人物限制视角,另一种是第三人称人物限制视角侵入全知视角。

[①] 森村誠一『悪魔の飽食』(第3部)、東京:角川書店、1983年、第104—105頁。
[②] 特聘人员。
[③] 森村誠一『悪魔の飽食』(第3部)、第107頁。

《恶魔的饱食》第一部第八章"第一期少年队员的苦斗"就出现了全知视角侵入第三人称人物限制视角的情况。作者在该章开头部分即通过全知视角强调了七三一部队的罪恶本质,然后迅速切换成少年队员的第三人称限制视角进行叙述。初入七三一部队的少年队员对该部队设备之先进感到惊讶。

"实习室的镜检台上,150余台奥林巴斯显微镜一字排开,其中就包括难得一见的双筒显微镜,而当时日本国内任何一所大学都不可能达到显微镜人手一台,农村的学校则根本见不到显微镜……精密的大型化学天平、白金蒸发皿","每个研究室都安装着白色的西式浴缸和水洗式厕所"①。

此时的叙述者却对少年队员的惊讶未做解释而是保持沉默,同读者一样跟随着少年队员的视线观察着"充满奇幻色彩"的七三一部队。可以说,如此产生的空白便足以引起读者的好奇心和读下去的欲望。随着少年队员叙述的推进,七三一部队的罪恶本质一点点显现出来。

在吉村班工作的少年兵,还看到把戴手铐脚镣、仅穿一条短裤的裸体"马路大"扔进超低温冷冻室内的情景。"马鲁大"全身的皮肤上都是青黑色的冻伤,由于肌肉组织坏死而窒息死去。

在真空实验室里,少年兵遭遇了令人毛骨悚然的场面,他们把"马路大"关进一间可以利用抽气泵抽掉室内空气的真空室里,然后,慢慢地把室内的空气抽掉。随着外部气压逐步加大,内脏从"马路大"的眼眶、口腔、肛门等所有人体的"洞穴"里被挤了出来。在真空实验室里,"马路大"的眼球突出起来,脸膨胀成排球那么大。全身的血管像蚯蚓似的隆起,身体的各个

---

① 森村誠一「悪魔の飽食:『関東軍細菌戦部隊』恐怖の全貌!: 長編ドキュメント」、東京: 光文社、1981年、第173—174頁。

部位像橡胶似的伸长,最后肠子本身像一个生物似的蜿蜒地向外爬了出来。①

可以说,第三人称人物限制视角下的叙述不仅与全知视角的叙述相呼应,也让读者产生了一种临场感,通过少年队员之眼,看到了"马路大"因为冻伤而变黑的皮肤和四肢,在真空实验仓中突出的眼珠和迸出的内脏。

第三人称人物限制视角侵入全知视角的叙事策略在作品中也常常能够见到。如《恶魔的饱食》第一部第二章中,作者从加害者的限制视角叙述其看到的解剖中国少年的情景,营造出一种真实而紧张的情境,但是也会导致读者仅仅停留在恐怖体验的感性认识上,而无法深入思考战争责任问题。为了弥补这一缺陷,作者插入了一段追问:

少年突然失踪,父母一定会非常悲伤。少年还有兄弟姐妹吧?他们也曾一起一边劳动,一边哼着歌曲。少年如果活着的话,将来一定会经历很多事,遇到很多人,其未来有无限的可能。②

很明显,这里短暂地发生了从第三人称人物限制视角向全知视角的越界,作者用多个推测句的形式表达了对少年的哀怜,也将读者从叙述者营造的恐怖气氛中引入对少年的同情之中,让其思考七三一部队的战争罪行。

三、三重叙事主线的组合与社会批判性的增强

"社会批判性"在森村诚一的作品表现得非常明显,他继承和发展了松本

---

① 森村誠一「悪魔の飽食:『関東軍細菌戦部隊』恐怖の全貌!:長編ドキュメント」、東京:光文社、1981年、第177頁。

② 森村誠一「悪魔の飽食:『関東軍細菌戦部隊』恐怖の全貌!:長編ドキュメント」、東京:光文社、1981年、第68頁。

清张的创作思想,在日本文坛上高举起人性的大旗,创作了大量以揭示人性、反映人性为题材的社会派推理小说,不论是《人性的证明》《野性的证明》《青春的证明》,还是《死器》,都"带着强烈的社会批判色彩",报告文学《恶魔的饱食》三部曲更是将战争责任问题与战后日本社会问题联系起来进行思考,对七三一部队表面上的"科学""温情""崇高"与荒谬、残酷、虚伪的真实本质进行对比,以此为主线,多方位、多层次地揭示其罪恶的历史,以及对战后日本社会的影响。

(一)对"科学"表象掩盖的"荒谬"的批判

七三一部队从建立之初就被日本帝国主义美化成为战争服务的高精尖的科研机构,作者在文本中也用了大量篇幅介绍其所谓的科学性,但同时也从各种方面突出其荒谬,揭示其罪恶的本质。作者在第一部开篇就介绍了七三一部队的规模,平房本部占地面积达到六平方公里,人员多达两千六百余人,研究班达到十七个,军部每年投入的经费高达一千万日元(占关东军全部经费的三分之一)。然后,又详细介绍了七三一部队中医学博士达二百余人,且都是来自东京大学、京都大学等一流名牌大学的毕业生或科研人员,并特意提及大部分人都是从事细菌研究或病理研究的人员,暗示其利用专业知识从事反人类罪恶活动的本质。

接着又用大量笔墨叙述其设施的先进和清洁程度之高。

> 在大致分为五个区的建筑物中,除教育部和卫兵所以外,其他如大礼堂、宿舍、"口"字楼(总部所在地)等建筑物都修建有抽水式厕所。仅仅这一点在当时就是令人吃惊的……从宿舍到总部大楼,所有房间都安装暖气,有热水供应系统。无论在哪一间房里,打开水龙头就会流出热水,像高级旅馆一样。在部队院内的一角设有利用三台田熊式锅炉的两台发电机,

热水和暖气都由这里的锅炉来供应。在距田熊式锅炉不远的地方，设有瓦斯罐，供应部队专用的煤气，也利用它制造出高温蒸气来做饭。各研究室内部都设有洋式个人专用洗澡间，宿舍区也有公共浴池，约三分之一的宿舍里设有浴缸。队员们把731部队夸耀为"满洲首屈一指清洁的军队"。恶魔般的细菌部队却拥有最清洁而且现代化的设备，真成了二律背反。但是，这里是有它的道理的。如上所述，整个院内建立完备的抽水式厕所和下水道，是为了预防细菌感染。"中央集中供热系统"是二十四小时大量制造细菌所必不可缺的设备。进行实验和研究，需要充分的电力供应，热水供应也是必不可缺的。

随后笔锋一转，揭穿了这些设施背后不可告人的目的，安装清洁设施是为了防止细菌的外泄，电力和供暖设备则是为了大量生产细菌和繁殖跳蚤、老鼠。

此外，在作品的很多地方都提及七三一部队配属的汽车、飞机、照相器材的先进，而这些器材的真实用途却是撒布细菌、拍摄人体试验的过程。[①]

但是，如此高精尖的七三一部队，其所进行的许多实验既灭绝人性，同时又毫无意义。作者列举了人马血液互换实验、人体水分蒸发实验、真空实验、安达试验场的细菌弹投放实验、冻伤实验、饥饿实验等，指出这些实验是没有任何意义的，实际上只是一种杀人的游戏，或是满足研究人员好奇心的行为。此外，作者还记述了多次出现的细菌感染事故以及污水泄漏事故，造成了数十名队员感染死亡和细菌扩散。读者通过这样的叙述可以认识到，七三一部队设施的先进并不能阻挡细菌的扩散，其结果必然是害人害己。

不仅如此，森村诚一在《恶魔的饱食》第三部中提及新潟精神病院在1952至1976年长达24年的时间中以治疗脑梅毒的名义进行恙虫病人体实验、1952

---

① 森村誠一「悪魔の飽食：『関東軍細菌戦部隊』恐怖の全貌！：長編ドキュメント」、東京：光文社、1981年、第28—30頁。

年名古屋市立医科大学儿科和细菌实验室对市立婴儿医院的婴儿进行的人体试验，并指出这些实验都与七三一部队队员有着千丝万缕的联系，仍然是假借科学之名实施的犯罪行为，从本质上讲是七三一部队细菌战遗毒在战后的延续①。

（二）对"舒适"表象掩盖的"残酷"的批判

作者在《恶魔的饱食》第一部中用大量篇幅描写了七三一部队生活设施的完善，队员宿舍宽敞舒适，电影放映厅、剧场、运动场、网球场等娱乐设施一应俱全，餐厅、商店的食品、日用品种类丰富，棒球比赛、戏剧表演、运动会、相扑比赛等娱乐活动经常举行。其中，对七三一部队餐厅菜谱的介绍尤为详细。

> 高等官。早餐：鸡蛋豆腐汤或猪肉丁大酱汤，烤鱼干，腌山芥菜、梅干等咸菜，水果，白米饭或面包，咖啡。午餐：汤或橘汁，牛排，炸大虾，猪肉煮牛蒡，咸菜，水果，白米饭或面包，冷饮，咖啡。晚餐：啤酒或其他酒，金枪鱼生鱼片，猪肉豌豆豆腐羹，萝卜炖咸大马哈鱼，咸菜，水果，白米饭，甜食，咖啡。
>
> 委任官以下。早餐：肉丁炒青菜酱汤，醋溜豆芽，腌山芥菜、梅干等咸菜，白米饭。午餐：猪肉炒花生米，红烧猪肉，咸菜，水果，白米饭，有时有冷饮。晚餐：生乌贼片，洋葱炒鸡蛋，糖醋肉片，白米饭，甜食，绿茶。②

这与日军其他部队以及日本国内民众的粗劣饮食形成了鲜明的对比，也使读者产生了深深的疑问。作者很快给出了答案，七三一部队之所以能够成为日

---

① 森村誠一『悪魔の飽食』（第3部）、東京：角川書店、1983年、第212頁。
② 森村誠一「悪魔の飽食：『関東軍細菌戦部隊』恐怖の全貌！：長編ドキュメント」、東京：光文社、1981年、第152—154頁。

军第一美食部队,是因为其分配到了大量的肉类、鸡蛋、淀粉、果糖、米面,这些物资仅有一小部分配给给部队人员,绝大部分则是用于维持"马路大"的健康和制作掺入病菌的食品以及培养细菌。为了获得健康的"马路大"进行人体试验,七三一部队向他们提供富含各种营养的食物,每天9点关闭牢房的电灯,让他们获得充分的营养和休息。"马路大"实际上已经成为七三一部队饲养的牲畜,为了获得健康的牲畜用于宰杀,而向其提供丰富的饲料。[①]他们自进入七三一部队监狱之后就失去了自己的姓名,只是作为一种实验材料,最终的结局是被杀死。而七三一部队队员则把他们视为无生命的材料,每天都会选取其中的几人进行细菌实验,对感染细菌的"马路大"进行解剖,将其各种器官取出后分给各个班进行检验。通过这种描写,七三一部队的残酷跃然纸上。

作者不仅进行概述性描写,还列举出很多具体事例。如为了医治因操作失误感染鼠疫的日军军医,而将鼠疫菌注入"马路大"体内,用于生产血清;为了取得一副健康少年的人体各器官标本,抓来小孩进行活体解剖;为了测算毒气的功效,而使用苏联人母女进行实验。

这种残酷不仅体现在对"马路大"身上,也体现在对七三一部队队员上。他们在加入部队时都要签署承诺书,同意解剖自己的尸体,最终,因为感染细菌死亡的三十名队员被解剖。作者为了说明这种残酷,特意举了一个例子。一名队员因为进行炭疽实验时操作失误而被感染,其手臂被切除成为了标本室的标本。

(三)对"崇高"表象掩盖的"虚伪"的批判

七三一部队在日本帝国主义的叙事体系中被塑造为战胜强大欧美列强的法宝,对苏进攻的秘密武器,被赋予了"崇高"的使命。该部队在从日本各大学招募人员时,也是打着"为国奉公"的幌子,队员也被灌输了为国而战的思想。

---

① 森村誠一「悪魔の飽食:『関東軍細菌戦部隊』恐怖の全貌!:長編ドキュメント」、東京:光文社、1981年、第17頁。

但是实际上，七三一部队充满了黑暗和肮脏，部队长石井四郎挪用公款嫖娼狎妓，他每天白天睡觉，晚上远赴"新京"、奉天的妓院冶游。[1] 其属下的队员也上行下效，私生活混乱。部队军医与女文职人员通奸致其怀孕，为防丑闻暴露而使用氰化物将其毒杀。[2] 甚至有进行性病和妇科病研究的人员强奸女"马路大"，致其怀孕而受到处分的事例出现。

森村诚一揭掉了七三一部队"崇高"的面具，对腐败和虚伪本质进行了一针见血的揭露。

> 口头上高唱爱国主义的忧国之士，背地里却好色游荡、违法腐化者为数不少。七三一部队正是这种违法行为最好的培养基。本来军队上层集团中的腐化行为并非仅七三一部队存在。对陆军士官学校和陆军大学出身的将官来说，别国是应该侵略的对象，军队是自己谋求发迹的手段，在爱国和保卫祖国的正面招牌的背后，他们把军队一直当做一个工具来利用。[3]

不仅如此，七三一部队中还存在着派系之争。1942年石井四郎因为贪污公款的事情败露而受到处分，改任华北日军第一军军医部长。新调入的中留金藏总务部长对石井四郎的贪污问题进行了深入调查，使其怀恨在心。所以当1945年3月石井返回七三一部队之后，马上将中留金藏调到南洋战场，其不到一个月就战死了。[4]

这种虚伪的本质在日本战败前后表现得更为明显。1945年8月9日苏联进攻伪满洲国之后，石井部队长要求部队成员集体自杀，但因为部下的反对而被

---

[1] 森村誠一「悪魔の飽食：『関東軍細菌戦部隊』恐怖の全貌！：長編ドキュメント」、東京：光文社、1981年、第194頁。

[2] 同[1]，第157頁。

[3] 同[1]，第203頁。

[4] 同[1]，第4頁。

迫撤回命令，此后又要求部队成员严守机密，不得出任公职，不得向美苏当局透露任何有关七三一部队的秘密，并给每个人配发了氰化钾毒药，要求大家如果被苏军抓获要服毒自杀。一些部队人员和雇员在逃往朝鲜的列车上服下氰化钾自杀，很多回到日本的下层队员遵照其命令，一辈子都没有公开自己的身份，只能从事劳动强度大而收入微薄的低级工作。但是，发布"崇高"命令的石井四郎及其手下的中高级军医和军官却显得非常虚伪。他们为了逃避审判，与驻日美军交易，通过上交人体实验的各种数据，换取了GHQ的不起诉承诺，并且利用七三一部队的技术和设备成立了"绿十字公司"，一大批医学精英也回到大学担任校长、医学部主任等职务[1]，并进而控制日本医学界。

可以说，森村诚一通过这种叙事主线和叙事结构的设计，避免了空洞苍白的说教，赋予作品深刻的思想内涵。

四、《恶魔的饱食》的文史意义

综上所述，森村诚一在创作《恶魔的饱食》三部曲时，充分运用了在推理小说创作过程中积累的经验和技巧，同时又将档案挖掘与口述资料搜集相结合，最大限度地展现了报告文学的真实性、文学性和社会批判性，其文史价值可以归纳为以下三点：第一，推动了口述史研究方法在报告文学创作中的运用。森村诚一采访了大量当事人，获取了数量庞大的证言、相关资料以及照片，还原了七三一部队从建立到解体的全过程，披露了大量鲜为人知的细节，深刻揭露了其战争罪行，为后来的学术研究、文学创作提供了线索。第二，推动了史料分析法在报告文学创作中的运用。森村诚一搜集到了大量与七三一部队有关的日语和英语档案文献资料，他并不是全盘照搬这些资料，而是与口述史料和业

---

[1] 森村誠一「悪魔の飽食：『関東軍細菌戦部隊』謎の戦後史：衝撃のノンフィクション」、東京：光文社、1982 年、第 161 頁。

已出版的史料进行比照分析、史料互证，以求最大限度地还原历史、揭露真相。第三，采用多重的叙事模式，提高了作品文学性、社会批判性，并且从中日两国受害者和加害者的视角，对战争责任问题进行了透彻、深刻的分析。

《恶魔的饱食》三部曲虽然已经问世四十年了，但依然在文坛和学术界占据着举足轻重的地位。在文学界，很多七三一部队题材的作品都或多或少地受到《恶魔的饱食》的影响。如日本儿童文学家松谷美代子于1988年发表的《阁楼的秘密》就是一例。主人公绘里子的外公曾在七三一部队中担任军医，解剖了中国少女刘梨花，并将其制作的绣花鞋作为纪念带回日本。外公死后，绘里子和朋友裕子看见了中国少女刘梨花的鬼魂，在其指引下找到外公保存的七三一部队人体实验的记录，并公之于众。[①] 作者在塑造刘梨花这一人物形象时，无疑参考了《恶魔的饱食》第一部提及的编号为909号的"马路大"，死前曾送给日本看守一双布鞋。《阁楼的秘密》中，松谷美代子考虑到儿童读者的阅读感受，塑造了中国少女的形象，并将909号"马路大"的故事移植到其身上。《恶魔的饱食》中，日本看守坦言："每年临近中秋月明时，我总是被909号的恶梦魔住。在梦中，我乞求他宽恕我，浑身的冷汗都湿透了被窝。"[②] 与此相似，小说中，外公临终前看见病床的周围站满了那些死去的"马路大"和七三一部队军医们，他们折磨着外公的良心。可以说，通过将这些奇幻性的情节移植到小说中，松谷美代子使枯燥的历史变得鲜活，也让读者不得不思考战争责任问题。

此外，根据《恶魔的饱食》中的素材创作的电影、电视剧、纪录片也大量上映。中国拍摄的七三一部队题材电视剧《荒原城堡七三一》（1992）、电影《黑太阳七三一》和《七三一大溃逃》（香港版名为《死亡列车》），韩国拍摄的电视剧《黎明的眼睛》都是根据《恶魔的饱食》创作的。《恶魔的饱食》出版后，日

---

① 松谷みよ子作；司修絵『屋根裏部屋の秘密』、東京：偕成社、2005年、第68頁。
② 森村誠一「新版 悪魔の飽食：『日本細菌戦部隊の恐怖の実像！』、東京：角川書店、1984年、第118—121頁。

本的各大电视台也纷纷采访七三一部队队员和中国受害者遗属，制作相关纪录片。如 1991 年 TBS 电视台采访了七三一部队林口支队长榊原秀夫，制作了相关电视片。1996 年 NHK 电视台前往哈尔滨七三一部队遗址和东北各地拍摄，甚至根据中方提供的线索前往虎林采访"马路大"的遗属。2017 年和 2020 年，日本 NHK 电视台又先后拍摄了纪录片《731 部队的真相：精英"医者"与人体试验》《七三一部队前编：人体实验是这样展开的》《七三一部队后编：原队员们的真实面目》和涉及七三一部队题材的电视剧《间谍之妻》。

除了对文学影视界的影响外，《恶魔的饱食》也指引了学术界的史料发掘方向。如《恶魔的饱食》中提及的"关东军防疫给水部留守人员名簿"、保存在美国国家档案馆、美国国防部档案馆、德特里克堡美国陆军传染病医学研究所的"汤普森报告""桑德森报告"以及 GHQ 与美国高层的往来电文、美军对石井四郎等人的审讯报告，都在此后被学术界陆续整理出来。常石敬一、村松高夫、森孝正、吉见义明等细菌战研究专家在日本的旧书店、国立国会图书馆关西分馆等地发现了原七三一部队队员撰写的博士论文和研究报告，证实了《恶魔的饱食》内容的真实性。

借助七三一部队细菌战叙事引起日本读者对战争责任问题的关注，通过将细菌战体验内化于日本读者自身的阅读体验之中，提醒他们意识到自身作为战争加害方的主体责任，这是森村诚一为战后日本所敲响的警世钟，也是今天我们重读《恶魔的饱食》，重新评价这部作品的文史意义的最根本原因。

Perspective, structure and main line:
Research on the narrative strategy of "*Devil's Kitchen*"

Abstract The *Devil's Kitchen*, written by Japanese writer Seiichi Morimura, is a collection of reportage on the theme of the Unit 731 of the Japanese army, which has great literary and historical research value. Using narrative theory and research methods, this paper analyzes the narrative strategy of *"Devil's Kitchen"* from three aspects: perspective, structure and main line. It is believed that the work sets the grand stage of historical. narrative through an omniscient perspective, uses a limited perspective to show historical details, and adopts the strategy and suspense setting from a perspective. The method improves the literary nature of the work. At the same time, in the form of building a triple narrative structure, it clarifies the main narrative line and ideological theme, strengthens social criticism, subverts the single mode of narrative with the party as the main character and the third person in the narrative tradition of biological warfare, and deconstructs the perpetrator. The concept of focusing on and emphasizing the responsibility of the country and the group for war provides Japanese readers with a perspective of understanding the responsibility for war from the dual perspective of perpetrators and victims. The abandonment of the narrative tradition of reportage reflects the writer's diversified creative concept, and it is also a useful attempt to combine literary creation and historical research.

Keywords: Seiichi Morimura; *"Devil's Kitchen"*; Unit 731; Narrative Strategy

作者简介：吴佩军，史学博士，华南师范大学外文学院副教授，华南师范大学华南抗战历史研究中心研究员，研究方向为日本战争文学和抗战文学史。

战时太宰治文学的"爱国"书写
——以"船难者故事"为线索[①]

重庆交通大学　向志鹏　冉秀

【摘　要】长期以来，中日学界多倾向于将太宰治视为在战时极少数拒绝沦为政治附庸、坚持"艺术之抵抗"姿态的作家。但在部分文本中，也显示出太宰治积极的"爱国"书写痕迹。本文以《雪夜故事》《一个约定》以及《惜别》中反复出现的"船难者故事"为线索，挖掘太宰治设置在该虚构故事中的"科学–艺术"二元对立框架，并通过对照其他多篇文本，考察战时太宰治所坚持的日本式"国粹文学"相对于西洋式"科学精神"的超克意识，从中揭示出太宰文学中与时代主流意识形态同调的部分。

【关键词】太宰治；战争时期；船难者故事；"爱国"书写

一、引言

　　太平洋战争时期是日本文学受时代话语束缚最为严重的时期。在极端国家主义的统制压迫下，作家群体已经丧失表达思想的自由，其大部分或是沦为政治附庸而为战争摇旗呐喊，或是将自己封闭在象牙塔中，或是直接封笔保持沉默。毋须说明，文学受控于政治的时代特征直接导致该时期日本文学的荒芜。然而，与多数放弃立场的作家相反，太宰治却于此时迎来其写作生涯的旺盛期，

[①] 本文系重庆市研究生科研创新项目市级立项"战时太宰治翻案小说中的中国形象研究（1937—1945）"（项目编号：CYS22430）阶段性研究成果。

陆续发表《正义与微笑》(『正義と微笑』1942年)、《右大臣实朝》(『右大臣実朝』1943年)、《津轻》(『津軽』1944年)、《御伽草纸》(『お伽草紙』1945年)等佳作,成为极少数在维持个性的前提下还能够持续进行创作的作家。也因此,战时的太宰文学在长时间内一直受到中日学界的高度评价。奥野健男认为"能在困难的战争时期持续创作出诸多内容如此深刻的作品的文学家"除了太宰治以外"别无他人",并肯定其文学"绝非迎合国家权力和军国主义的御用文学,而是以艺术的姿态悄然进行抵抗的文学"。[①] 平野谦也肯定"战时的太宰治贴近生活者的真实,为重新建立自己的文学和生活而努力。在战时恶劣的条件下,太宰治既不搭乘时代的便车,也拒绝保持沉默,始终以自己的步调",创作出众多优秀的作品。[②] 众多学者对战时太宰文学的好感从上述代表性观点中可见一斑,并且这般论调时至今日仍具有相当的说服力。

但另一方面,随着近年来中日学界对太宰治中期文学(1938—1945)的关注,太宰治的战争态度开始被越来越多的学者视为问题。不少研究成果指出,太宰治及其文学并非彻底的"反俗",而是与战争存在千丝万缕的联系。曾经塑造出的太宰治"抵抗文学的'神话'正遭到逐渐的瓦解"[③]。在日本学界,太宰治研究会刊《太宰治Studies》(『太宰治スタディーズ』)于2016年6月号刊行"太宰治与战争"(「太宰治と戦争」)特集,将1941年12月8日至1945年8月15日的太平洋战争时期分成不同阶段,不仅对太宰治各阶段的创作活动及个人生活展开了缜密考察,也围绕其战时发表的部分作品进行了作品论研究,揭示出太宰治于战时的活跃,也彰显出近年来文本考察的范围呈现出扩大化的趋势,多数曾经鲜被关注的文本如今已被进一步地加以挖掘、探讨。与此

---

① 太宰治『ろまん燈籠』、東京:新潮社、2009年、第322頁。如无特别说明,本文所引日文文献均由笔者自行翻译,后不另注。
② 平野謙『昭和文学史』、東京:筑摩書房、1963年、第256頁。
③ 安藤宏『太宰治・戦中から戦後へ』、『日本文学研究論文集成41:太宰治』、東京:若草書房、1998年:第183頁。

同时，中国学界也逐渐表现出对太宰治战争态度问题的关注。曾妍、尚侠考察了《十二月八日》(『十二月八日』)《散华》(『散華』)等重要文本，通过比较其与同时代其他作品的差异，指出战时的太宰文学"与同时代流行的战争语言相去甚远，具有自己的独特性"，并认为"以流行的战争用语结构作品，应该不是太宰治的主导思想"[①]，以辩证的态度分析了战时太宰文学的总体特征。曾婷婷、周异夫则从《海鸥》(『鴎』)《十二月八日》等作品群入手，得出"太宰治的战争'缺位'只是一种表层的形式，这种表层形式掩盖了他作为一名国家主义者支持战争的深层心理"[②]的结论，并通过对相关文本的深入挖掘，将太宰治国家主义的根源归结为基于"国家神道"的宗教信仰，对其认同侵略战争的态度给予了冷静的批判。

总之，目前学界对于太宰治战争态度问题的研究正逐渐打破以往固定的评论基调，显示出基于文本的多元化观点。然而，这类观点大多数仍建立在对战时太宰文学一系列较为知名的文本——例如《十二月八日》《散华》等——展开个案式考察的基础之上，且其中的多数结论均倾向于在事后裁决式的"迎合-抵抗"二元框架中判断太宰治的战争态度。鉴于此，有必要扩大对战时太宰文学的考察范围，并以其文本中的共通线索为切入点，明晰散见于其中的太宰治之艺术观，由此揭示出其战时对待时局的复杂态度。

二、《雪夜故事》中的"科学-艺术"框架

纵观战时太宰治创作的三篇作品：《雪夜故事》(『雪の夜の話』1944 年)、《一个约定》(『一つの約束』1944 年)以及《惜别》(『惜別』1945 年)，可以发现，

[①] 曾妍、尚侠：《〈散华〉与太宰治的战争观》，载《外国问题研究》2012 年第 2 期，第 58—59 页。
[②] 曾婷婷、周异夫：《隐匿的国家主义者：太宰治的战争"缺位"与天皇崇拜》，载《东北师大学报（哲学社会科学版）》2018 年第 6 期，第 51 页。

其中不约而同地插入了一段在情节上几乎雷同的虚构故事，即"船难者故事"。其梗概为：一名遇难的水手在海浪中拼命挣扎，终于抓住了一座灯塔的窗棂。正当水手想大声呼救时，他透过窗户看到了灯塔看守人正和家人其乐融融地准备晚餐。为了不破坏一家团聚的美好时光，水手放弃了呼救，再次被海浪卷走，丧失了生命。

该故事在情节几乎不作任何改变的前提下，于较短的创作间隔之内反复出场——甚至是在与小说主要情节并无太大关联的情况下，以近乎于一则独立故事的性质被数次引用，足以见得其在战时太宰治创作过程中的特殊地位。正因如此，唯有对"船难者故事"及其插入各文本中的具体语境展开考察，才能挖掘出太宰治寄托于该虚构故事中的潜在意图。

"船难者故事"首次出场于小说《雪夜故事》。该小说讲述的是"我"在回家路上因为沉迷于雪景而丢失了本想带回家的伴手礼，并在寻找无果后决定放弃搜寻，转而想把眼前的雪景记录在眼睛里作为礼物带回。这种荒诞念头的依据来自于"我"的小说家哥哥曾经说过的一段关于"人眼可以记录风景"的故事：

> 从前，丹麦的某位医生解剖了一具遭遇船难的水手的尸体。他透过显微镜观察尸体的眼球，发现在视网膜上映着一幅家族团聚的美景。当医生将这件事告诉给他的小说家朋友后，那位小说家立刻对这起不可思议的现象做出了如下解释。[1]

接着，小说家引出"船难者故事"，并赋予"水手"以"人世间心底最善良的人"这一人格意义。这番解释随即得到医生的赞同，"我"也深受小说家哥哥所讲述的这段故事的触动，从而对这段故事的真实性深信不疑。

---

[1] 太宰治『ろまん燈籠』、東京：新潮社、2009 年、第 309—310 頁。

很显然的是，若以科学的角度观之，这段故事从最开始就毫无现实性可言。人的眼睛既无法保存风景，更遑论与他人分享。因此不妨认为，太宰治在该故事中设置了一道"二重虚构"的装置。小说家哥哥给"我"讲的故事本身即是"第一层虚构"。借助这层虚构，"人眼记录风景"成了故事得以展开的必要前提。基于此，医生才会在解剖水手的尸体时发现其"眼睛有一家团聚的美景"这一科学无法解释的现象——但该现象在虚构的故事中又是以客观事实存在的。然而当医生将此事报告给小说家之后，不同于医生，小说家却能够"立刻"解释这种"不可思议"的现象。该解释为"第二层虚构"，即"船难者故事"本身是小说家的虚构。而在小说家做出医生难以想象的解释，并由此赞扬水手的人性之美后，医生也随之放弃了自己本应持的科学立场，选择相信小说家的艺术式想象。通过这般"二重虚构"的设置，"医生"与"小说家"所象征的"科学"与"艺术"之间的功能对照关系便于悄然间被生成了。作为其结果，代表"艺术"的"小说家"不仅做出了仅凭"科学"知识无法做出的解释，还能凭借着被"艺术"挖掘出来的人性美，促使本应持有"科学"立场的"医生"受到感化。当然，如果"科学-艺术"功能对照关系的发生只能以层层的虚构为前提，则该对立框架也不会具备过多的现实意义。但只要小说主人公"我"——处于"二重虚构"之外的存在——在清楚认识到"即便从科学的角度上来讲，这种事绝不可能发生"的同时，仍表示对其深信不疑，则通过"我"的"相信"，该对立便能够脱离虚构框架，从而至少在小说本身的层面获得一定的价值性。换言之，在《雪夜故事》中，以虚构故事中的"医生"以及虚构故事之外的"我"的"相信"为依托，"艺术"在功能层面上超越了"科学"，且较之于"科学"更加接近了真实。

三、《惜别》——与鲁迅的"互证"

如果说在《雪夜故事》中，太宰治通过虚构的"船难者故事"构建了"艺术"

对立于"科学"并超越之的框架,那么该虚构故事在《惜别》中的复刻便可以视为其对该对立框架的延展。《惜别》是一部以留学仙台时期的青年鲁迅——"周君"为原型而创作的小说。尽管其本身带有日本内阁情报局与日本文学报国会的官方委托所赋予的国策文学性质,但根据小说后记中太宰治所述的"(《惜别》是)即使没有来自双方的吩咐,材料收集和内容构想也早就在进行着,总有一天会尝试去写的小说"[①]可知,其本人对鲁迅也是有着强烈兴趣的。而之所以选择青年时期的鲁迅为题材,则是因为太宰治"对鲁迅晚年的文学论述不感兴趣……只打算描写一个纯情多感的、年轻的清国留学生'周先生'"[②]。然而事实上,太宰治在创作《惜别》之前已经阅读过小田岳夫(小田嶽夫)的《鲁迅传》(『魯迅傳』)以及竹内好的《鲁迅》(『魯迅』),并自称深受触动。何以在此基础上,其仍下定决心抛弃鲁迅而固执地只想描绘"周君"?诚然,受限于《惜别》的官方背景,晚年鲁迅对日本侵华行为的批判是禁止被提及的。相反,对中国影响巨大的鲁迅曾留学日本,并与身为日本人的"藤野先生"建立起深厚友谊的佳话则能够成为鼓吹中日"独立亲和"的绝好素材。这当然是太宰治回避"晚年鲁迅"的部分原因。但就太宰治私人的意图而言,"弃医从文"这一影响鲁迅一生的决断应是其不愿简单放过的重要创作素材。即太宰治从鲁迅痛切的决断中寻觅到了艺术观上的暗合,这种解读方式推动其于主观上对鲁迅展开了重塑。而这种自发性重塑为《惜别》带来的评价正如董炳月所总结的那般:"《惜别》因过多注入了作者的个人因素而成为太宰治的自画像——这种观点作为战后日本学术界的共识长期存在着。"[③]换言之,就该小说产生的实际效果而言,太宰治式投影确实作用到了实际存在的人物"周君"上,使其部分地承担了言说太宰治思想的功能。

---

① 太宰治『太宰治全集(第7卷)』、東京:筑摩書房、1977年、第293頁。
② 太宰治『太宰治全集(第10卷)』、東京:筑摩書房、1990年、第282頁。
③ 董炳月:《自画像中的他者——太宰治〈惜别〉研究》,载《鲁迅研究月刊》2004年第12期,第65页。

根据《呐喊》自序中鲁迅原本的叙述，其是在"幻灯事件"发生后，痛感"凡是愚弱的国民，即使体格如何健全，如何茁壮，也只能做毫无意义的示众的材料和看客"[1]，因此决定通过"提倡文艺运动"来改变国民精神。这番解释意味着对于弃医从文的决断，鲁迅是经由偶然性事件才实现的。它不仅招致了竹内好的怀疑，也促使太宰治在《惜别》中对其弃医从文的真正原因展开了追问。其结论便是"周君早就对文艺有所热衷了"——即鲁迅是在知晓文艺功用的前提下才放弃科学转向文艺的。

为了体现这种理解，太宰治在小说情节推进到"幻灯事件"之前设置了一场"我"与"周君"之间关于文艺的讨论。在这场讨论中，"周君"对文艺的见解以实际存在的早期鲁迅文论《摩罗诗力说》为轴心展开，并正是在此处插入了"船难者故事"加以佐证。但实际的《摩罗诗力说》是写于1907年，直至翌年才发表在《河南》杂志上。而"幻灯事件"在1906年就已经发生。太宰治于此让这篇文论提前登场，其目的正是借助鲁迅的"文章无用之用"论来证实自己对鲁迅弃医从文之真正原因的猜想。因此，小说中"周君"的"文章无用之用"论，实际上是太宰治本人借"周君"之口对《摩罗诗力说》展开的个人性解读。换言之，其中隐含的是太宰治的艺术观。基于此，于这场讨论中插入的"船难者故事"，其作用就应该被重新审视。相较于在《雪夜故事》中的出场，此处出现的"船难者故事"在故事情节上几乎毫无变动，唯一较大的区别是"周君"讲述的版本删去了"丹麦医生"及其"小说家朋友"的情节（即"第一层虚构"）。可以认为，太宰治将之舍弃的原因，正是在于"科学-艺术"这一本来存在于外部的对立已然在《惜别》中被转化为"周君"个人的内心冲突。其试图把"周君"置于"科学"与"艺术"的对立框架下，并通过该对立的最终解决——弃医从文达成"艺术"对"科学"的超越。另外，得益于《摩罗诗力说》中传达出的

---

[1] 鲁迅：《鲁迅全集（第一卷）》，北京：中国文联出版社，2013年，第6页。

艺术观，删减后的"船难者故事"也被"周君"赋予了直接的解释，即文艺虽然不能直接发挥领导民众的作用，却能够于潜移默化之间对民众的思想产生巨大影响。身为小说家的人，其使命就是以"天才的触角"去发掘世间不被人注意到的"真实"，将其中如"珠玉一般发光"的地方呈现给世人，以此达到文艺"润物细无声"的作用[①]。可以发现，该文艺论显然是对《雪夜故事》中思想的进一步阐释，而这也正体现出《惜别》对《雪夜故事》的继承与发展之处。在《惜别》中，"船难者故事"被太宰治借助"周君"之口，以直白的文字形式获得了明确的艺术价值。故《惜别》最终产生了这样一种结果，即"周君"凭借太宰治给出的艺术观放弃了科学，太宰治也因现实鲁迅的成名而得以自证自身艺术观的合理性。概言之，通过于主观上与鲁迅的"互证"，太宰治最终完成了自身艺术观的建构。

四、"科学"之所指

不过，若仅是明确太宰治抱持着"艺术"高于"科学"的观点，该结论或许只能被归结为"艺术至上"之类的说法，从而无法揭示出其根底隐藏的与战时社会背景之间的紧密联系。因此，为在与时代的结合中解读太宰治的艺术观，就必须首先明确以下这一问题：身为本就与"科学"无缘的小说家，太宰治为何要反复通过"船难者故事"或明或暗地强调出"艺术"相对于"科学"的优位？

1941 年 12 月 8 日，深陷侵华战争泥潭的日本帝国最终选择了在太平洋战争中寻求了断的机会。然而吊诡的是，随着这场注定只有毁灭一途的战争爆发，日本全国上下却顿时一扫阴郁，陷入到高昂的迎战氛围中。无论是参战的士兵，还是后方的国民，都抱着"真正的战争"已经打响的觉悟，从军事乃至文化各

[①] 太宰治『惜別』、東京：新潮社、1973 年、第 291—292 頁。

个方面，对以英美为代表的西方国家进行着全面的抵抗和斗争。作为前线战争的辅助，社会舆论充斥着打响"思想战"的口号。在这般趋势下，日本文学报国会于 1942 年 5 月应运而生。野口尚志在考证战时太宰治创作的社会背景时指出，时任文学报国会常务理事的"御用文人"中村武罗夫（中村武羅夫）在"大东亚战争一周年・文化之必胜态势座谈会"(「大東亞戰爭一周年・文化の必勝態勢座談会」)期间鼓吹的"必须否定过去多以英美为指导的近代文化，自觉地建设与日本精神密切相关的新型文学"①高度地概括了该时期日本文学的发展方向。概言之，在日本挑起对英美的军事行动后，以"日本精神"对抗"英美精神"这一带有地缘政治对抗性质的无形之战被迅速地纳入"国家总体战"的一部分，在日本后方如火如荼地打响了。

而在"思想战"成为时代主语境的背景之下，直面时代并坚持创作的太宰治并非没有受到其任何影响。这种影响在带有国策背景的小说《惜别》中将会体现得尤其明显。可以发现，《惜别》中有一段"周君"关于"科学"的言论，结合当时日本的社会背景，其说辞可谓极富暗示意义：

> 将科学应用于娱乐是危险的。美国人对待科学的态度是不健康的，是歪门邪道……我认为像爱迪生这样的发明家才是世界上的危险人物。享乐，即便只是原始的形式，也已经够多了。鸦片确实较酒更为进步，可鸦片又将中国变成什么样了呢？爱迪生大量的娱乐发明，最终不都会导向类似的结果吗？我很担心。往后四五十年间，爱迪生的后继者们一定会不停地涌现出来，世界会因此走向享乐的死胡同，一幅惨绝人寰的地狱绘图将会于我们眼前展开。②

---

① 野口尚志「一九四二年九月—十二月〈思想戦〉の中の「花火」」，『太宰治スタディーズ』2016 年第 6 号、第 16 頁。

② 太宰治『惜別』、東京：新潮社、1973 年、第 244 頁。

爱迪生是活跃于第二次工业革命的代表性人物，"有声电影"是其主要发明之一。而正是在经历此次工业革命之后，西方文明确立了世界霸主的地位。日本当时之所以能够成为亚洲唯一摆脱被殖民命运的帝国，也是因为其曾经作为追赶者，近乎盲目地全方位学习、模仿过西方文明。甚至在此过程中还孕育出一种"欧化民族主义"，即"重视西方社会的价值理念"，反而"对日本社会的历史传统与价值理念采取了轻视的态度"。[①] 但与此同时，跻身列强的日本在面对西方先进国家时往往会带有绝对的劣等意识，并由此积蓄着推翻既成世界秩序的心理。正因如此，太平洋战争才会被视为日本对西方的超克而使其全国上下陷入到战栗般的喜悦氛围中。而太宰治借"周君"在《惜别》中发表的这番见解，则正是与"思想战"话语体系以及"大东亚之独立亲和"原则相呼应，弱化乃至忽略西方文明对推进日本文明所起的积极作用，转而控诉其对日本乃至整个亚洲之侵略行为的言论。此处所批判的"电影"即为西方文明侵略东方文明的标志性载体。另一方面，与批判"电影"相反的是，对于日本传统的戏剧"歌舞伎"或是"净琉璃"，"周君"则表示出颇为欣赏的态度，并在抒发对电影的反感之后，回忆起自己幼时看社戏的美好场景。该回忆固然是取材自鲁迅原文，但经由小说将之与"歌舞伎""净琉璃"之间构建起联系，则可以认为，无论是日本的"歌舞伎""净琉璃"，抑或是中国的"社戏"，都象征着东方本源的传统文化。在这里，"周君"对东方传统文化的肯定显然也与"思想战"的指导方针——强调日本乃至"大东亚"精神达成了高度默契。

无独有偶，在《御伽草纸》的"噼啪噼啪山"(「カチカチ山」)一章中，太宰治同样发表了自己对"美国电影"的排斥：

[①] 刘峰：《近代日本民族主义的双重性格与"亚洲主义"——以大正时期为中心的考察》，载《上海师范大学学报（哲学社会科学版）》2019年第5期，第135页。

在前阵子流行于世界的美国电影中，就有许多这种所谓"纯真"的男女。他们难以忍受表层的快感所带来的刺激，躁动不安，就像上了发条一样四处乱撞……这种快感如同滑雪一样令人畅快，但在另一面，却也能够不动声色地实施愚蠢的犯罪行为。这样的人如果不是弱智，那就是恶魔了。不，或许应该说，恶魔原本就是弱智吧。①

"噼啪噼啪山"翻案自日本民间故事，讲述了一只兔子对一只作恶多端的山狸的报复。这原本是一则惩罚罪行、伸张正义的寓言，却经由太宰治彻底的角色反转而被改编成一只善良的雄性山狸爱上一只狠毒的雌性兔子，最终被其残忍杀害的故事，并借此与"美国电影"中散发出的"青春之纯真"关联起来施以痛烈的讽刺。而反观太宰治通过"船难者故事"呼吁的艺术之价值，即小说家的使命在于发掘不被人注意到的"真实"，展现其"珠玉般发光"之处——换言之，即追求"深层感动"，这明显与其口中"美国电影"追求的"表层感觉"形成了鲜明对比。并且这种对比还与太宰治在"船难者故事"中构建的图式——只看到了"现象"的医生和看到了"真实"的小说家之间的对立——达成了巧妙的吻合。因此不妨认为，对"电影"乃至"科学"本身的讽刺，其实正是太宰治本人从艺术层面上表示出的对西方文明的否定。且更为重要的是，当察觉到日本自身也沾染上西方文明之"科学"精神时，太宰治的这种否定，也自然地作用到了对战时日本文明的自我批判，甚至是对日本战败的肯定上。这一点充分地反映在其战后的回忆性散文《十五年间》(『十五年間』1946 年)中：

将（我的）这类思想说成是老式的人情主义，不屑地付之一笑，并自称是"科学精神的持有者"，我将永远无法与之共事。我在战争期间曾想

---

① 太宰治『お伽草紙』、東京：新潮社、1991 年、第 303—304 頁。

过，若是日本以这种狼狈相还能赢得战争，那日本就不是神之国，而是魔之国了。①

此处太宰治将持有"科学"精神的日本批判为"魔之国"，同《御伽草纸》中对"美国电影"之"恶魔"性的批判是如出一辙的。与此同时，太宰治也通过这种反讽提示出了在现实中最终战败的日本——作为"神之国"的日本。而要追问太宰治在战后仍然视日本为"神之国"的内涵，就必须考察"科学"之对立面——"艺术"的真意。

五、"艺术"与"日本精神"

在"思想战"的话语体系下，若是以"科学"表示西方精神之象征，则作为其对立面的"艺术"显然就应被视为日本精神的同义语。这一点同样在《惜别》中体现得尤其明显。在小说中，"周君"开始质疑医学并转而重视文艺的契机源于日俄战争胜利之际，其在目睹日本国内狂热的喜悦氛围后产生的对日本"国体"的思考。在"周君"看来，俄国正是象征"科学"的西方先进国家，却被日本"几近徒手"地打败了。基于该事实，日本之维新是依赖以兰学为代表的西方科学实现的——这种说法就被自然地推翻了。日本能够打败科学水平远胜自己的俄国，其中一定有着高于科学的精神内核——对此抱有兴趣的"周君"从这时起开始重新研究日本维新史，以修正自己的日本观，并在之后发现了文艺的功用。

日本维新的真正动力来源于"国学"，这便是"周君"所得出的答案。而"国学"的精神要传达给民众的途径则是教育，教育最有效的手段又在于著书立作，

---

① 太宰治『グッド・バイ』、東京：新潮社、1989 年、第 58 頁。

也即是文艺。在《惜别》大雪之夜的谈话中,"周君"所列举的日本国学大师,如贺茂真渊(賀茂真淵)、本居宣长(本居宣長)、赖山阳(頼山陽)等人,在其看来,均是通过著书立作来启蒙民众精神的——而这也正是"周君"通过文艺所想要达成的目的。因此,此处所提及的"文艺/艺术",即为一种"国粹文学",放在日本语境下,则自然是代表日本精神的"日本国粹文学"。

所谓"国粹",即国家固有文化中的精华,是完全发源于本国,并一脉传承至今的国家"正统文化"。诚然,《惜别》中"周君"对日本之国粹的肯定难免会使人联想到该小说所带有的国策性质。但事实上,太宰治对"国粹"的肯定并非始于《惜别》。在先于《惜别》创作的随笔《一个约定》中,其就已经通过同样的"船难者故事"直白地表露出了其对"正统"艺术的界定。在该篇随笔中,"船难者故事"(同样删去了"第一层虚构")被置于开头部分。而在叙述完这段虚构故事之后,太宰治信誓旦旦地写道:

> 这段美谈绝不是胡编乱造,像这样的事实,确实是存在于世间的……正所谓事实比小说更离奇……正是在这些事实中,往往存在着如高贵的珠玉般发光之处。拥有书写这般事实的欲望,才是身为作者的存在价值。①

不难发现,该言论与《惜别》中"周君"的文艺论显然形成了高度的互文性,毋宁说《惜别》中"周君"与"我"所讨论的艺术观正是直接承袭自该篇随笔。然而,仅是书写不被人注视的真实感动并不足以达到"国粹"的高度。真正要完成"国粹"的升华,更为重要的文化性因素是不可或缺的。于是在紧接着这段文字之后,太宰治信手拈来一番石破天惊的论断,说明了这种因素:

---

① 太宰治『もの思う葦』、東京:新潮社、2002 年、第 161 頁。

> 身处第一线，正在为国打仗的诸君，请安心吧。在谁也不知道的某一天，诸君在某个角落做出的美丽行为，必然有一群作者会将之毫无保留地流传给子孙后代。日本文学的历史，三千年来一直维持着这样的传统，想必今后也会毫无改变地继续传承下去。①

整篇随笔在高亢的誓言中结束。太宰治对于"国粹文学"的思考也由此展露无遗。在此，太宰治将士兵的"美丽行为"与"船难者故事"中水手牺牲生命的善行建立起对等关系，并通过为"记录士兵们的'美丽行为'"这一使命安装上"流传给子孙后代"的美名，进而宣称这是日本文学从未中断、变化过的固有"传统"，从而将这种文学形式正统化了。据此足以认为，"记录战争的感动"即为战时太宰治所认为的"国粹文学"。这种"国粹文学"观与后来《惜别》中有关日本"国体"的讨论之间构成相互呼应、前后延展的关系，从而形成了完整的"太宰式日本文学观"。至于贯穿其中的共通内核，无疑是《惜别》中"周君"所高度赞赏的、以"忠义一元论哲学"为核心的所谓"日本精神"。

基于这般内涵，太宰治于各文本中反复重述的"船难者故事"就绝非其随意的写作安排，而是隐含着极为深刻的创作意旨。而从《一个约定》中可知，挖掘该意旨的关键正在于"船难者故事"与士兵之间的关联性。对此，值得注意的是，太宰治先于《雪夜故事》不久发表的小说《散华》（1944 年 3 月发表于《新若人》（『新若人』）。《雪夜故事》在《少女之友》（『少女の友』）上发表的时间为同年 5 月）正是一篇言说士兵的作品。这便为考察"船难者故事"的深意提供了重要线索。

---

① 太宰治『もの思う葦』、東京：新潮社、2002 年、第 161 頁。

《散华》以阿图岛战役①为题材，描绘出于此役中战死的士兵形象——"三田循司"。但其重点并非浓墨重彩地歌颂战役如何惨烈、为国"玉碎"的士兵如何英勇之类，而是以追忆的形式，还原了"三田君"生前的模样，并着重记录了"我"在收到其创作的四篇诗作时的心境变化。小说中"我"在收到"三田君"前三篇诗作的时候，都没有产生发自内心的感动，甚至怀疑友人"山岸君"称其为"最好的"诗人这一判断是否正确。也就是说，在自称"追寻真正文学"、"多少懂点文学"的"我"看来，这三篇诗作仅仅只是差强人意，还不至于被称为"最好"。然而何谓"最好"？其答案体现在"三田君"的遗诗——第四篇诗作中：

您好吗
从遥远的天空问候您
我已顺利抵达上任地点
请为了伟大的文学而死
我也将赴死
为了这场战争②

在收到该诗后，"我"不惜冒着赘述之嫌反复三次地吟诵该诗，足以彰显出"我"对该诗的极力欣赏。而其中最值得深究之处就在于"我"对"三田君"在诗中流露出来的"崇高"且"纯粹的献身"觉悟的感动。透过该诗，"我"得以知晓"三田君"在清楚自己必定会战死的情况下仍选择直面死亡的"美丽精神"——这恰好与《一个约定》中所谓的"美丽行为"形成对应。正是凭借这

---

① 阿图岛战役是美军为了夺回 1942 年 6 月以来被日军占领的阿图岛而于 1943 年 5 月 12 日发动的战役。在这场战役中，太宰治的友人三田循司作为日军守备队的一员战死。战役之后，日本战时大本营首次使用了"全员玉碎"一词来粉饰全军覆没的惨败现实。自此，"玉碎"立刻成为强化国民精神的流行语，开始频繁地出现在报纸和各类文学作品中。

② 太宰治『ろまん燈籠』、東京：新潮社、2009 年、第 296 頁。

种精神，这首诗才得以获得"追寻真正文学"的"我"的强烈赞赏。另一方面，在这首遗诗中，这种献身精神通过请求作为小说家的"我""为了伟大的文学而死"完成了自士兵至作家的传递，当这种传递得到"我"的肯定之后，二者便在"赴死"这一注定的命运面前产生了对等性。即士兵"三田君"在战场上的死和小说家"我"为了"伟大的文学"而"死"在天平上形成了一种等量关系。在故事中，战斗而死是士兵的使命，则根据等量关系的置换，书写伟大的文学则是小说家的使命。而当士兵战死沙场这一行为在战时日本语境下被美化成"为天皇尽忠"之后，书写"伟大的文学"——也即小说中"我"所追寻的真正文学/艺术，其中的内涵当是不言自明的。

若以对《散华》的解读为出发点，则"船难者故事"的内涵也将随之浮出水面。在《散华》语境的解释下，士兵纯粹的献身精神被太宰治赋以艺术上的美感，而"船难者故事"中那位"人世间最善良"的水手也正是因其献身精神而具备艺术意义的。二者在艺术层面上有着异曲同工之妙，因此有理由认为，这段虚构故事中的水手事实上就是士兵的象征。二者经由"献身之善"作为共通点而联系起来。在明确该角色设定的前提后，"船难者故事"中各个元素的意味也自然极富深意。水手在怒涛中遭遇船难，濒临死亡，该遭遇如果同样也适用于士兵，那么可以联想到，怒涛和船难的现实意义则分别指代"大东亚战争"本身以及其中大大小小的战役。最后，水手为了不破坏灯塔内"一家团聚"的美景而选择牺牲自己，结合《惜别》中"周君"对日本"国体"的感慨——"一旦到了面临国难之际，就会像雏鸟聚集到父母身边一样，舍弃一切归奉天皇。这是日本国体的精华，是贵国人民神圣的本能"[1]可以发现，该举措正是太宰治对士兵为守护后方（亦即日本"国体"的稳定）而自愿献身的赞美。二者的共通点在于其献身行为的自发性以及窗台内/后方对水手/士兵献身行为的不知情。

---

[1] 太宰治『惜別』、東京：新潮社、1973年、第253頁。

而正是因为这种"不知情",太宰治才于《一个约定》中点明了"正统"文学家的使命——让该牺牲行为被世人所知而不至于被彻底忽视,将日本文学之"传统"继承下去。

如此,通过"船难者故事"的建构,太宰治在战争期间对"国粹文学"的鼓吹昭然若揭,其本人为战争所做的"献身"也就在于此。最终可以认为,所谓"船难者故事",正是太宰治赠给献身士兵们的艺术挽歌。至于《一个约定》中的"约定"之意,也正是太宰治对献身于各自的道路,以自己的方式表达"爱国心"所做出的那种"约定"吧。

六、结语

同时于《雪夜故事》《一个约定》《惜别》中插入的"船难者故事",隐藏着太宰治"艺术高于科学"的艺术观。在《雪夜故事》中,太宰治借由"二重虚构"构建出"科学-艺术"对立的框架,并通过"小说家"感化"医生"完成了"艺术"对"科学"的超越。在《惜别》中,太宰治凭借对鲁迅的"重塑",进一步阐释自己的艺术观,并通过与鲁迅之间的"互证"使其艺术观具备了现实意义上的说服性。在战时"思想战"的语境下,该艺术观中所强调的"科学"与"艺术"各有所指。"科学"是象征西方文明的符号,而"艺术"则指代以效忠天皇为核心的日本国粹文学。其证据在于《一个约定》中出现的"船难者故事"与士兵以及战争之间的联系,使得该虚构故事具备了全新的内涵——对士兵献身精神的赞美。

所以,"科学-艺术"的对立事实上象征着"日本精神-西方精神"的对立。在该图式下,"艺术"对"科学"的超越具有深刻的内涵,并与"思想战"的指导方针达成了高度一致。虽然在太宰文学中难以发现明显的歌颂战争之痕迹,但其中却也或明或暗地流露出太宰治借助其艺术观而将战争本身艺术化,从而达成书写"爱国"话语的目的。因此，太宰治终究没有跳脱出战时日本语境的框架束缚。然而不同于直接为战争服务的"国策文学"，太宰治在作品中鼓吹"国粹文学"的意图并非附庸发动战争的日本军国主义政府，而是直接指向了日本文化的核心——天皇。毋须说明，"思想战"是为战时的日本当局服务的，但太宰治却运用其指导思想，在避免自己的文学受控于政治的同时，从文化层面做出了自己的"献身"。遗憾的是，尽管这是太宰治认为的身为战时作家的使命，但在极端国家主义垄断民族话语权的时期，毋宁说这也是一种迂回的战争"协助"。

The "Patriotic" Writing of Dazai Osamu's Literature in Wartime: Taking "the Shipwrecked Man's Story" As a Clue

Abstract: For a long time, Chinese and Japanese scholars have tended to regard *Dazai Osamu* as one of the very few writers who refused to be subordinated to politics and insisted on the posture of "artistic resistance" during the war. However, some texts also show traces of *Dazai's* active "patriotic" writing. By taking the recurring "Shipwrecked Man's Story" in *Snowy Night Story*, *A Promise*, and *Farewell* as a clue, this paper explores the dichotomous framework of "science and art" set by *Dazai Osamu* in this fictional story. And by comparing it with other texts, this paper examine the sense of "national literature" of Japanese style as opposed to "scientific spirit" of Western style that *Dazai Osamu* insists during the war. Finally, this paper reveals the part of *Dazai's* literature that is in tune with the mainstream ideology of the times.

Keywords: Dazai Osamu; wartime; "Shipwrecked Man's Story"; "patriotic" writing

作者简介：向志鹏，重庆交通大学外国语学院硕士研究生，研究方向为日本近现代文学。
冉秀，重庆交通大学外国语学院副教授，研究方向为日本近现代文学、中日比较文学。

融入美国文化的败北与反思

——《鸡尾酒会》中的美日同罪论[①]

内蒙古民族大学　孙延永

【摘　要】《鸡尾酒会》创作于冲绳施政权力复归日本前夜，再现了战后冲绳民众融入美国文化的历程。然而，冲绳民众融入美国文化的过程中伴随着欺骗与挫折，美国人标榜的"国际亲善"被现实戳破，同时宣告了冲绳文化融入美国文化的败北。本文通过分析作品对冲绳民众身份的再定位以及冲绳文化融入美国文化的败北与对美军态度的变迁，结合美国占领冲绳这一时代语境，论证美国的冲绳文化重建政策的败北，从主人公对美日暴行的反思中管窥文本中展现的作者的战争观。

【关键词】败北；美日同罪论；身份；反思；《鸡尾酒会》

大城立裕于1967年在《文艺春秋》(『文藝春秋』)刊登了展现冲绳处于美国歧视下，艰难探索冲绳未来出路的小说《鸡尾酒会》(『カクテル・パーティー』)，他也凭此小说获得了第57届"芥川龙之介奖"，成为登上日本纯文学新人奖最高奖的冲绳第一人。《鸡尾酒会》分为上下两部分，上半部分主要描述了主人公冲绳人"我"受邀参加美国人米勒组织的鸡尾酒会的情况，中间穿插了美国人莫根丢失孩子的事件，参加鸡尾酒会的美国人、日本人小川、中国人孙先生、冲绳人"我"积极寻找丢失的孩子，结果是冲绳女佣感觉自己照看的

[①] 本文系2019年教育部一般项目"近代日本文化人的'蒙疆'书写研究"研究成果（19YJA752019）的阶段性成果。2023年度内蒙古自治区直属高校科研基本费专项入库项目"战后冲绳文学中冲绳民众身份认同嬗变研究"的阶段性成果。全国高校外语教学科研项目"中国印象记与中国游记之比较研究"（2016NM0012B）阶段性成果。

美国孩子很可爱，便把孩子带回了家。下半部分主要描绘了主人公的女儿被美军士兵罗伯特·哈里斯强暴，作为主人公的"你"向美国人米勒、日本人小川、中国人孙先生求助，希望可以惩罚罪犯，但结果不理想，在"你"准备放弃起诉美国大兵之时，听到了善良的冲绳女佣被起诉的消息，内心涌动起了作为冲绳人的强烈的主体意识，下决心起诉美国大兵罗伯特·哈里斯。

因《鸡尾酒会》获得了日本纯文学的最高奖"芥川龙之介奖"，所以先行研究也数不胜数。他者视角方面，如武山梅乘（武山梅乘）认为，作者大城立裕在创作小说之时，从他者视角出发构筑冲绳的形象，《鸡尾酒会》无论肖像描写、心理描写还是细节描写，都表现出直观性和表演性的戏曲创作手法[1]；丁跃斌在其论文中认为，从《鸡尾酒会》开始，作为美国和日本"双重他者"的冲绳终于在日本文坛发出自己的声音。《鸡尾酒会》中主人公决绝的起诉之心，正是其作为"他者"的发声和话语权重新构建的开始[2]。加害者意识方面，鹿野政直（鹿野政直）在对《水滴》给予的相当积极评价中写道："主人公反省到，在15年战争期间，冲绳也扮演了不光彩的加害者角色……而主人公深刻地意识到正是加害者的赎罪行为促使他走上了奋起抵抗的道路。"[3] 冈本惠德（岡本惠徳）却对此提出了质疑："说加害者意识会毫无疑问地、必然引导主人公走上抵抗之路，我似乎难以苟同。"[4]

被害者意识方面，如迈克尔·莫拉斯基（Michaels S. Molasky）在他的专著《占领的记忆／记忆的占领——战后冲绳、日本与美国》中曾就此发表过一番引人深思的观点："该作品在构筑被害者意识的过程中忽视了男女性别差异发挥的

---

[1] 武山梅乘『不穏でユーモラスなアイコンたち―大城立裕の文学と〈沖縄〉―』東京：晶文社、2013、第127—128頁。
[2] 丁跃斌：《他者语境下的冲绳文学解读》，载《外语学刊》2017年第2期，第123页。
[3] 鹿野政直『戦後沖縄の思想像』、東京：朝日新聞社、1987年。
[4] 岡本惠徳「カクテル・パーティーの構造」、『沖縄文化研究』1986年、第12期、第59—91頁。

作用。"① 村上阳子（村上陽子）也就该作品的被害者意识发表过比迈克尔·莫拉斯基更加鲜明的观点："男性掠夺女性发声的机会，讲述实施在女性身上的暴力，这本身就是一种强暴行径。"②

从以上先行研究可以看出：单纯的他者视角的研究很好地论证了冲绳人所处的处境及为自己的话语权发声的机会。但也应该看到，冲绳民众的发声也经历了一个过程。一开始主人公积极融入美国文化的尝试所反映的冲绳民众的心态，以及之后心态的变迁，也应该进行再分析与探究；加害者意识方面的先行研究认为，主人公意识到了自己的加害者责任促使他奋起反抗，与冈本惠德提到的一样，笔者也认为主人公有了加害者意识，但能否奋起反抗还是一个问题。除此之外，主人公是否深刻意识到了加害者意识问题，也值得再探讨；被害者意识方面则侧重强调文本中的被害意识，忽略了加害者意识等方面。作者大城立裕在评论自己的作品《鸡尾酒会》时，把小说的主题归纳为："从揭露国际亲善的假象出发，从美国的犯罪行为联想到了日本对中国犯下的罪行，批判作为加害者的自己和被害者的自己，绝对不宽容加害者是其主题。"③ 大城立裕准确地归纳了自己的小说《鸡尾酒会》的主题，但是也应该看到，文本中的"我"一开始并没有打算揭露国际亲善的假象，而是千方百计想融入美国文化，维护这种国际亲善的假象，与美国占领军相融合。日本对中国犯下的罪行也不是由美国的犯罪行为联想到的，而是在中国人孙先生的质问下才不得不回想起的。文本中的主人公，无论对美军的态度还是对日军的态度，前后都发生了很大的转变。笔者从美国重建冲绳文化入手，着眼于冲绳民众自我身份的重新定位。从主人公对待美军、日军态度的变化，结合美国占领冲绳这一时代语境，论证美

---

① マイク・モラスキー『占領の記憶／記憶の占領―戦後沖縄・日本とアメリカ―』、鈴木直子訳、東京：青土社、2006年。
② 村上陽子「沈黙へのまなざし―大城立裕『カクテル・パーティー』におけるレイプと法―」、新城郁夫編『攪乱する島―ジェンダー的視点―』東京：社会評論社、2008年。
③ 沖縄文学全集編集委員会『沖縄文学全集第17巻評論Ⅰ』. 国書刊行会、第311頁。

国冲绳文化重建政策的败北，分析主人公对美日暴行的反思，进而展现了作者的战争观。

一、文化重构与冲绳民众自我身份的重新定位

第二次世界大战后，在冲绳被美军占领的背景下，脱离了日本统治的冲绳民众开始进行自我身份定位，重新确立自己的身份，此时积极融入美国文化看似是顺理成章且不被他者化的唯一途径。1945 年美军占领冲绳后，美国占领军建立了"公民信息和教育部"，开始对冲绳文化进行重构，试图将美式民主植入冲绳。美国通过竞赛、会议、展览、教育与文化交流等活动大力在冲绳推行美国文化，冲绳民众也乐此不疲地投入这种文化融合中。《鸡尾酒会》中，美国人米勒举办的包括美国人、日本人、中国人以及冲绳人等在内参与的鸡尾酒会就是美国推行文化融合的重要举措，米勒试图通过这种晚会促进冲绳文化与美国文化的融合。

刚进大门时，作为主人公的"我"谨小慎微地询问警卫如何到米勒家，体现了"我"对强势文化的仰视，而警卫面无表情的回答则体现了警卫对待冲绳人的谨小慎微已经习以为常，警卫习以为常、枯燥乏味的回答展现出了美国人的高人一等。此时再一次进入美军基地住宅，冲绳人"我"与十年前相比心情大不一样，心里乐滋滋的。出现这种原因是十年前美军刚占领冲绳，"我"在基地住宅内也没有熟人，有出现在基地住宅内被当小偷抓起来的先例，而现在，随着美国文化在冲绳的推行，冲绳人"我"自认为冲绳与美国融合在了一起，自己和美国人米勒也成了好朋友，自以为有了文化上的优越感，有了和美国人相同的身份。

在占领冲绳后，美国在重构冲绳文化时，有意识地重塑冲绳的历史。在鸡尾酒会上，冲绳人"我"与美国人米勒、日本人小川、中国人孙先生热烈地讨

论冲绳文化时，美国陆军工勤部工程师莫根提到了乔治·H.卡尔博士写的《琉球历史》。这本出于美国政府政策需要而写的书，包含了岛津氏自十七世纪侵略琉球以来如何榨取琉球，以及明治维新后，日本官僚机构如何对冲绳另眼相待的内容。而此时的"我"却因为融入美国文化的需要而采用迂回的策略，没有正面回答，转移了视线。"我"用"人的观念"最终都是受教育灌输而来的理论巧妙地避开了莫根提到的话题。按照这个理论，战前冲绳民众受日本教育影响，认为冲绳原先就是日本的领土。此时，美国占领了冲绳，在冲绳进行文化重建，在美国的教育下，冲绳原先是被萨摩藩侵略、在明治维新之后被日本另眼相待、美国是冲绳解放者和民主化推动者的观念也会被冲绳民众认可和接受。这样一来，在美国文化的教育下，冲绳文化融入美国文化也就顺理成章。"我"的这一套说辞，说明了冲绳人可以向美国文化靠拢，可以接受美国文化。

在鸡尾酒会上，冲绳人"我"也在积极地向美国文化靠拢，想要融入美国文化。语言文字是文化的载体，是各种文化元素中最基本的部分。我认为说英语对于自己、小川、孙先生是一个学习的机会，希望组成的研究小组说英语，体现了冲绳人"我"希望向美国文化靠拢的渴望。"我"上高中的女儿喜欢英语，且正在上夜间英语会话班则是冲绳人主动向美国文化靠拢、融入美国文化的最好证明。在宴会上，"我"喝的酒是鸡尾酒，吃的食物有火鸡、火腿、蔬菜色拉等。这些餐食都是具有美国文化特色的食物和饮料，冲绳人"我"已经习惯了这些食物，能够看出"我"完全向美国文化靠拢和融合。而参加宴会的"我"积极融入美国文化的现象，则是在美国积极推行冲绳文化重建的情况下，整个冲绳民众国家意识的一个缩影，冲绳民众的国家意识在有意识地和美国融合。

在鸡尾酒会上，"我"认为自己已经和美国人结成了命运共同体，"我"受邀参加米勒组织的酒会，并用英文自由地讨论着冲绳文化，完全融入了美国人之中。莫根的孩子丢失后，"我"和孙先生一起寻找丢失的孩子，之后又重新回到米勒家。而此时，"我"感觉像长久出门在外又回家了似的。冲绳人"我"找到了文化的根，美国文化成为冲绳文化的根。鸡尾酒会又重新开始，人们在亲善的面具下讨论着女佣的动机，而且在善意地为女佣辩护，一切都那么美好。从事经营进口汽车公司生意的经理认为很难想象会有对美国小孩做坏事的冲绳人。小川说到了在 K 岛上的一幕："傍晚，驻岛通信部队的军人的太太（美国人）抱着孩子在散步。乘凉的年轻人（冲绳人）上前打招呼，轮流拥抱着。"[①] 上面事例都在彰显着冲绳人与美国人很好地融合在了一起，冲绳人认可了美国人。

冲绳在二战后，被美国占领，处于美国统治之下，日本为了自身利益放弃了冲绳，冲绳成为日本的弃子。明治维新后，日本政府改琉球国为冲绳县，长期的教育和国家规训使得冲绳人接受了日本文化。冲绳文化也在慢慢地向日本文化靠拢，但是战后美国的占领和日本的放弃让冲绳陷入了尴尬的境地，而要重新确立冲绳人的自我身份，必须依靠先进的文化（美国文化）。冲绳人在融入先进文化的过程中完成自我身份建构，摆脱被美国及日本他者化的命运。在美国占领冲绳的时局之下，融入美国成为冲绳人自我身份确立的重要尝试。

总之，美国占领冲绳后，美国开始对冲绳文化进行重构，冲绳人开始接受美国文化并积极向美国文化靠拢、融入美国文化，期待可以在融入美国文化之后，找到冲绳人的自我，不被他者化，由此确立冲绳人的自我身份。

二、融入美国文化的败北与对美军态度的变迁

冲绳在被美国占领后，冲绳文化开始向美国文化融合，因为美国的强势占领，冲绳文化向美国文化靠拢，导致了冲绳文化被动融入美国文化，其过程中必然也伴随着两种文化的冲突和文化的阵痛。

"你"回到家后发现自己的女儿被在自己家租房子的美国士兵强暴了。叙

---

① 沖縄文学全集編集委員会『沖縄文学全集第 7 巻　文学Ⅱ』国書刊行会、第 274 頁。

事的人称由第一人称的"我"转换成了第二人称的"你"。第一人称的"我"凸显的冲绳人的"我"具有主体性和融入主流文化的自我身份定位,"而第二人称的'你'代替第一人称的人称变化,也预示着冲绳人从盲目跟从主流文化到认清现实后的心态转变"①,也反映了冲绳文化与美国文化之间的距离。冲绳人"你"开始觉醒,冲绳人不可能被赐予美国人同等的地位,冲绳人与美国人存在本质的差别。

冲绳文化在与美国文化融合中也伴随着随之而来的文化阵痛。在鸡尾酒会上,冲绳人和美国人、日本人、中国人其乐融融,大家看似是身份平等的,在这种假象下,作为主人公的"我"也迷失在了这种假象之中。"你"回到家后发现女儿被美国士兵强暴,"你"的反应是不敢相信这是真的,"你"仍然相信美国人编织的亲善的假面。直到第三天,"你"才决定上诉,还天真地认为美国人米勒会帮助女儿讨回公道,但结果却令"你"心灰意冷。美国人米勒拒绝提供帮助,并希望不要因为女儿被强暴的事而破坏相互间来之不易的安定关系,换言之,米勒希望"你"不要再追究美国大兵的责任,上诉就意味着破坏冲绳与美国的关系。之前其乐融融的关系出现重大转变,冲绳人"你"此时想到的是公告刑法中的一条:"强奸合众国军队要员的妇女,或者企图强奸而施加暴力者,处以死刑,或者由政府法庭下令处以其他刑罚。"②冲绳人努力融入美国文化的最后结果还是被区别对待,冲绳人根本无法真正融入美国人,再怎么学习美国文化也无法摆脱被美国殖民、歧视的境地。

冲绳人"你"又寻求参加鸡尾酒会的其他人帮助,日本人小川在知道了"你"的来意之后,马上冷漠下来,完全是一副第三者的架势。之后的中国人孙先生虽然同意帮忙,但也仅限于与小川去医院劝说美国大兵罗伯特·哈里斯

---

① 丁跃斌:《战后冲绳混杂文化的文学表征》,载《吉首大学学报(社会科学版)》2019 年,第 2 期,第 123 页。

② 沖縄文学全集編集委員会『沖縄文学全集第 7 巻 文学Ⅱ』、国書刊行会、第 281 頁。

出庭作证而已。所有的人都劝"你"放弃起诉，你也开始动摇，试图放弃起诉。此时的"你"对美国人的印象发生了转变。刚开始参加鸡尾酒会时，"我"认为米勒先生是一个很热情的家伙，米勒太太是一个热情美貌、体态丰满的人，穿着黑色连衣裙，前胸袒露，现出雪白的肌肤，光彩照人，拥有艳丽的身姿，而现在，米勒变成了一个拘谨的人，米勒太太则变成了有双重下巴、臃肿身材的人。冲绳人"你"发现了与美国人米勒之间的隔阂，冲绳人虽然在努力试图向美国文化融合，但是内在的冲突，不融洽是在所难免的。冲绳人"你"意识到了，无论冲绳文化如何向美国文化融合，"你"依然是冲绳人，不可能取得与美国人同等的权利。

冲绳的善良女佣因为没有打招呼带雇主的女儿回家而被美国人莫根起诉，更是与"你"的女儿被强暴形成鲜明的对比。在鸡尾酒会上，参加酒会的人们当时还为女佣的善良行为放声讴歌，转眼间女佣却被起诉并传唤到了法庭。而"你"的女儿被强暴，反而被法庭传唤，理由是涉嫌伤害美国要员。受害者反而变成了施害者，而犯了强奸罪的美国士兵却因为冲绳政府法庭没有传唤美国士兵的权限而逍遥法外。冲绳女佣的一点小误会却要被美国人莫根起诉，而犯了强奸罪的美国士兵却可以恶人先告状污蔑冲绳人"你"的女儿犯了伤害罪，自己则是什么事也没有。巨大的反差让冲绳人"你"对美国文化产生了深深的失望感，开始重新思索冲绳的未来。

法律首先是指一种行为规范，所以规范性就是它的首要特性。规范是指法律为人们的行为提供的模式、标准、样式和方向。冲绳法律的不一致，更加凸显了美国占领者的主导地位和冲绳人的从属地位。同样是强暴事件，法律的规定天差地别，针对合众国军队要员的妇女，或者企图强奸而施加暴力者，要被判处死刑或者由政府法庭下令处以其他刑罚，而美军士兵对冲绳平民的强暴事件，冲绳政府法庭连传唤美军士兵的权力也没有。这种不公平的法律让冲绳人"你"意识到了冲绳人所处的境地，即便你再怎么融入美国文化，你也改变不了自己冲绳人的身份和被美国歧视的地位。

在女儿被强暴事件中，美国人米勒的态度让冲绳人"你"看清了美国人亲善的真实面目，"你"决定继续上诉的行为，破坏了美国人营造的冲绳与美国的友好假象，也宣告了美国重建冲绳文化的败北。美国占领军一直试图让冲绳人认可美国文化，让冲绳文化融入美国文化之中，进行了一系列的民主化改革。但在冲绳人被美军强暴可以逍遥法外的现状下，冲绳人"你"撕碎了美国国际亲善的假面，也使得冲绳人"你"对美军的态度开始发生转变。

文本中主人公对美国人米勒态度的变化，很好地折射了冲绳民众对美军态度的转变。美军占领冲绳后，把冲绳从日本的统治下解放了出来，给冲绳民众带来了民主与和平，冲绳民众把美军当作了冲绳的解放者，这与冲绳的历史形成了呼应。随着美军殖民统治的强化，美军基地迅速扩充，强占冲绳民众土地问题日益突出，加之美军对当地民众的强暴等犯罪行为时有发生，美军殖民主义的一面显现出来，冲绳民众开始反对美军对冲绳的殖民统治。

文本中作为主人公的"我"积极与美国文化相融合，加入美国人组织的学习会，让女儿学习英语，积极参加美国人米勒组织的鸡尾酒会等都体现了"我"把美军当作了冲绳的解放者，支持美军占领冲绳。文本下半部分，作为主人公的"你"的女儿被美军士兵强暴，美国人米勒亲善的假面具被戳破，不同意"你"起诉美国士兵的行为让冲绳人"你"开始觉醒，开始反思美国士兵的罪行，对美军的定位由原先的解放者变成了殖民者，冲绳人"你"认为对于冲绳民众来说，美军是加害者而不是解放者，必须追究他们的责任。这种对美军态度的变迁是战后冲绳民众思想变迁的写照。

总之，在冲绳文化融入美国文化的过程中，冲绳人"你"切实地感受到了冲绳人与美国人的不对等，美国国际亲善的假象被戳破，冲绳人仍处于被歧视和差别化对待的境地。冲绳民众对美军的认知也发生了转变，从原先认为美军是解放者，给冲绳带来了和平与民主，到现在开始真正反思美军在冲绳的行为，认为美军是殖民者，应该追究他们的殖民罪行。

三、对日军暴行的被动反思

冲绳民众对日军的侵略暴行的态度也有一个逐步变化的过程，由原先无意识地忽略日本的战争责任，被动或主动投身日本的侵略战争中，默认日本的侵略暴行，到被动地反思日本的战争责任。冲绳在二战时期是日本的一部分，冲绳民众充当了日本侵略战争的协力者和帮凶的角色。众多的冲绳民众被绑架到了日本侵略者的战车上，跟随日本侵略者在亚洲各国进行侵略扩张。

文本中主人公"你"在战争期间，在中国南京附近训练军队。"你部下的一个士兵抢夺了一个生意人的东西，当时，你出于义愤，和他断了交。但是，后来你被中队长批了一顿，你却一句反驳的话都没有说。"[①] 换而言之，"你"对于日本的侵略行为最终采取的是默认的态度，没有批判日军的侵略行为，没有强烈地要追究日军的战争责任。正如文本中中国人孙先生所说的："你们理应考虑的却没有考虑，这也是事实。[②]" 也就是说，冲绳人应该反思自己的战争责任，却都被有意无意地遗忘了。冲绳人"你"之所以对日军暴行进行反思，是在自己的女儿受到美军强暴后，在中国人孙先生要求"你"直视日军的战争暴行下，"你"发现了自己与中国人有了连带感，遭受了同样的战争暴行，因而，此时的"你"才要不妥协地追究日军与美军的罪行。如果"你"没有被美国差别对待、自己女儿没有遭受美军的强暴的话，"你"不会主动反思日军的战争责任、追究日军的战争罪行的，冲绳人"你"还会继续沉浸在国际亲善的假面下，寻求与美国人的融合，从而确立自己的身份。

"孙先生，让我觉醒的是您。要求对您的国家的赔偿和要求对我的女儿的赔

---

① 冲縄文学全集編集委員会『冲縄文学全集第7巻　文学Ⅱ』、国書刊行会、第293頁。
② 同上。

偿是一回事。"① 很明显的，冲绳人"你"在中国人孙先生的提醒下思想开始觉醒，要求追究美日的罪行，但主人公的"你"把日本侵略者暴行与美军士兵在冲绳的强暴行为相提并论，陷入了美日同罪论。二战时期，日军在亚洲各国烧杀抢掠，肆意侵略中国及东南亚各国，犯下了严重的侵略罪、战争罪，日本是侵略者，对第二次世界大战的发生及扩大负有不可推卸的战争责任。美国是二战时期反法西斯联盟的重要一员，中、美、苏等国组成的反法西斯联盟经过努力最终战胜了法西斯侵略者，因而，美国为反法西斯战争的胜利做出了重要贡献。美军一开始占领冲绳是为了打败日本侵略者，取得反法西斯战争的胜利，不是要侵略日本，两者性质完全不一样。

当然，二战结束后，美国军事占领冲绳，在冲绳建立军事基地并不断强占冲绳当地居民土地以扩大军事基地，不再是为了反法西斯战争的需要，而是为了维护美国在亚太地区的霸权，为了达到与苏联争霸，取得世界霸权地位的目的。尽管美军对冲绳犯下的暴行给冲绳民众带来严重的创伤，但是与日本的侵略行为不是同等性质的罪行。作者将两种罪行等同起来，混淆了日美所犯罪行的性质，把冲绳（日本）民众变成了战争的受害者，只强调自己的受害者身份。作者的美日同罪论最终易变为只是追究美国的暴行，而弱化日本的战争责任乃至变成日本无罪论。这与战后日本军政重新定位的历史修正主义具有异曲同工的作用，这是需要我们批判的错误思想。

四、结语

大城立裕在《鸡尾酒会》中，进行了冲绳人战后自我身份重新定位的尝试，冲绳人期待着冲绳文化融入美国文化，也在努力向美国文化靠拢，但女儿被强

---

① 沖縄文学全集編集委員会『沖縄文学全集第7巻　文学Ⅱ』、国書刊行会、第301頁。

暴事件戳穿了美国国际亲善的假面，预示着美国重建冲绳文化的败北。冲绳民众原先把美军当作解放者来看待，但伴随着美军殖民统治的强化和冲绳民众被差别对待，美军变成了冲绳民众眼中的殖民者，冲绳民众开始追究美军的责任，反对美军殖民统治。冲绳民众对日本暴行的态度也经历了一个变化的过程，从原先默认日本的侵略暴行，协力日本的侵略战争到被动地追究日本的战争责任。

作者大城立裕让美日暴行在《鸡尾酒会》文本中出现，且把美日罪行等同对待，是典型的美日同罪论。作者忽略了日本发动的战争的侵略性质，把冲绳（日本）民众视为战争受害者，忽略了冲绳民众首先是侵略者，应该反思自己的战争责任。我们应该看到的是日本的侵略战争导致了后来美军发动冲绳战占领冲绳，冲绳民众才成为了战争的受害者。诚然，美军占领冲绳后，冲绳民众遭受了美军严重的战争暴行，冲绳民众实际处于美军殖民统治之下，冲绳民众追究美军的责任是正当合理的诉求。但作者追究日本的战争责任不是自发的，而是在中国人的孙先生提醒下，被动地采取的行为，且作者的美日同罪论，易模糊日本侵略战争性质，其战争反思有很大的局限性。

Failure and Reflection on Integration into American Culture
—— The theory of the America and Japan sharing the same sin in *Cocktail Party*

Abstract: *Cocktail Party* was created on the eve of the return of Okinawa's political power to Japan, depicting the process of Okinawa people's integration into American culture after the war. However, the integration of Okinawa people into American culture was accompanied by deception and setbacks, and the American claim of "international goodwill" was punctured by reality, declaring the failure of Okinawa culture's integration into American culture. This article analyzes the repositioning of the identity of the Okinawan people in the work, as well as the failure of Okinawa culture to integrate into American culture and the changes in attitudes towards the US military. Combined with the context of the US occupation of Okinawa, it demonstrates the failure of the US Okinawa cultural reconstruction policy. From the protagonist's reflection on the atrocities committed by the US and Japan, the author's view of war is reflected in the text.

Key words: defeat; The theory of the same crime in America and Japan; Identity; reflect; *Cocktail Part*

作者简介：孙延永，博士，内蒙古民族大学外国语学院副教授，主要研究方向为日本文学、冲绳文学。

目取真俊《眼睛深处的森林》的因果叙事[①]

天津科技大学外国语学院　李　敏　胡　晴

【摘　要】日本作家目取真俊的小说《眼睛深处的森林》通过二战期间美军对冲绳少女的性暴力事件，描述了男女主人公、周边人，乃至于加害者的命运。小说通过"因必有果"的叙事方法，阐释了战争和暴力的影响会超越时空，循环往复，引发因果报应等一系列连锁反应，影响现在和未来。本文采用文本分析的研究方法，考察作家通过战时和战后冲绳人的命运，美军加害者的遭遇等，试图唤醒人类良知，传递构建美好生活的愿望。

【关键词】目取真俊；《眼睛深处的森林》；战争；因果

　　1945 年发生的冲绳战役是第二次世界大战太平洋战役中伤亡人数最多的战役，也是日本国内唯一平民被卷入战争的陆地战。1972 年，冲绳重新"回归"日本，却一直处于被殖民的尴尬境地，仅占日本总面积 0.6% 的冲绳，集中了日本 70% 以上的美军基地。在冲绳，土地被美军大量占用，美军士兵引发的性暴力事件、交通事件等接连不断。战争遗留问题必然唤起人们对冲绳战役的沉痛记忆。冲绳文学长期以来受到日本主流文学的忽视，直到四位冲绳作家的作品[②]相继获得芥川龙之介奖，才受到越来越多的关注。目取真俊在 1997 年凭借《水

[①] 本文为 2022 年度教育部人文社会科学研究青年基金项目"战争记忆视域下战后日本'慰安妇'文学研究"（项目编号：22YJC752007）的阶段性成果。

[②] 1967 年大城立裕的《鸡尾酒会》，1972 年东峰夫的《冲绳少年》，1996 年又吉荣喜的《猪的报应》，1997 年目取真俊的《水滴》。

滴》『水滴』获第117届日本纯文学最高奖芥川龙之介奖,2000年凭借《叫魂》(『魂込め』)获日本第26届川端康成文学奖,之后相继创作出《与面影相携》(『面影と連れて』1999年)、《传令兵》(『伝令兵』2004年)、《彩虹鸟》(『虹の鳥』2004年)、《眼睛深处的森林》(『眼の奥の森』2004—2007年)、《滨千鸟》(『浜千鳥』2012年)、《斥候》(『斥候』2022年)等作品,被认为是新一代冲绳文学的领军人物。

《眼睛深处的森林》由十个短篇组成:见证者富美、久子、小夜子妹妹等人,叙述了小夜子被侵犯以及盛治被美军捕获的过程,受害者小夜子的境遇,以及暴行给小夜子及其家庭带来的痛苦;亲历者原区长嘉阳接受市教育委员会工作人员采访时的虚假回忆,暴露了人性的虚伪;受到冲绳县表彰的原美军翻译,以书信形式回忆当时的事件,因心怀愧疚,最终拒绝接受表彰,印证了小夜子事件对人性的叩问;受害者盛治的内心独白及控诉,加害者美军(J的祖父)叙述自己犯罪的过程和内心挣扎,真实表现了当事人的心境和处境;此外,冲绳小说家叙述了鱼叉项链的来历,以及美国人J的人生经历,使故事的因果框架更为丰满;"神似"小夜子的现代女中学生受到校园霸凌的社会现实,展现了内化于冲绳社会的"弱肉强食"。

小说以美军的性暴力事件为轴心,各种记忆与现实交织在一起,展现了美军暴行对受害者小夜子及其家庭的重创,冲绳人对战争记忆的执着,以及暴力的连锁反应。日本学者关于《眼睛深处的森林》研究主要涉及战争记忆传承(铃木智之),加害记忆(尾西康充),冲绳内部暴力问题(村上阳子),暴力记忆(栗山雄佑)[①]等,国内对这部小说的研究尚不多见。本文从因果叙事角度,揭示出

---

① 鈴木智之「輻輳する記憶―目取真俊『眼の奥の森』における〈ヴィジョン〉の獲得と〈声〉の回帰―」、『社会志林』2012年7月号。尾西康充「目取真俊「眼の奥の森」論―集団に内在する暴力と《赦し》―」、『三重大学日本語学文学』2017年6月号。村上陽子「暴力によらない抵抗の回路を開く―目取真俊『眼の奥の森』をめぐって」、『福音と世界』2019年9月号。栗山雄佑「暴力の記憶を〈語る〉ために―目取真俊「眼の奥の森」論」、『立命館文學』2020年9月号。

过去和现在的因缘际会，探讨作者对因果报应的认识及其特殊的叙事手法，揭示作者试图唤醒人类良知，构建美好生活的愿望。

一、战争创伤：历经磨难的受害者

故事发生在美军刚刚登陆冲绳，战争还未结束的太平洋战争末期。冲绳北部的一个小岛很快被美军占领，美军的入侵直接导致了小夜子的人生悲剧。岛上的人们逐渐失去抵抗意识，加之美军给冲绳人治病并分发食物，冲绳人不再对美军感到恐惧，逐渐放松了警惕。某日，四名美军士兵偶然遇到在海滩上拾贝的小夜子等人，最为年长的17岁的小夜子遭受了四名美军的性暴力。美军对小夜子的暴行使部落居民极为紧张，人人自危。数日后，一个名叫盛治的17岁少年只身拿起鱼叉，刺伤一名美军士兵的腹部和一名美军士兵的肩部后，在森林的洞窟里被美军捕获。受到暴行的小夜子最终离开原本居住的岛屿，在疗养院里孤独生活。

创伤会在受创者的内心留下挥之不去的伤痕，17岁的小夜子身心备受摧残，由天真浪漫、无忧无虑的少女变成精神失常的疯女人。父亲的冷漠对待，部落男性的侮辱，以及人们的歧视，都在小夜子身上留下了不可磨灭的创伤。她的人生毁于一旦，因部落男性的性暴力而出生的孩子被送人，终生忍受父亲的冷漠与怨怼，最终在疗养院中孤老一生。文中对她的描写并不多，出现最多的是闪现在人们脑海中她发疯的惨烈情景：

> 从幽暗处传来脚步声，女人从铺满白沙的部落路上跑来，赤脚露腿，脚上沾满血迹和沙子，红一片白一片。她袒胸露乳，阳光照在蓬乱的头发上，汗水和泪水从泛着青筋的皮肤流下，滴在白沙路上。蝉鸣声和海浪声撕扯着她的声音。人们听到这剜人心肺的声音，都停下脚步，注视着女人

张大的眼睛和嘴巴，目送她跑过，直到她的身影消失在森林深处。女人发出的最后喊叫，让人心惊肉跳，有的人站在那里，流出了眼泪。[①]

此处描写展现出小夜子受到创伤后的精神状态，使小夜子饱经创伤、历经磨难的惨烈浮现眼前，令读者感同身受。"在所有的创伤类型中，性创伤是最严重的一种，主要是因为几乎所有其他创伤的受害者都会被同情、支持和帮助，但性创伤的受害者例外。"[②] 身体的疼痛转化成痛苦的记忆，不断折磨受难女性。被美军玷污的小夜子，身体承载的痛苦来源于性暴力的罪恶，内在的精神枷锁，以无形但更为深重的形式折磨着她，现实生活中的暴力将她再一次推向深渊。部落里的男人们非但没有给予她尊重和爱护，反而使她怀孕生子，他们对小夜子的攻击和侮辱让她心灰意冷，家庭的不理解则让她完全堕入绝望的泥沼，心灵创伤更加难以愈合。作家通过受到美军性暴力的冲绳少女，书写战争带来的创伤，使读者通过和作品人物的共情，从而间接体验战争带来的苦痛，拉近了读者与受害者的心理距离。无论家庭还是社会都没有给小夜子提供早期疗伤的场所和机会，她无法走出个人创伤和家庭伤害，摆脱性暴力的阴影，沉重的身心双重创伤与强大的父权压迫，使小夜子逐渐走向崩溃直至发疯。

然而，受到创伤的不止小夜子一人，向美军复仇的盛治也受到重创。盛治刺伤美军士兵后，美军开始搜捕他。对于盛治的勇敢行为，一些部落的居民非但没有给予支持和帮助，甚至为了换取粮食和物资，向区长嘉阳说出了盛治的藏身之处，出卖了盛治，暴露了部分冲绳人扭曲的人性和冷血麻木。面对区长的劝说，盛治不为所动，准备用手榴弹和美军同归于尽，但手榴弹没有爆炸，最终他被美军带走。没有屈服于美军拷问的盛治，眼睛却因催泪弹受损，且未

[①] 目取真俊『眼の奥の森』、東京：影書房、2009 年、第 62 页。所引《眼睛深处的森林》译文均由笔者翻译。

[②] 朱迪思·赫尔曼：《创伤与复原》，施宏达、陈文琪译，北京：机械工业出版社，2015 年，第 VII 页。

得到美军妥善治疗，最终双目失明。目取真俊文学中出现了许多试图对美军和皇族进行暴力抵抗的人，甚至他在小说《希望》『希望』（1999）和《彩虹鸟》（2004）中都提到杀死驻日美军的孩子的报复心理和行动。作家描写了冲绳人用"以暴制暴""以眼还眼"的反抗方式对抗压迫和暴力，但这种对抗方式源于所遭受的暴力的荼毒，是个体在面对生存困境时的手足无措。

本该受到军法处置的四名美军士兵没有受到任何惩罚，最终只是将盛治送回部落草草了事。失明的盛治，此后继续留在岛上过着孤独的生活。老年盛治常常一个人坐在海边，说着没有人愿意听的言语。很少有人记得他是为部落女性复仇而失明的孤勇者，在居民眼里，他被误传为"对女孩子图谋不轨的人"[1]"日军的间谍""美军的间谍"[2]等。"孤独感也是创伤的具体表现形式，它是一种个人的体验。孤独感让人觉得不被他人接纳，进而感觉找不到自己在社会上的位置。"[3]面对青年和孩子们的取笑，盛治无法将自己内心的诉说传达给岛上的普通民众，只是通过内心独白呐喊和控诉，表达其愤怒、悲伤，展示了战争中普通民众难逃创伤的命运。作家认为，盛治的复仇行为虽是对战争与强权的反抗，但不能成为他施暴的借口，所以在小说中盛治向美军投掷的手榴弹没有发挥作用，最终盛治的报复行为以失败告终，"以暴制暴"的手段终将不能成为冲绳民族抵抗强权和暴力的出路。作家希望世界上有因果报应，施暴者受到应有的惩罚，受害者得到心灵的抚慰。

二、因果轮回：遭到反噬的加害者

受害者一生背负苦难，施暴者也未必有好的结局。被盛治所伤的美军，

---

[1] 目取真俊『眼の奥の森』、東京：影書房、2009年、第115頁。
[2] 目取真俊『眼の奥の森』、東京：影書房、2009年、第116頁。
[3] 周桂君：《现代性语境下跨文化作家的创伤书写》，东北师范大学博士论文，2010年，第108页。

通过第一人称的细致讲述，还原了他和其他同伙一起强暴小夜子以及自己受伤疗伤的过程。他本不想加害小夜子，为了不被同伴嘲笑和排斥，他也成为伤害小夜子的一员。他受到来自岛上普通男子盛治的反击，被刺伤腹部。因为不是在战场上受伤，他在军队里受到军医和护士的轻视，感到羞愧和打击。他的同伴在战斗中死亡，唯独他一人因为受伤被提前送回国，没有成为战争的炮灰。他回国后郁郁寡欢，整日酗酒，总是将自己关在房间里，最终因车祸而亡，留下了用曾经刺伤自己的鱼叉所做的项链。这个交通事故可能是他出自愧疚而故意为之。他回到美国后生活并不如意，虽然组建了家庭，但一直精神萎靡。当时的暴力事件是他挥之不去的噩梦，他终生都活在羞愧与自责中。而他曾经在病床上恍惚看到了长发女子怀抱婴儿的景象，不仅暗示了小夜子的结局，也暗示了他永远不能忘怀自己对小夜子的伤害。最终死于非命，似乎是他应该付出的代价。在后殖民主义理论家弗朗兹·法农（Frantz Fanon）的《大地上的受苦者》（*The Wretch of the Earth*）中，多名为维系殖民统治而施暴于人者都出现了精神异常现象。[①]作者认为，暴力不仅会让别人痛苦，也会让施暴者精神和心理出现异常，在负罪感的冲击下，有的人也会选择结束自己的痛苦人生。

"因果"作为佛教的一个基本理念，是支撑佛学理论的根本基础。"因果又叫业因果报，或叫因果报应。因即原因，也叫因缘。果即结果，又叫果报。业指一切身心活动，总分为身、语、意三个方面（三业）。报是业的报应，即身、语、意三业的善恶招致相应的后果。"[②]美军士兵的痛苦和惶惶不可终日，以及最终走向死亡的结局印证了因果报应的运转。无论历经多少年，曾经犯下的过错始终缠绕在他的脑海中，强烈的自责感将他吞噬，让他始终无法逃脱印证在自己身

---

① 弗朗兹·法农：《大地上的受苦者》，杨碧川译，台北：心灵工坊文化事业股份有限公司，2009年。
② 阿忠荣：《佛教因果思想要义及现代价值简论》，载《青海师范大学学报（哲学社会科学版）》2010年第6期，第42页。

上的果报，这是对他所做之事的偿还。目取真俊用因果思想阐释了人世间深刻的道理。尽管小说中美军士兵为自己曾经犯下的错误懊悔不已，并试图做出弥补和偿还，但目取真俊试图以美军士兵的横死说明，命运不会纵容任何的罪恶和暴行，加害者最后终究被暴力所害，得不到善终。"恶人自有恶报"成为作家寄希望重塑道德观念的一种手段，寄托了作家的道德诉求，展现了作家反抗暴力的强烈要求。

二战带给人们的创伤还未愈合，新的战争创伤却层出不穷。在小夜子事件中，一名冲绳小说家的回忆让小夜子和盛治的故事更加丰满。他曾经的日本本土朋友 M 寄来光盘，在光盘中交代了托付之事。M 在美国遇到对日本感兴趣的美国年轻人 J，J 的父亲参加越南战争时，从 J 的祖父处得到了一个用鱼叉做的简易项链，如今他又把这个项链传给了儿子 J，希望 J 对这个东西做一个了结。然而，J 因 911 事件不幸遇难。后来，J 的女友寄给 M 这件物品，希望他能将这条项链扔进冲绳的大海里。而 J 的祖父就是前文提到的强暴小夜子的行凶者之一。J 的祖父在冲绳战中负伤，他的儿子参加了越南战争，如今他的孙子 J 成了 911 恐怖袭击的无辜遇难者。"911"事件是人类历史上最为严重的恐怖袭击事件之一，对美国的政治、经济和文化都造成了巨大冲击。小说通过美国年轻人 J 使历史与现实接轨。J 本想亲自到冲绳将祖父留下的鱼叉项链扔进大海，却不幸成为 911 事件的受害者，连遗体都未找到。他不但没有了结过往，反而成了因果轮回的牺牲品。目取真俊虽然有"可怜那些无辜的生命"的想法，但也有"美国，活该！"[①]的认识。一个个暴力导致的悲剧看似独立，而在其背后却又有着某种难以言说的联系。目取真俊将因果报应展现在加害者家族的每一代身上，试图向世人展示，恶人自有恶报，个体的宿命与自己和家人的所作所为密不可分，暴力和强权的加害者，终将走向毁灭。美军的死，美军后代 J 的死，

---

① 目取真俊『眼の奥の森』、東京：影書房、2009 年、第 135 頁。

一连串的死亡显得离奇而偶然，却又好像冥冥之中注定。"巧合或发生在恶行得逞之时，推动情节的发展，使恶者得到应有的惩戒；或出现在有善行者遭遇危难的关键时刻。"[①]作家通过J祖父的死和J的死构成巧合事件，使彼此之间发生因果关系，推动小说情节发展的同时，使施暴者得到应有的惩戒，在巧合中传递"善有善报，恶有恶报"的因果思想。

得到报应的不止施暴的美军，小说中原区长嘉阳的结局也是作家因果叙事的一环。由于他告诉美军盛治的藏身之处，导致盛治被美军抓获，双目失明。面对部落居民的质问，他觉得"我是为部落着想，不是为了自己"[②]，为自己的出卖行为辩解。最终，他受到部落居民的冷眼和指责，孩子受到暴力对待，第二年就离开小岛，移居那霸，为美军军事基地工作。老年嘉阳在接受市教育委员会的工作人员采访时，含糊其辞，不敢吐露自身的告密行为。采访结束后，他在妻子的灵位前祭拜时，突发中风，口流涎液，身体麻痹，大便失禁，弥留之际，他看到了头发蓬乱、哭泣奔跑着的年轻女子的侧颜，自己则受到石块的攻击。目取真俊用因果思想警告每一个加害者、施暴者乃至暴力助推者，暴力的恶果可能不会短时间发酵，但会用一代或几代人的时光完成因果轮回。作家试图通过因果思想让人们相信，世间有一种不可察觉的力量，会对恶行累累的人做出惩罚和警戒，并为受害者讨回公道与正义，通过因果循环的叙事方式，让人们相信即使在充满强权和暴力的社会里，施暴者和加害者亦不会逃脱罪恶的惩罚，以此激发人们对善良人性的追寻和向往。

三、时光流转：承受苦果的现代人

"如果善与福、恶与祸之间的因果链不能有效联接，或者是善恶赏罚错位，

[①] 林翠霞:《"三言"中的因果报应叙事研究》，载《泉州师范学院学报》2019年第3期，第45页。
[②] 目取真俊『眼の奥の森』、東京：影書房、2009年、第56頁。

人们就会对善举或恶行无动于衷,这将直接导致道德水平的下降,造成社会道德生活的紊乱。"[1] 小夜子遭受的暴力未受到重视,行凶者未遭到惩处,导致一幕幕类似的悲剧上演。驻扎在军事基地的美军对冲绳少女的性暴力事件层出不穷,1995 年"三名美军侵犯小学生的事件"[2],使富美意识到:"冲绳就算过了五十年也没有什么变化。"[3] 如今的冲绳依旧无法逃避美军的蹂躏,美军在冲绳肆无忌惮,冲绳的现状毫无改变。访问冲绳的美国周刊记者在 1949 年写道:"冲绳成了收容美国陆军中无能和落伍之辈的垃圾站。短短 6 个月中,美军士兵犯下了杀人案 29 起、强奸案 18 起、盗窃案 16 起、伤害案 33 起等骇人听闻的罪行。"[4] 据官方报告,自美国 1972 年将冲绳移交给日本后,各种强奸、杀人等重案层出不穷。小说中多次提到的 1995 年的三名美军轮奸冲绳小学生事件,2016 年冲绳女孩岛袋里奈(島袋里奈)被美军基地的文职人员奸杀事件,2019 年冲绳县北谷町一名美国军人杀害了一名冲绳女性后自杀的事件等,"特别是 1959 年 6 月 30 日,美军的喷气式战机坠落在冲绳本岛中部石川市的宫森小学内,造成包括 11 名学生在内的 17 人死亡、121 人轻重伤的惨祸"[5]。种种骇人听闻的事件都揭示了现代冲绳受殖民、压迫、欺凌的情况并未发生改观,冲绳民众仍旧在美军的统治下过着胆战心惊的生活。这些暴行,严重妨碍着当地人的生活,刺痛着冲绳人的神经。冲绳"回归"日本后,依旧是美日平衡权益的棋子,无法摆脱暴力和强权的戕害,无法获得自由。

正所谓"因必有果",美国霸权主义横行霸道,导致"弱肉强食的理论"弥漫在冲绳,许多冲绳孩子"将生存环境带来的影响和问题视为先天的能力问题,认为这是宿命"[6]。于是,一个现代冲绳少女的"宿命"将现在与过去连接

---

[1] 周鹏:《新时代视角下因果报应论的诠释和启示》,《产业与科技论坛》2019 年第 5 期,第 121 页。
[2] 目取真俊『眼の奥の森』、東京:影書房、2009 年、第 99 頁。
[3] 目取真俊『眼の奥の森』、東京:影書房、2009 年、第 99 頁。
[4] 新崎盛晖:《冲绳现代史》,胡冬竹译,北京:生活・读书・新知三联出版社,2010 年,第 30 页。
[5] 新崎盛晖:《冲绳现代史》,胡冬竹译,北京:生活・读书・新知三联出版社,2010 年,第 121 页。
[6] 目取真俊『沖縄「戦後」ゼロ年』、東京:NKH 出版、2005 年、第 142—143 頁。

起来。在小夜子妹妹的眼中，这名少女"神似"小夜子。小说中，她无名无姓，跟单亲母亲一起生活，她是班级中唯一一个认真听小夜子妹妹演讲的人。然而，这个认真、善良的女孩，受到班中同学的歧视、欺侮，甚至被迫喝下含有多名女同学口水的"饮料"，口口声声说里面是"大家的友情"[1]。虽然痛苦不堪，但她自己却一点也不敢反抗，也不敢将自己的经历告诉老师和家人，因为告诉他们也无济于事，她坚信这些大人是信不过的人。被霸凌者不敢发声，更不敢反抗，满腹的委屈无法诉说，只能自己默默独自承受。面对故意绊倒她的霸凌者，她只能将过错归咎于自己身上，并向施暴者道歉；在老师询问是否被同学欺负时，也只能说出"老师，班里的同学都很亲切"[2]的谎言来逃避更严重的霸凌。受害者不敢道出事实的真相，最终一步一步地走向了失语，甚至可能会做出自杀举动。目取真俊通过施暴者气势凌人的态度、受害者的无所依靠、老师浮于形式的关心等，揭示出受害者的绝望无奈，试图引发读者深思。这个遭到欺凌的女学生在放学途中莫名地感受到曾经自杀女子的存在，她冲到楼上想去救人，却发现那里没有人，而一个四十多岁的男人以为她要轻生，想要抱住她，她逃离男人，却遭受男人投以石块的攻击。无名少女没有名字，她可以是任何一个当今的冲绳少女，她极有可能会复制小夜子的命运，可以想象，这个无名少女将继续沉默，她的结局可能是发疯，也可能继续被暴力蹂躏，直至生命终结。她的命运暗示了不计其数的冲绳少女的"宿命"，如若继续容忍暴力，后果不堪设想。

每天忍受着校园暴力的女中学生、坠楼而死的陌生女人，她们在所谓的"和平"和"战后"时期受到创伤，无法摆脱悲剧的"宿命"。因为，上一代的创伤得不到解决，"加害"则被视为理所当然，永不停止，不断地恶性循环，从而穿越时空，支配和压迫现代冲绳人的生活。作家通过现代冲绳社会无辜少女受到

---

[1] 目取真俊『眼の奥の森』、東京：影書房、2009年、第168頁。
[2] 目取真俊『眼の奥の森』、東京：影書房、2009年、第178頁。

霸凌的命运，暗示如若不惩暴安良，不对恶势力加以排斥、肃清，冲绳少女的悲剧的"宿命"将不断循环。

四、结语

目取真俊是一位热衷于描写冲绳战的作家，他善于打破一般逻辑顺序，使其文学想象肆意驰骋于战前、战时、战后三个空间，将创伤事件以碎片式的景象多次重复于眼前，使读者对受创者的精神苦痛和战争的残酷性感同身受。小说内容穿越近六十年的时光，在不同的时空中穿梭，这种叙事方式，使小说更具现实感，向读者呈现了战争、殖民影响的历时持久性和深刻性，表现了作家对战争、强暴与欺凌的连锁关系的认识与无奈。

作家聚焦现代冲绳普通民众，通过冲绳少女惨遭美军强暴的事件，描绘了历时半个多世纪，依旧无法摆脱暴行事件的当事者、亲历者、旁观者等，暴露受害者的内心创伤和现实境遇，挖掘加害者的内心纠葛和人生命运，批判现实社会中旁观者的麻木与无情，凸显了冲绳过去和未来难以摆脱创伤枷锁和桎梏的命运。面对充满暴力、反抗无能的社会现实，作家试图通过"恶人自有恶报""因必有果"的因果思想，揭露冲绳的历史和现实，通过加害者得到惩罚来治疗受创者的心灵；通过满目疮痍的社会现实，呼吁改观冲绳现状，重树青年人的人生希望，探索冲绳的未来和出路。虽然作家为了完成因果叙事的故事框架，将人物的经历用因果思想来阐释，削弱了作品的艺术真实性，但真实地反映了作家嫉恶如仇、改良人性的强烈愿望，代表了作家对正义的呼唤，对美好生活的向往。

A study of karma narration in Medoruma Shun's
In the Woods of Memory

Abstract: Through the sexual violence against Okinawa girls by American troops during World War II, the novel "In the Woods of Memory" by Japanese novelist Medoruma Shun describes the fate of the hero and heroine, the people around them, and even the perpetrators. Through the narrative method of "Karma as the law of cause and effect", the novel explains that the influence of war and violence will transcend time and space, cycle back and forth, and trigger a series of chain reactions such as karma, which will affect the present and the future. This paper adopts the research method of text analysis, examines the fate of the Okinawan people before and after the war, the encounter of the American military perpetrators, and tries to awaken human conscience and convey the desire to build a better life.

Key words: Medoruma Shun; *In the Woods of Memory*; war; karma

作者简介：李敏，历史学博士，天津科技大学外国语学院副教授。研究方向为日本社会文化、日本近现代文学。

胡晴，天津科技大学外国语学院2021级硕士研究生，研究方向为日本社会文化、日本近现代文学。

【融通论坛】

山崎丰子《女系家族》中的"凝视策略"

南京大学　韩亦男

【摘　要】 关于《女系家族》的先行研究一定程度上涉及了女性议题，但文本分析多集中在人物形象的梳理与家族制特征的考察上，对于"女系家族"的成因与男女力学关系的动态演变缺乏结构性分析。本文考察了山崎丰子长篇小说《女系家族》中权力话语的凝视策略，发现男权话语通过梅村芳三郎、畑中良吉、大野宇市与矢岛三姐妹形成了共谋关系，压制了女性的主体性意识，使其落入男权思维的窠臼，最终沦为"被驯服的身体"；山崎通过对男性凝视装置的内化与戏仿，使得"女系家族"制度的脆弱与虚伪得以呈现，揭示出植根该家族体系中的是父权制的这一本质。山崎的叙事策略，实现了对男权话语的反讽，是一种"症候性"的书写与颠覆性的尝试。

【关键词】 山崎丰子；欲望书写；男性凝视；女性主义

一、有"现代怪谈"之称的《女系家族》

　　山崎丰子（山崎豊子）1924年出生于大阪船场顺庆町销售海带的百年老店小仓屋山本，1944年从京都女子专门学校国文系毕业后入职每日新闻大阪总部调查科担任记者。山崎凭借描绘"大阪船场"商人文化的《暖帘》(『暖簾』1957年)、《花暖帘》(『花のれん』1958年)崭露头角，进军文坛。以《白色巨塔》(『白い巨塔』1965年)为转折点，山崎的笔锋从刻画大阪风土的地域文学转为揭露高速经济增长期日本畸形发展境况的"社会派小说",最终山崎发现造成战后日本民众"精神荒芜"的根本原因在于未对战争进行有效的"反省与清算",故创作了以拥有"战争创伤"的少数群体(minority)为主人公的"战争三部曲"[①],受到国际社会的关注与赞誉,有"日本巴尔扎克"之称。

目前中日学术界主要关注山崎丰子的"中后期"[②]作品,对象征山崎作家出发点的"大阪文学"系列鲜少问津。作为继《暖帘》《少爷》(『ぼんち』1959 年)之后第三部刻画船场商人独特精神气质[③]的作品,长篇小说《女系家族》(『女系家族』1963 年)更为细致、明晰地呈现了大阪船场传统商家相沿成俗的家庭模式[④],单行本出版后,山崎收到了来自日本全国各地女性读者的来信,皆以询问胎儿认知申请流程与格式为目的,俨然形成一种社会现象。故事情节曾多次被搬上荧屏,改编为电影、电视剧[⑤],是山崎文学中接受影视改编次数最多的作品,东宝艺术剧场至今仍以一年一次的频率推出相关舞台剧,足见其经久不衰的艺术魅力。

---

① 描写身为陆军大本营参谋的壹歧正经历西伯利亚劳役后重返战后日本的《不毛地带》(1976)、刻画美籍日裔的天羽贤治面对美日开战内心挣扎纠葛的《两个祖国》(1983)、描绘了日本残留孤儿陆一心经历了中国文革、改革开放的波澜壮阔一生的《大地之子》(1991)。

② 目前学术界将山崎丰子的作品分为刻画大阪船场商人气质与风土人情的"早期作品"(《暖帘》《花暖帘》《少爷》《女人的勋章》《女系家族》),描写高度经济增长期尖锐社会矛盾的"中期作品"(《白色巨塔》《伪装集团》《华丽一族》),揭露战后日本社会潜在"战争症结"的"战争三部曲"与冲绳问题(《不落的太阳》《命运之人》)、自卫队问题(《约束之海》)的后期作品。

③ 1963 年文艺春秋推出《女系家族》单行本之际,律师中村稔指出法律法规的运用是推动故事情节发展的关键,面对如此庞大的家产,遗产继承者们尔虞我诈、用尽浑身解数阻止律师插手财产分配,对现代文明的不适与排斥象征着船场商人独特的精神气质。

④ 即"为光耀门楣,在安排女儿婚嫁之际招入赘女婿上门继承家业,即使下一代产有男丁,如若没有经商之才,家族便会为女儿寻觅一位有经商头脑、门当户对的男子,令其继承家业。在重商主义气息浓厚的大阪,该习俗代代相传,久而久之形成了比起骨肉至亲之情,更注重护佑祖上基业的家业至上主义"。

⑤ 1963 年大映(现角川映画)率先拍摄了电影版《女系家族》,由三隅研次操刀,若尾文子、京町子、深见泰三、田宫二郎等人担任主演。1963 年由每日放送制作发行的全 26 集电视剧《女系家族》于每周二晚九点播出。1970 年 8 月 28 日至 9 月 25 日,富士电视台制作拍摄了全五集版《女系家族》,在"女性剧场"专栏播出。1984 年 1 月 5 日,读卖电视台于"周四黄金剧场"播出单集版《女系家族》。1991 年 9 月 30 日至 12 月 27 日每日放送推出全 65 集长篇电视剧《女系家族》。2005 年 TBS 于每周四晚十点黄金时段播出由米仓凉子、濑户朝香、桥爪功主演的十一集版《女系家族》,该版本于 2022 年 4 月 28 日至 5 月 17 日由 TBS 频道重播。

有关《女系家族》的先行研究数量较少,国内学界主要从翻译、地域文化等视角对《女系家族》进行了分析。姚琴认为,《女系家族》看似刻画了同传统"父权制"社会截然不同的家庭结构,但性别歧视、男尊女卑等问题仍有待考察,作品主题依然是揭露人性的黑暗与金钱欲。山崎丰子在塑造独立自强的女性形象方面尚存很大的改良空间。[1]李金凤借助小说文本考察了日本的养子制度,指出"家督"既指涉"家业与继承家业者,即长子继承制",也泛指"模拟血缘关系形成的生活共同体",无论是已故家主矢岛家藏还是女婿良吉,皆不过为延续家族产业而存在的工作机器,家族声誉、商铺名声比家庭成员更为重要。[2]梁曦运用生态翻译学理论,从语言维度、文化维度、交际维度三个层面考察了王玉琢(1987)、千太阳(2007)、秋振瑞(2015)三个版本的译文,指出邱译在文化维度、交际维度上较好地维持了原文与译文的生态平衡;王译在文化维度上存在误释,千译整体三维转换度较低。[3] 2015 年、2016 年[4]的两篇硕士论文对作品中的女性形象进行了考察,认为山崎欲借"女系"二字来反讽日本男权社会的现实,故意用小说名称与故事情节存在的颠倒错位来映射两性地位不平等的社会现状。笔者认为,尽管先行研究一定程度涉及了女性议题,但文本分析多集中在人物形象的梳理与家族制特征的考察上,对小说主题"女系家族"的成因及其背后男女力学的动态演变缺乏深入分析。因此,本文将聚焦"矢岛藤代与梅村芳三郎""矢岛千寿与畑

---

[1] 姚琴:《刍议〈女系家族〉中的女性创作与男尊女卑意识》,载《汉字文化》2018 年第 10 期,第 64 页。

[2] 李金凤:《浅析山崎丰子〈女系家族〉中的日本养子制》,载《唐山文学》2017 年第 12 期,第 193、194 页。

[3] 梁曦:《生态翻译学视角下〈女系家族〉的三个汉译本比较》,载《莆田学院学报》2017 年第 1 期,第 72、75 页。

[4] 向想:《山崎丰子文学中的女性形象——以〈女人的勋章〉和〈女系家族〉为例》,湖南师范大学硕士论文,2015 年。于天虹:《山崎丰子小说〈女系家族〉的人物形象解读》,东北师范大学硕士论文,2016 年。

中良吉""矢岛嘉藏与浜田文乃"三组两性关系，借助"男性凝视"[①]（the male gaze）、"性别化的身体"等理论装置考察小说中有关女性的欲望书写，揭示"女系家族"背后父权制的症结所在，尝试提供一种全新的文本解读空间。

小说故事的舞台设定在具有两百多年"女系家族"历史的矢岛木棉商铺，以现任家主矢岛嘉藏突发恶疾去世为导火索，三姐妹围绕遗产继承权展开了激烈争夺，谁知在矢岛嘉藏葬礼当天，一位名叫浜田文乃的女性突然出现，打乱了原定的遗产分配计划。作为遗言执行人的管家大野宇市为一己私欲，安排情人小林君枝同四位女性周旋，他还利用自身职务之便调查矢岛家所持有的书画古董数目及山林土地等不动产，并巧妙地利用长女藤代与次女千寿的矛盾，同二人达成秘密协议，企图从中牟利。在三姐妹的遗产争夺渐趋白热化之际，身怀六甲的浜田文乃携一封全新的遗嘱与胎儿认定书出现，使包括宇市在内的矢岛家全员的如意算盘落空。故事情节看似是四位女人上演的一出争夺遗产的现代家庭伦理剧，细读文本后不难发现为女性出谋划策、关键时刻扭转局面的往往是"隐而不现"的男性。小说高潮便是在结尾处，为嘉藏诞下一名男婴的文乃携一封全新的遗书现身第四次亲族会，不仅通过"胎儿认证"令三姐妹瓜分遗产的美梦化为泡影，还戳穿了管家宇市中饱私囊、表里不一的丑恶嘴脸。小说最后通过藤代宣读嘉藏的遗书落幕，直接阐明了女系家族的倾颓与终焉。

务必警惕女系家族卷土重来——藤代的声音响彻在拥有两百年历史的内庭墙壁与门柱之间，人们仿佛听到了从墓地深处传来的，矢岛嘉藏冷酷的讥笑。延续四代的女系家族落下帷幕，男系家族即将到来。[②]

[①] 劳拉·穆尔维（Laura Mulvey）将拉康（Jacques Lacan）的镜像理论应用到电影批评中，发展出了男性凝视理论。

[②] 山崎豊子『女系家族』、東京：新潮社、2002年、第3頁。文中引用的小说原文皆笔者翻译。

《女系家族》作为一部"现代怪谈",其怪异之处主要体现两方面。第一,从地理空间上看,矢岛木棉商铺位于南本町,即船场的中心地带,此处自古棉纺商铺鳞次栉比,房檐狭长幽深,形成了独特的聚落景观。[1]但随着城市化进程加剧,传统地域景观日渐消逝,"从矢岛家的走廊抬头望去,映入眼帘的便是一栋大厦的外墙,本瓦葺结构的房檐与厚实的土墙围成的矢岛商店孤零零地坐落在一众高楼大厦之间"[2]。山崎在小说开篇通过场景设置将矢岛商铺刻画为"传统性"与"现代性"错位共生的"场域"(topos)。第二,从家族观念上看,矢岛家从初代起连续三代都未曾有过男性继承人,均要为女儿招上门女婿以继承家业,藤代这一辈亦是如此;"藤代的母亲、祖母、曾祖母皆依照矢岛商铺定下的老规矩,从踏实肯干的学徒或管家中挑选女婿,继承家名和家业。"[3]而最终为这延续百年的女系家族画上休止符的是以"遗产分配""胎儿认定"等现代律法所象征的父系传统。山崎丰子谈及作品的创作初衷时表示,希望构思一部以"不在场人物"为主人公的小说,将因病离世的现任当家矢岛嘉藏作为主要角色,以代辩"死者言说"的遗书为线索,安排目睹矢岛家族三代浮沉的管家大野宇市为推动故事情节发展的线索人物[4],描绘一部根植于战后日本的"现代怪谈"[5]。山崎曾在采访中表示"当这本小说写至最后五行时,我不由地产生了一种对'现代魑魅魍魉'复仇成功的满足感,所谓'魑魅魍魉'指的是 1950 年代充斥日本社会的贪婪物欲与频频上演的骨肉之争"[6]。推动故事情节发展的唯一线索是矢岛嘉藏留下的遗书,而确保小说真实性的关键是作为日本现代化标志之一且日臻

---

[1] 宮本又次『船場』、東京:ミネルヴァ書房、1960 年、第 271 頁。
[2] 山崎豊子『女系家族』、東京:新潮社、2002 年、第 17 頁。
[3] 同書、第 6 頁。
[4] 山崎丰子在『大阪づくし、私の産声』中使用的原文为「狂言回し」,该词原指歌舞伎中提示主题、推动故事情节发展的关键角色,后引申为暗中掌握情节走向之人。https://japanknowledge.com/lib/display/?lid=2001004565300(2022 年 2 月 17 日查阅)。
[5] 山崎豊子『大阪づくし、私の産声』、東京:新潮社、2009 年、第 31 頁。
[6] 同書、第 37 頁。

完善的遗产继承法。

此外，随着船场逐渐被编入大阪城市化与现代化发展的进程中，周边商铺早已放弃了传统学徒制，而遵循现代企业通行的合同雇佣制。由此可见，无论从家族传统还是经营模式上，矢岛商铺均呈现出与"城市化""现代化"格格不入的"陌生图景"。

二、《女系家族》中的双重"颠倒与错位"

从地理空间来看，小说对商铺的外观进行了事无巨细的刻画，营造了"传统"商铺与"现代化"城市之间的"颠倒与错位"。从时代背景来看，藤代进入女校读书时，日本正值太平洋战争时期，1940年日本颁布"国民优生法"，全面禁止避孕和流产，用法律形式强制生育。1941年，日本内阁确定"人口政策确立纲要"，奖励早婚和生育。在军国主义出台的相关政策法规推动下，"母亲"属性中"私域的""家庭的"部分暂时被收编进"公域的""国家的"范畴，基于绝对的男女二元对立框架建立的战时体制以"多产报国"为口号，生育男性保障前线人力成为女性的责任与义务。然而矢岛家"女尊男卑"的家族秩序却同该时代背景大相径庭，具体表现在全体家族成员共同出席庆贺新年时的场景上。

同重视"男正月"的其他船场商家相比，矢岛家更重视"女正月"，连菜肴的摆盘都不以家主嘉藏为中心，而是令尚且年幼的藤代身穿印有家纹的和服坐于上座。彼时尚在人世的祖母加弥常说："藤代，多亏了你，我们过了个热热闹闹的正月。"（中略）起初，藤代并未察觉自家的家庭关系有何异常，直到上了女校，学习了"修身"课程且拜访了朋友家后，才意识到自己家不同于普通家庭的独特氛围与习俗。①

作为国家主要战力的男性在矢岛家中受到轻视乃至压制，呈现出两性关系的"颠倒与错位"，具体则表现在日常生活的空间配置和财产继承权的有无两方面。关于日常生活的空间配置，齐美尔（Georg Simmel）曾提到，空间决定着社会秩序与人际关系，存在排他性、边界性与距离性，成为划分阶级或阶层的一种标准②。作为矢岛家的入赘女婿，矢岛嘉藏自1952年与松子结婚后，除了行房，二人从未住在一起，"主屋的西端紧临'御寮人'房间的便是嘉藏的卧室"③。在绵延了三代的"女系家族"中，嘉藏的生存空间遭到极限压缩，除却经营商铺与出席家族会议，他在矢岛家一直处于"失声"状态，直到松子因脑溢血去世后，嘉藏才从原来的房间里搬了出来，"独占了采光极好的长十二叠、宽八叠的主屋"④。但重获生存空间并未恢复父性尊严，长女藤代因"从小目睹了在祖母与母亲面前低声下气的父亲可悲的嘴脸"，根本不把作为"上门女婿"的嘉藏放在眼里。除却矢岛嘉藏，在这一制度化空间中苟延残喘地另一位男性便是下任矢岛家主——千寿的丈夫畑中良吉。在第一次亲族会结束后的当晚，良吉因遗产分配之事失眠，为了不打扰熟睡中的千寿，他在一片漆黑中摸索着烟灰缸，"又畏首畏尾地划着了火柴点了根烟。为了不让烟味飘往千寿的方向，还刻意拉开了隔间的推门"。良吉这种下意识行为主要来自女系家族的长期规训。

除却上述两位家族内部的男性，另一位同矢岛家有着千丝万缕联系的男性——梅村芳三郎——因财产继承问题，在同长女藤代的相处中也饱受鄙夷与掣肘。作为梅村家最年轻的舞师，芳三郎不仅技艺精湛，还积极扩大流派版

---

① 山崎豊子『女系家族』、東京：新潮社、2002年、第6頁。
② 格奥尔格·齐美尔（Georg Simmel）：《社会学》（Soziologie），林荣远译，北京：华夏出版社，2002年，第231页。
③ 山崎豊子『女系家族』、東京：新潮社、2002年、第24頁。
④ 同書、第21頁。

图,"起初位于顺庆町的习舞场面积狭小,原是雨伞批发商的地盘,芳三郎瞅准时机购置土地,仅用五六年的时间便在船场中心地带建起了巨大的习舞场"[1]。藤代正是看中了芳三郎敏锐的商业嗅觉与过人的胆识,才委托其评估土地市值,但身为"女系家族"长女的她打从心底瞧不起原梅村流当家与弟子生下的这位私生子。而对于芳三郎而言,愿意陪同藤代这位专横跋扈的大小姐前去奈良鹫家深山丈量土地面积,尤其在遭遇极端天气的危急关头舍身救人的关键,是企图以二人不光彩的男女关系为要挟获取大量财产。虽然户籍法改革后抹去了有关"私生子"的表述,但因未鉴定父子血缘关系,所以芳三郎并不具有财产继承权。加之"其平日生活骄奢铺张,时常举办盛大的舞会,造成入不敷出,不得已将现住所同位于日本桥二丁目的习舞场典当抵押,此外还背负一千五百万元的债务"[2]。作为协助藤代的"酬劳",芳三郎直言:

> 面对好似时代巨轮留下的庞然大物般的女系家族,鄙人只会舞扇的这双手根本不可能拨得动算盘,也无意成为上门女婿。唯愿遗产分配一事安排妥当后,藤代小姐能为我绞尽脑汁贡献的计策与付出的时间成本支付相应的报酬。实际上,梅村舞场的经营看似红火,但也是杯水车薪,这次的新派舞蹈展示会又因承包了全大阪最大的礼堂,欠下了近三百万的债务,希望藤代小姐能助鄙人一臂之力,填补亏空。[3]

面对历史悠久、规矩烦琐、家族派系错节丛生的女系家族,芳三郎起初便无意与藤代结婚成为上门女婿,而仅想通过二人之间的不正当关系要挟藤代,攫取大笔钱财。在父权制为中心的日本社会下,位于船场本町的矢岛家可谓既

---

[1] 山崎豊子『女系家族』、東京:新潮社、2002 年、第 68 頁。
[2] 同書、第 339 頁。
[3] 同書、第 356 頁。

陌生又熟悉的异托邦（Heterotopia）[1]，值得注意的是，此处的"异托邦"不是以国家或地域等尺度来衡量的一种空间概念，而是颠倒了社会常规场所之运作逻辑的"反场所"，形成一种阶级分层的空间秩序。矢岛家"倒错的性政治"建构起了一种隐形的制度化空间，呈现出一幅"陌生化"图景，即在该空间中，男性处于权力的底层，受到女性话语的阉割与规训，身份低贱卑微。

三、《女系家族》中缺乏主体性的"他者女性"

女性学研究普遍认为，生理学意义上的女性性别（sex）是"天生的"，社会学意义上的女性性别（gender）是后天建构的，女孩出生后和男孩一样，与母亲的关系较为亲密，并以母亲的身体和角色影响与型塑自己的体认和身份。[2] 精神分析学认为，随着时间的推移，女孩与父亲的关系愈加亲密，逐渐凭靠父亲的身体和角色影响自己的社会化进程。这不仅会导致女孩逐渐纳入父性谱系，而且也会与母亲一起争夺父亲之"宠"。更为悲哀的是，女孩长大后，也难逃母亲的命运，成为男性谱系中的"他者"，淹没于男性谱系之中。[3] 对于藤代而言，身为"父亲"的嘉藏始终是"缺位"与"不在场"的，因此藤代无法完成一般意义上的社会性别塑造，而是成为附属于男权的"他者女性"（the other woman）[4]。当宣布三姐妹遗产继承的第一次亲族会结束后，因担忧自己会在这次遗产分配中落了下风，藤代选择同日本舞梅村流的少当家梅村芳三郎商议。然而，

---

[1] 张一兵：《福柯的异托邦：斜视中的他性空间》，载《当代外国文学》2022年第3期，第79页。
[2] 肖绍明：《从第二性发展为主体性的"他者女性"》，载《西南大学学报（社会科学版）》2015年第3期，第7页。
[3] 朱迪斯·巴特勒：《身体之重》（Bodies that Matter: On the Discursive Limits of "Sex"），李均鹏译，上海：上海三联书店，2011年，第23页。
[4] "他者女性"（the other woman）是法国女性主义哲学家露西·伊瑞格瑞（Lucy Irigaray）提出的概念，指作为"他者"的女性，其意义经历了女性将男性意识、角色和语言内化而被纳入男性谱系的阶段，转变到把女性作为独立、自主的社会性别，成为独立谱系的"他者"阶段。

随着同芳三郎之间缔结肉体关系，事情的发展逐渐脱离了藤代的预期。企图利用芳三郎在遗产分配中获利的计划因内心涌起的不明情愫而产生了动摇。

> 强烈的忧郁和倦怠感席卷了藤代的身体，她不禁回想起了六天前的夜晚。想起那日自己像抓住救命稻草般纠缠着梅村芳三郎的身体，藤代便感到一股难以名状的怒火与烦闷。（中略）芳三郎温柔地用湿热的嘴唇安抚着藤代的不安与恐惧，在旖旎潋滟的氛围中，企图利用芳三郎的心思同炙热的情欲交缠杂糅在一起，难舍难分。[1]

作为长女出生的藤代自幼目睹家中"女尊男卑"生活模式，不知不觉中效仿母亲，"打心眼里瞧不起作为入赘女婿的父亲嘉藏"[2]。起初，藤代也对自家父母的相处模式感到疑惑，例如她为了寻求新鲜与刺激，"总会刻意挑选一些父亲时常在家大喊大叫、摔砸物件"的朋友家拜访。然而，随着时间的流逝，藤代面对此等光景"总会油然而生一股不快，便与这类朋友断绝了往来"。[3] 从小受到女系家族观念浸润的藤代对身份低贱的男性充满鄙夷与不屑，对身为私生子的芳三郎也不例外。然而，藤代逐渐迷失在同芳三郎的情事之中，身体成为她的"弱点"，反而沦为具有欺骗性的介体，借用福柯（Michel Foucault）的观点来说，"身体是被动的"，"建立在身体上的主体无法改变自己的命运"[4]。藤代自己也搞不清对芳三郎的感情，起初她只是想利用芳三郎的聪明才智为自己赢得庞大的遗产，但自从二人有了肌肤之亲后，藤代一改起初"继承遗产后，找一位与自己家境相当的店铺少爷结婚"的想法，而是"沉醉于芳三郎异常妖冶的

---

[1] 山崎豊子『女系家族』、東京：新潮社、2002 年、第 141 頁。
[2] 同書、第 7 頁。
[3] 同書、第 10 頁。
[4] 黄华：《权力、身体与自我——福柯与女性主义文学批评》，北京：北京大学出版社，2005 年，第 81 页。

美貌,内心源源不断地涌动出一股强烈的渴求,她明白自己已将芳三郎视作重金难求的至宝"[1]。这是男性魅力的胜利,亦是男权话语入侵蚕食女系家族独有的性政治场域的标志。二人前去奈良鹫家考察藤代继承的实际土地面积,在下榻的旅馆,芳三郎开始试探藤代的真意:"遗产分配一事结束后,你打算如何处理同我的关系?不会打算等尘埃落定后就甩手走人吧?"[2]藤代对芳三郎没有更多的恋情,她只是感到自己身上的某一种欲望被唤起,她想在这个男人身上找到那神秘的、从未彻底经验过的快感,不料却毫无准备地陷入了这一境地。山崎将女性身体中的性欲望呈现在意识与潜意识两个层面,它们时而冲突对抗,拒斥和接受暧昧不清;时而又汹涌互动、渴望与畏惧难分轩轾;这种欲望导致的"拒绝的渴望与排斥的向往"折磨纠缠着藤代。

朱迪斯·巴特勒(Judith Butler)认为基于男女二元模式发生的性爱不过是异性恋文化主导下开展的规则性实践。身体不是一成不变的产物,而是由言说构成的流动性文本。性行为象征一种管理规范,通过重复的强制性实践,形成对人的规训。[3]矢岛家次女千寿同女婿良吉自新婚之夜起,便严格遵照女系家族的规矩行房。

新婚初夜,母亲松子将刚喝完交杯酒的千寿叫到隔壁,说道:"我们家不同于别家,是女系家族。虽说一般是男人睡在右边主位,但我们家是女子居主位,夫妻行房时也是以你为主,让男人来伺候你。"(中略)夫妻同房时,千寿感到一股难以言喻的羞耻感,嗅到了女系家族积淀已久的癫狂、浓稠的血腥味,不自觉地浑身颤抖。躺下后,便由良吉来取悦自己,事后也是良吉来清理收拾。[4]

---

[1] 山崎豊子『女系家族』、東京:新潮社、2002 年、第 233 頁。
[2] 同書、第 233 頁。
[3] 荻野美穂『ジェンダー化される身体』、東京:勁草書房、2002 年、第 19 頁。
[4] 山崎豊子『女系家族』、東京:新潮社、2002 年、第 21 頁。

异常的性爱起初令千寿感到紧张与不适，但久而久之她也习惯了由良吉来伺候自己。尽管在夫妻关系中掌握主动权，但令千寿耿耿于怀的是结婚五年未能生子一事，她甚至将其归咎于频繁的房事与自身的欲求不满。随着近代医学的发展，"女人是由子宫和卵巢支配的不稳定存在"这一男性中心主义观念固定下来，将女性等同于生殖器或人力资源再生产装置的一元化观念深入人心。[①] 千寿看似在两性关系中处于主导地位，实则仍被父权制定义的女性价值观所束缚，这段心理落差的刻画使得矢岛家受到遮蔽的"男性话语"跃然纸上，揭示了《女系家族》中"双重倒错"的两性结构。山崎对于藤代与千寿的欲望书写揭示了身体的局限性：阻碍女性的主体性复归，压迫精神，使其迷失在身体的迷宫中欲返难归。

较之对矢岛藤代与梅村芳三郎、矢岛千寿与畑中良吉的两性书写，小说中有关矢岛嘉藏与浜田文乃的肉体书写占比不大。在矢岛商铺这一权力场中，父亲嘉藏与三代女人（祖母、妻子、女儿）处于对立的两极，且明显处于受压制的一方。在这样一个父权制支离破碎、气数殆尽的文本语境下，山崎令牵动小说情节发展的线索人物浜田文乃粉墨登场。

> 嘉藏在1952年与浜田文乃相识，二人发生了关系。当时文乃25岁，在白浜温泉当艺妓。嘉藏因出席木棉批发商的聚会来到白浜，发现了与喧嚣的宴会气氛格格不入、阴郁内向的文乃，因同情她的身世遭际，便替她赎了身。或许是同为弱者的身份使二人惺惺相惜吧。（中略）每次同文乃温存之后，嘉藏便会返回家中。即使在妻子过世后，这个习惯也未曾改变。这七年里，嘉藏一次也没有留下来过夜。[②]

[①] 山崎豊子『女系家族』、東京：新潮社、2002年、第106頁。
[②] 同書、第140頁。

很明显，在《女系家族》中，父亲形象的去势与退场是最明显一致的叙事特征和书写策略。父亲的退场，也就是父亲从女儿的生活场景中隐退或滑落到无足轻重的边缘地带，不再拥有对女儿身体的管治权。[1] 嘉藏在小说开篇便被宣告死亡可谓父权退场最为极端彻底的方式。嘉藏去世时，文乃已经怀有四个月的身孕，她每每想到"负重隐忍、担心二人关系被本家察觉而小心行事的嘉藏便心生不忍，在二人相伴的七年间，文乃抛弃了身为女人对男人的一切渴求，仅仅为了嘉藏而活"。[2] 虽然小说中并未出现嘉藏的"言说"，但文乃的身体作为其欲望的投射，承载了父权文化的规约；执意为嘉藏生下孩子这一行为也象征着文乃本质上沦为"男性活动的客体"，她的身体成为男人行为的印记、符号和幻象的核心[3]。山崎此处不再执着于描写文乃对嘉藏的情欲，而直接使文乃沦为嘉藏用来对抗三姐妹的工具，勾勒出一幅男性操纵下女性间对垒的力量图景，凸显男性的卑鄙狡诈与父权制的无处不在。同时，文乃腹中的孩子也成为了延续父性言说的容器而为藤代三姐妹警觉，这驱使她们本能地企图将其扼杀于母体之中。

> 芳子绕到文乃身后，两手固定住文乃的双臂，千寿与藤代也从旁协助，强行令文乃仰躺了下来。（中略）芳子扯开文乃的衣襟，将缠在腰间的束带也解开散在腰间。当宫腔镜伸向文乃大腿内侧时，她抗拒地缩起了脚趾。医生左手持宫腔镜，右手拉开外阴部的阴唇，将宛如鹈鹕喙般长的宫腔镜插入阴道内。文乃身体不住地激灵，身体如虾般蜷缩起来，恐怖与羞耻感令她的眉眼皱到一起。[4]

---

[1] 向荣：《戳破镜像：女性文学的身体写作及其文化想象》，载《西南民族学院学报（哲学社会科学版）》2003 年第 3 期，第 191 页。

[2] 山崎豊子『女系家族』、東京：新潮社、2002 年、第 162 页。

[3] 朱迪斯·巴特勒：《性别麻烦：女性主义与身份的颠覆》(*Gender Trouble: Feminism and the Subversion of Identity*)，宋素凤译，上海：上海三联书店，2009 年，第 177—179 页。

[4] 山崎豊子『女系家族』、東京：新潮社、2002 年、第 211 页。

藤代、千寿与芳子三人为了确保文乃腹中胎儿不会对遗产继承造成威胁，专门请了妇产科医生前来问诊。小说此处未将文乃的身体单纯"客体化"，而是通过藤代三姐妹"内化的男性凝视"来审视带有主观感受性的文乃身体。随着产科医学的成立，女人被视为由子宫和卵巢等男性所不具备的特殊器官支配的生物，女性特有的月经、受孕与生产等生理现象并不是自然过程，而被视为一种需要"专家"介入与干预的异常情况、病理现象[1]，女性的身体也被编入父权制规训与操演的身体政治学中。值得注意的是，小说中物化"文乃"的始作俑者不是男性，而是同为女性的藤代等人。山崎通过刻画饱受"目光"折磨的文乃痛苦、恐惧的肢体语言，令女性目光中暗含的"男性凝视"浮出水面，抒发了她对女系家族中隐而不现的父权制最大的讽刺。

　　叔母芳子的眼中浮现出如助产婆般露骨的神色，藤代与千寿也因目睹了只有妇产科大夫才能见到的鲜活女体而双眸涌动着欲望与兴奋。（中略）她们不禁气血上涌，眼中闪烁着赤裸的嘲讽鄙夷之色。[2]

　　藤代三人通过与妇产科大夫共享"目光"的方式实现了对文乃人格的侮辱与肉体的"侵犯"，亦是女性对女性的侵犯。"凝视（gaze）的概念描述了一种与眼睛和视觉有关的权力形式。当我们凝视某人或某事时，我们并不是简单地'在看（looking）'。它同时也是探查和控制。它洞察并将身体客体化。"[3]吊诡的是，女人们宣告主权的方式竟然是借用"男性凝视"装置，山崎借助女性最真实的躯体反应、肢体运展同心理激迷怆悸的迹痕、生命能量的释现以及自我与他者交感互动的状态，建构起书写的"私人空间"。在该空间中，所谓的"女系家族"

---

[1] 荻野美穂『ジェンダー化される身体』、東京：勁草書房、2002 年、第 163 頁。
[2] 山崎豊子『女系家族』、東京：新潮社、2002 年、第 211 頁。
[3] 丹尼·卡瓦拉罗（Dani Cavallaro）：《文化理论关键词》（*Critical and Cultural Theory*），张卫东、张生、赵顺宏译，南京：江苏人民出版社，2005 年，第 139 页。

呈现出的"倒错性政治"不过是"男尊女卑"的翻版，女系家族的权力运作模式实际上是对男权制或父系家族的照搬复制。山崎从二元对立的男性中心叙事中跳出，将女性作为重点描述对象，通过倒置话语（reverse discourse）和对抗话语（counter discourse）[①]揭示了纵使在女系家族"倒错的性政治"空间内，女性也并未真正地抵抗和消解男权社会的意识形态霸权，最终沦为男性凝视下的"他者女性"。

四、"隐而不现"的男性对决

在《女系家族》为数不多的几位男性角色中，游走于三姐妹与浜田文乃之间，为遗产分配牵线搭桥的管家大野宇市是推动故事情节发展的线索人物，也是饱受学徒制迫害的下层男性的典型代表。宇市十四岁来到矢岛家做学徒，侍奉了三代矢岛家主，在周遭看来，"无论矢岛家进行几代更迭，只要宇市还在，就不会有任何变化"[②]。在延续了三代女系血脉的矢岛家，"比起从年轻学徒中选中的入赘女婿，长期从事买卖营生的宇市更加深谙其中门道"[③]；正因如此，无论是身为入赘女婿的嘉藏，抑或是祖母松子都不会对宇市直呼其名，而是称其为"宇市叔"。"无论发生什么事，大家都会找宇市商量。他平时的工作便是维持矢岛家夫妻之间微妙的平衡。"[④]作为嘉藏临终前指定的遗产执行人，宇市安排情人小林君枝无微不至地照顾有孕在身的文乃，又专程陪同藤代三姐妹参

[①] 克丽丝·维登（Weedon Chris）在《后结构主义和女性主义实践》（Feminist Practice and Poststructuralist Theory）中指出，福柯话语对女性主义理论最大的启示在于话语对权力的阻碍和抵抗作用，为"倒置话语"和"对抗话语"的提出创造了条件。由于古往今来的主流话语都是男权文化的产物，在男性的建构和操控下，女性长期处于从属的、失语的状态；要取代将女性他者化的男权话语，唯有建构新的女性话语，才有可能将女性从传统的沉默角色中拯救出来。

[②] 山崎豊子『女系家族』、東京：新潮社、2002年、第11頁。

[③] 同書、第258頁。

[④] 同書、第37頁。

观矢岛家购置的土地,然而他的最终目的是抢夺矢岛家庞大的家产。作为深受"女系家族"所代表的性政治阉割却又无力反抗的底层男性,宇市终其一生所抗争的对象并不是手握家族实权的女性,而是以嘉藏为代表的船场商人所推行的学徒制度。

  老朸自十四岁起便在矢岛家做学徒,侍奉了三代家主,今年已经七十二岁了,月钱仍是六万三千元,这就是船场老店的规矩。借着不给暖帘蒙尘、维护店铺声誉等由头欺骗年轻学徒,让他们一辈子做牛做马;老朸隐忍了五十八个年头,为的就是等待这千载难逢的机会。(中略)我要从那些坐享祖先留下的遗产的家伙手里把属于我的东西夺回来。①

怀揣着五十八年的执念与憎恨,宇市利用职务之便,隐瞒、篡改了遗嘱中有关地产与古玩收藏的实际数目,同时还委派侦探事务所调查清楚了藤代与芳三郎的关系并以此相要挟,终于就地产分配问题达成了一致。山崎在小说的后半部分聚焦宇市展开叙事,集中描写他为瓜分遗产而同各方势力谈判奔波的场面,而全书的高潮是小说结尾处浜田文乃在第五次亲族会上现身,出具胎儿认证与第二封遗嘱令宇市迄今为止的努力化为泡影的部分。山崎不仅借"胎儿证明"令父权力量重返言说现场,同时通过第二封遗嘱令"不在场人物"矢岛嘉藏重返故事主舞台,拆穿了宇市的阴谋,也颠覆了"女系家族"原有的"性政治"格局。

  第六,关于长年照顾我的浜田文乃,有一件事要向大家汇报。预计于昭和三十四年九月末出生的文乃腹中之子确实是我的血肉;由于我在生前

---

① 山崎豊子『女系家族』、東京:新潮社、2002 年、第 314 頁。

已向浜田文乃的户籍所在地提交了胎儿认证，依据相关法律规定，如若孩子平安出生，将会继承嫡长子持有财产的一半。如果产下的是个男孩，待他成年后，将同千寿夫妇共同继承家业，经营店铺。

如果我所列出的财产目录同管家大野宇市撰写的有所出入，那必定是他动了手脚。因顾及往日恩情，无需走法律程序，令其归还贪污款项后支付其退休金三百万元即可。①

小说结局看似借浜田文乃终结了延续百年的女系家族制度，但分析深层文本不难发现山崎只是将其身体作为孕育父权制的容器，她还巧妙地利用法律中不常见的"胎儿认证"手续制造情节上的反转与冲突，第二封遗书令"不在场"的嘉藏之声复现；小说的故事主线看似是情妇浜田文乃与矢岛三姐妹之间的遗产纷争，实则是作为"嘉藏代言人"的文乃与掌柜宇市的交锋对决，进一步而言即为"亡者"嘉藏与"生者"宇市之间的较量。无论是"女系代言人"矢岛三姐妹抑或是"最后赢家"浜田文乃，都在山崎的身体书写下沦为"男性凝视"的客体，情妇文乃甚至将男性凝视内化，进行自我规训，最终沦为不具危险的"物"，成为"已逝之人"嘉藏所代表的男性权威的卫道者，腹中之子令男权话语重返现场。

五、结语

本文通过聚焦《女系家族》中围绕女性的欲望书写、身体书写，揭示了延续百年之久的女系家族的虚伪与脆弱，尽管山崎丰子将对异性的追求权赋予女性，但无论是藤代与芳三郎还是千寿与良吉，均落入男权思维的窠臼，最终沦

---

① 山崎豊子『女系家族』、東京：新潮社、2002 年、第 406 頁。

为"被驯服的身体";藤代在与芳三郎的情事中失去自我;千寿认为自己未能怀有身孕是因为过度的房事;而作为嘉藏情妇的文乃更是被描绘为男性凝视的景观与欲望的对象,沦为男性生活的补充和权力的附庸。山崎不仅通过一系列欲望书写揭露了男性凝视无处不在,同时指出女性的自我凝视也需要警觉,女性在双重甚至多重凝视下,是由相互分裂的自身观者和他人观者组合而成的,这便是父权中心下的权力逻辑。文乃的有孕之身象征着嘉藏的权力意志,其作用亦是中断女性谱系的延续。小说结尾表面看来是女性对男性的胜利,实际仍是男性对男性的胜出;无论谁取得最终的胜利,皆意味着女性的失落与败北,山崎正是借助这一结构性的反转无形中解构了作为小说表层文本的女系母题,更加戏剧性地构成了对女系家族的反讽,揭露了日本根深蒂固的父权制度。

Gaze Strategy in Toyoko Yamazaki's *Nyokei Kazoku*

Abstract: The previous research on "*Nyokei Kazoku*" to some extent touched upon female issues, but the textual analysis primarily focused on character delineation and examination of the features of the family system, lacking a structural analysis of the underlying causes of the "Matriarchal family" and the power dynamics between men and women. This paper examines the gaze strategy employed in power discourse in Toyoko Yamazaki's novel *Nyokei Kazoku*. By analyzing the complicit relationships formed by Yoshisaburo Umemura, Ryokichi Hatanaka, Uichi Ono, and the three Yajima sisters, it reveals that even women who appear to hold a dominant position in gender relations are still confined within the framework of patriarchal thinking and ultimately become "tamed bodies". Yamazaki's internalization and parody of the male gaze device constitute a "symptomatic" writing, which exposes the fragility and hypocrisy of the "Matriarchal family" system and reveals the fact that the root of this system is still patriarchy.

Keywords: Toyoko Yamazaki; desire writing; male gaze; feminism

作者简介：韩亦男，南京大学外国语学院东亚语言文学专业博士研究生，研究方向为日本近代文学。

从《宇津保物语》中的"琴"意象看平安时代"国风文化"

南京大学 周 爽

【摘 要】"琴"是贯穿《宇津保物语》全篇的重要意象，呈现出中国古琴与日本和琴两种文化要素相交融的特征。本文尝试在音乐史背景下结合比较文学接受学、阐释学的理论，加之文化触变、文化适应的视角，通过考察中国古琴文化要素在日本上代乃至平安时代"国风文化"时期文学作品中的流变，探究《宇津保物语》中"琴"意象的生成及特征，进而从该意象内含文化要素的特质出发，以小见大，揭示平安时代"国风文化"的构成，以期为深入探讨以本居宣长为代表的日本学者强调的带有国粹主义倾向的纯粹"国风文化"论、在日本文学视域下进行"国风文化"之再定义提供新的参考例证。

【关键词】《宇津保物语》；"琴"意象；古琴；和琴；"国风文化"

一、引言

《宇津保物语》是日本现存最早的长篇物语。作为公元十世纪的长篇叙事文学，其在日本文学史乃至世界文学史上都具有重大意义。由于该作品存在一定版本混乱问题，加上物语文学之集大成者《源氏物语》(『源氏物語』)紧随其后出现，《宇津保物语》得到的关注相对较少，存在较多尚待挖掘、探讨的问题。

"琴"作为贯穿《宇津保物语》全篇的重要意象，在物语情节发展、情感表达、主旨表现等方面起到重要作用。要充分解读《宇津保物语》，必须正确把握"琴"意象。由于"琴"的汉字表记既可以指中国古琴，也可指以日本和琴为代表的其他弦乐器，所以无法确认《宇津保物语》中的"琴"就是中国古琴。但从物语初代主人公清原俊荫（清原俊蔭）被选拔为遣唐使"渡唐"习得琴技、求得宝琴的背景设定以及物语二代主人公藤原仲忠（藤原仲忠）儒家君子"左琴右书"式的人物造型来判断，《宇津保物语》中的"琴"是中国古琴的可能性很大。又因为古琴承载了大量中国文化要素，故先行研究不乏挖掘《宇津保物语》的"琴"意象内含的中国古琴文化要素。主要有以下两大方向：其一，从古琴与儒家思想之关联视角，三谷荣一指出"秘琴一族"之所以拒绝"以琴出仕"是受儒家"文章经国"思想的影响[1]；余鸿燕联系古琴与儒家思想的"孝"与"家"，指出物语中"秘琴一族"的塑造实际上意在表现为儒家所提倡的孝道[2]。其二，从古琴作为文人风骨之表征的视角，目加田（目加田さくを）指出物语中的"秘琴一族"体现了中国文人品性高洁、崇尚隐居的特质[3]；户田瞳（戸田瞳）从"君子左琴"的思想出发，深入探究了中国古琴表征的文人风骨对物语中"秘琴一族"之形象塑造产生的影响[4]；杨悦在前人基础上进而指出"秘琴一族"的原型来源于中国古代的"文人琴"家族[5]。除上述两大主要方向外，也不乏用实证主义的方法来考察中国古代典籍中与古琴相关的典故对于《宇津保物语》之影响的研究。例如，吴毓华指出，物语中弹琴引发天变地异的描写受到了《列子》

---

[1] 三谷栄一『鑑賞日本古典文学 第6巻』、東京：角川書店、1986年、第304頁。
[2] 余鸿燕「宇津保物語俊蔭一族の過去と現在：琴の束縛と解放」、『語文研究』2019年第128巻、第1—13頁。
[3] 目加田さくを「琴の家伝と俊蔭一門の造形」、『文芸と思想』1960年第20巻、第12—30頁。
[4] 戸田瞳「うつほ物語の君子：君子左琴の思想および仲忠と正頼の政治性をめぐって」、『国語国文研究』2016年第148巻、第1—14頁。
[5] 杨悦：《宇津保物语中的俊荫一族与七弦琴继承》，载《日语教育与日本学》2017年第11辑，第119—127页。

所载由弹古琴产生奇异现象之描写的影响[①]；赵俊槐认为，物语初代主人公寻得的用作琴材的深谷桐木的形象受到了《文选》卷十八《琴赋》的启发[②]。上述研究多角度展现了中国古琴文化要素在《宇津保物语》中的投射，然而物语中"琴"意象内可能蕴含的日本和琴文化要素则缺乏探讨。西本香子[③]、张龙妹[④]曾指出，《宇津保物语》中的"琴"兼具中国古琴与日本和琴的特质，一定程度弥补了上述不足，但均未结合时代背景系统考察该意象的生成过程及特征。此外，现有研究也尚未见有结合音乐史来探讨"国风文化"的先例，对于中国古琴文化要素在平安时代"国风文化"时期的接受状况和当时日本的文化接受层在接受古琴文化要素时秉持的文化心理也缺乏考察。因而本文尝试填补先行研究之不足，在音乐史背景下结合比较文学研究的方法与视角，探究中国古琴文化要素在上代至平安中期日本文学内的流变，考察融合了中日两国文化要素的《宇津保物语》中"琴"意象的生成过程及特征，并结合该意象思考日本"国风文化"之真实样态，窥探这一时期日本文化的构成。

二、中国古琴与日本和琴

古琴，又称七弦琴，是我国最古老的拨弦乐器。以孔子为代表的儒家倡导"兴于诗、立于礼、成于乐"[⑤]，尊古琴为"乐之统"[⑥]，极力称颂其在帝王治世、礼乐教化方面的重要作用，使得古琴摆脱了形而下的"器"的束缚，而上升至"道"

[①] 吴毓华「宇津保物語における琴の描写と中国の古典」、『横浜国大国語研究』2005 年第 23 卷、第 26—37 頁。
[②] 赵俊槐：《〈宇津保物语〉对"孝思想"的接受》，载《日语学习与研究》2014 年第 1 期，第 119—127 页。
[③] 西本香子「宇津保物語の琴（キン）」、『明治大学日本文学』1991 年第 19 卷、第 82—86 頁。
[④] 张龙妹：《平安物语文学中的古琴》，载《日语学习与研究》2012 第 6 期，第 1—6 页。
[⑤] 何晏 邢昺：《论语注疏》，上海：中华书局，1936 年，第 34 页。
[⑥] 王利器：《风俗通义校注》，上海：中华书局，1981 年，第 293 页。

的境界，即"琴道"。这一概念由东汉桓谭最先提出，他作《新论·琴道篇》，将古琴定位为古代贤明帝王之创制、严肃王权统治之表征。于桓谭而言，于以桓谭为代表的儒者而言，古琴并非单纯的琴器，而是振兴儒家礼乐教化之凭借。在东汉时期的几部琴学专论中，古琴作为王权正统之崇高象征的地位进一步得到了巩固，古琴文化要素由此带上了凝重而浓烈的政治伦理性色彩[1]。作为儒家订立的崇高礼乐思想的具象化身，古琴的文化内涵一再得到深化，被赋予了同"德行""君子""孝道""文雅""和合"等几乎所有为儒家所倡导的美好概念、品质之间的密切关联。由于儒家思想可谓中国传统思想的基底，处于重要的统摄地位，因此，为儒家所推崇的古琴也成为承载中国文化要素最为丰富的乐器，历来备受推崇。

　　魏晋时期，古琴文化迎来新发展。适逢乱世，动荡社会中出现了以阮瑀、嵇康、阮籍等为代表的，拒绝依附宫廷的"叛逆"文人琴师。他们信奉庄子所言的"鼓琴足以自娱"[2]，游逸山水、隐居田园、追求人性之本真。于他们而言，琴是养生、自娱的手段，是隐逸思想、反叛精神的表征，是"越名教而任自然"[3]的凭借。他们将道家思想熔铸于古琴文化，以弹琴寄托精神、养生调息，追求大音希声的境界。他们赋予古琴的文化思想深深影响了后世文人。弹奏"无弦琴"的陶渊明、以琴为"三友"之一的白居易是其中的典型代表。到了隋唐，俗乐繁盛，在"乐与政通"思想的指导下，"胡乐乱华"现象激起了文人对古琴"华夏正声"地位的维护。白居易就曾作《法曲》《立部伎》《胡旋女》《五弦弹》

---

[1]　桓谭《新论·琴道篇》有言："昔神农氏继伏羲而王天下，上观法于天，下取法于地，近取诸身，远取诸物，于是始削桐为琴，练丝为弦，以通神明之德，合天地之和焉"；蔡邕《琴操》有载："昔伏羲氏作琴，所以御邪僻，防心淫"；杨雄《琴清英》有道："昔者神农造琴，以定神，禁淫僻，去邪欲，反其真者也。舜弹五弦之琴而天下治"；认为古琴创制于古代贤明帝王之手，弹琴也并非为娱乐，而是有着与德行、教化相关的重大意义。

[2]　陈鼓应（注译）：《庄子今注今译》，上海：中华书局，1983年，第761—762页。

[3]　嵇康（著）戴明扬：《嵇康集校注 卷六》，北京：人民文学出版社，1962年，第243页。

等诗来批判当时致使古琴"光彩减，尘土生"[①]的社会状况，表达对于"郑之夺雅"[②]的不满。这种对古琴之正统地位的维护在后世也得到了传承。

受儒家的推崇、道家的支撑，古琴在中华文化中的特权地位无可动摇。随着中日两国文化交流的展开，古琴也对日本产生了影响。在系统引入唐朝雅乐制度的日本平安时代，古琴文化要素频繁出现在日本的物语文学中，而《宇津保物语》可谓其始祖。

在关注中国古琴的同时，极罕见的日本本土乐器和琴的存在同样不容忽视。和琴又名倭琴，考古研究发掘出的弥生后期的登吕式琴表明其在日本列岛也有着相当悠久的历史。岸边成雄（岸辺成雄）曾指出，不论是现在使用的和琴、正仓院和琴还是出土的登吕琴雏型，都有特定的"琴"的形状，且这种形状似乎是古代的"琴"在祭祀、仪礼中追求的理想的形状。[③]古代的祭祀、仪礼往往与人们信仰的鬼神、宗教密切相关。成书于公元八世纪的《古事记》（『古事記』）与《日本书纪》（『日本書紀』）中也存在可被视作和琴之原型的"天诏琴"具有与神灵沟通之神秘力量的记载。[④]因而综合考古学、音乐史、文学史三个层面，可以清楚地发现日本本土的和琴不仅历史悠久，而且自创制伊始就与神事祭祀、鬼神崇拜密切相关，且带有浓厚的可与神灵沟通的宗教色彩。

如同古琴之于中国雅乐，和琴也是日本雅乐的重要组成部分。值得注意的是，日本的雅乐制度虽是模仿中国雅乐体系建立的，实质上却并非严格意义的中国雅乐，而是燕乐，即宴飨之际的音乐。因而与古琴在中国雅乐中庄严肃穆、尊贵崇高的形象相比，日本雅乐中的和琴则带有飨宴娱乐、欢快畅达的意味，可称之为飨宴性。此外，葛晓音曾指出，在日本，从平安朝开始，雅乐便是作

---

① 白居易：《白氏长庆集 卷第一》，上海：商务印书馆，1929 年，第 188 页。
② 苏仲翔：《元白诗选注》，上海：春明出版社，1982 年，第 66 页。
③ 岸辺成雄「和琴の祖型 − 出土品を中心に −（上・中・下）」、『雅楽界』1983 年第 58 卷。
④ 《古事记》有载，仲哀天皇意欲攻打熊袭国，抚琴请求神灵指示，神灵借皇后之口下达神谕，而天皇不信，并拒绝弹琴，终致琴止人亡。《日本书纪》中的记载也较为类似，不过此处记载中弹琴的并非天皇本人，是由皇后代弹，结局也是因天皇不相信神灵以琴为媒介传达的旨意而最终灭亡。

为特殊技艺在专门的乐人家族中传承的。[1]详细记载了以嵯峨天皇（嵯峨天皇）为开端的和琴之传承谱系的《和琴血脉》(『和琴血脈』) 也佐证了和琴之传承展现的内部性特质。这种在系统内部传承、对外秘而不宣的形式无疑就是所谓的"秘传"。而和琴作为日本雅乐的重要组成部分，难免会带上这种"秘传之宝"的属性。

综上，古琴是礼乐教化之正统宝器，与王权政治密切相关，象征了儒家所推崇的美好品质，也是道家思想中寄托精神、追求本我的依凭，同时表征了魏晋叛逆文人琴师敢于拒绝权威、崇尚隐居的特质；日本和琴则自诞生伊始就具有浓厚的宗教性质，其后随日本雅乐的发展，进一步增添了较为明显的飨宴性与"秘传之宝"的属性。

三、中国古琴文化要素在日本平安中期以前的接受

虽然以高罗佩（Robert Hans van Gulik）为代表的部分学者认为古琴在音乐实践层面直至江户时代才被日本吸收，然而倍受儒、道两家推崇的古琴形象却经常出现在中国的典籍、诗词中。在日本崇尚"唐风"、大量引入并刻意模仿中华文化的历史时期，古琴文化要素定能随诗词典籍等的流传为日本人所了解乃至熟知。

通过梳理日本上代五部主要文学作品，即《古事记》《日本书纪》《风土记》(『風土記』)《怀风藻》(『懷風藻』)《万叶集》(『万葉集』) 中的"琴"，可发现其实早在奈良时代，日本就已存在较为明显的对于古琴文化要素的接受。以《万叶集》卷第五中的"梧桐日本琴"为例，咏的虽为日本琴，但十分明显地化用了嵇康《琴赋》中咏古琴的典故。"恒希君子左琴"一句更是将对古琴文化要素

---

[1] 葛晓音：《清华历史讲堂三编》，北京：生活·读书·新知三联书店，2011年，第172页。

的接受展现得淋漓尽致。此外，以《怀风藻》为典型，文献中还存在大量与古琴相关的文化要素的化用——"彭泽宴谁论""对峰倾菊酒"等句中出现了与古琴有深厚渊源的陶渊明、嵇康的典故；"熏风""关山月""杨柳曲"等著名古琴曲名也多次出现在日本上代文学作品之中。不过其中对古琴文化要素的化用大多停留在了较为表层的阶段，对于儒、道两家思想赋予古琴的深刻内涵还未形成系统理解。

平安时代前期，所谓弘仁贞观文化时期，日本天皇就是中国古琴文化要素的积极接受者。嵯峨天皇作《夏日左大将军藤冬嗣闲居院》有句："吟诗不厌捣香茗，乘兴偏宜听雅弹"。在擅长诗文书法、在位期间出现风靡饮茶之"弘仁茶风"现象的嵯峨天皇笔下，听琴与吟诗、捣茶一同被视作高雅活动。诗与茶明显是中国文化，所以即便所听"雅弹"并非中国古琴，也带有古琴文化要素。《续日本后纪》(『続日本後紀』) 记载仁明天皇 (仁明天皇) "学淳和天皇 (淳和天皇) 之草书，人不能别也。并工弓射，屡御射场。至鼓琴吹管，古之虞舜汉成两帝不之过也"。为展现天皇善琴，以中国的两位皇帝作为衬托。加之句中还有"草书""弓射"等中华文化要素，可以断定此处的"琴"就是中国古琴，而天皇不仅爱琴且善琴。以上两处天皇与琴之关联材料都一定程度反映出当时的日本天皇对中国古琴文化要素积极主动的接受。

除天皇外，平安前期的王公权贵们也同样对古琴文化要素的接受表现出极大的热心。菅原道真 (菅原道真) 作汉诗《秋》："不解弹琴兼饮酒，唯堪读佛且吟诗"，琴、酒、诗三者关联，不禁让人联想到白居易所作《北窗三友》："琴罢辄举酒，酒罢辄吟诗"。菅原道真曾在《菅家文草》(『菅家文草』) 中直言"平生所爱白氏文集七十卷"，因而诗句中白氏"三友"的出现，无疑是对于白氏以此三者之雅表现自身之高雅的文人思想的吸收。此外，《文德天皇实录》(『文德天皇実録』) 卷九载藤原良房 (藤原良房) 再三抗表辞封时所言"臣本以疏慵，酷厌俗务。爱嵇生之不堪，好阮公之孤啸。常愿日夜对山水而横琴，时时玩鹰马而陶意。自参端揆以来，未尝一日不怀辞退之志"，提及的嵇康与阮籍均为我国魏晋时期"叛逆"文人琴师之代表。"对山水而横琴"一句无疑是他们赋予古琴的彰显独立意志、拒绝依附、崇尚隐逸之思想的表征。兼明亲王（兼明親王）作《远久良养生方》中也有句"诗两韵，琴一张……痴主湛，慵嵇康"。可见平安前期的日本权贵对于古琴文化中的高洁风雅及魏晋时期文人琴师的抗拒权威、崇尚隐逸心怀憧憬，并积极主动加以模仿。

从上述内容可知，平安中期以前的日本对古琴文化要素已有较为广泛且主动的接受。但不可否认的是在这一时期，日本与我国存在较大的文化差异，且日本的文化接受层是以近乎恭敬的态度在接受中国文化。从文化触变、文化适应的视角来看，当传入方与接受方存在较大落差，文化在被接受时必然无法保持原貌。例如在中国，受道家大音希声观念的影响，相较于弹奏技巧，更受重视的是"弦外之音"：刘禹锡言"可以调素琴，阅金经"、白居易咏"自弄还自罢，亦不要人听"、刘长卿作"泠泠七弦上，静听松风寒"，这些诗句都一定程度上反映出中国文人在弹奏古琴方面并没有特别重视琴艺技巧，而是更为倾心于韵外之致，强调古琴带来的独特审美体验。而日本的弹琴者似乎十分重视琴技，多部文献中存在"善琴者"形象，且这些人能凭借善琴出仕。[①] 菅原道真作"偏信琴书学者资，三余窗下七条丝。专心不利徒寻谱，用手多迷数问师"也展现出诗人苦苦钻研以提升琴技的汲汲状态，与中国文人于琴音中求淡然的心态大相径庭。或许这与日本天皇爱好古琴、权贵可借琴投天皇之所好、位卑者也有机会以琴出仕的社会现实相关。可以说平安前期的社会现实使得古琴文化要素呈现出一定的世俗化倾向，也一定程度表明了日本文化接受层未能完全领悟古琴"琴道"之底蕴，对该文化要素的接受还停留在较为表层的模仿阶段。

总而言之，早在日本上代文学中就已出现对于古琴文化要素的接受；到了

---

① 例如《文德天皇实录》卷五中有记载"关雄尤好鼓琴"；《三代实录》卷十四中记载藤原贞敏"少耽爱音乐好学鼓琴尤善弹琵琶"；同书卷十六中记载"长松无它才能，以善弹琴配聘唐使"等。

平安前期，以天皇、权贵为首，进一步积极主动地接受中国古琴文化要素。而受到当时两国社会文化差异影响，日本文化接受层未能彻底领悟古琴文化最本质的内涵，对该意象的接受尚停留在机械模仿的表层阶段。受天皇爱琴且善琴，普通人有机会凭借善琴出仕的社会现实之影响，古琴意象在当时的日本也一定程度沾染了世俗性的特征。

四、《宇津保物语》中的"琴"意象

《宇津保物语》是"国风文化"背景下遣唐使物语中"秘琴东传"母题的开端[1]，"琴"是其重要意象。《系辞传》提出"言不尽意""立象以尽意"，指出"象"对"意"的表达有"言"不能及的作用[2]。因而正确把握"琴"意象，对于解读《宇津保物语》至关重要。如前所述，该物语中的"琴"是中国古琴的可能性很大，映射出大量古琴文化要素。然而，该意象也呈现出了古琴不具备的、日本和琴才有的宗教性、飨宴性与秘传性特质，且同"国风文化"时期的日本社会背景发生深度融合。

物语开篇，初代主人公俊荫在异域获赠仙人之琴，得到天人附带有"秘传"要求的"以琴立族"的预言："你乃应天命于人间以琴立族之人……这二面琴只可于那山中之人跟前弹奏，切不可闻于他人"[3]。而正如上文所提及的，和琴受到日本雅乐传承习俗的影响，具有"秘传"的特性，且日本神话中的"天诏琴"正是传达天人之诏、表征神明预言的神器，而这种神器一直被视作和琴的原型。可见《宇津保物语》中的"琴"意象内带有作为和琴之传承规则的秘传

---

[1] 郭雪妮：《以礼乐之器阐释王权：松浦宫物语中的"琴道"》，载《外国文学评论》2019第4期，第73—92页。

[2] 叶朗：《关于中国美学史的几个问题——中国美学史大纲绪论》，载《学术月刊》1985年第8期，第42—49页。

[3] 中野幸一（校注・訳）『うつほ物語』、東京：小学館、1999年、第30—31页。（笔者译）

特质，也有作为和琴之原型的"天诏琴"与神灵沟通的神秘功能。俊荫临终时向女儿袒露仙人亲制并亲自命名的"南风"与"波斯风"两面琴的奥秘，叮嘱她只有在身处极度的幸福或遭遇极大灾祸时才可奏响。当她为东国武士所困无可逃脱时，奏"南风"之琴，琴声起时林木倾倒，山体倾塌，给她造成性命之虞的武士命丧黄泉。这一"以琴退敌"的情节或许会让人联想到诸葛孔明于城楼上孤琴退敌，演出"空城计"的故事。然而两相对比，便能发现其中的不同：物语中的俊荫之女是借助仙人之琴中蕴含的神秘力量来击退敌人；诸葛孔明则是利用古琴所代表的和、淡心境来攻敌人之心。显然，物语中的"琴"意象与和、淡心境无关，而与宗教性神秘力量紧密关联。除此之外，值得注意的是《宇津保物语》中还存在众多飨宴、祭祀的场面，也不乏"琴"与其他乐器合奏的描写。以俊荫章后半部分描写的相扑比赛后的筵宴为例，在热闹而奢华的宴会上，"琴"作为飨宴的工具之一，与笛一同合奏[①]。但古琴除了在庄严肃穆的中国雅乐中用于合奏外，多用于独奏。因而物语中"琴"的合奏与飨宴性质或许也就来源于和琴文化要素。

《宇津保物语》中"琴"意象内含的和琴文化要素有浓烈的宗教性、神秘性，为物语增添了瑰丽的奇幻色彩。而占据"琴"意象之主体的古琴文化要素与"国风文化"时期的社会现实发生融合，为物语增添了现实性要素。

初代主人公俊荫"渡唐"后获赠宝琴、习得琴技，回国后拒绝成为天皇的御用琴师，不愿教太子习琴，甚而辞官隐居，一心向女儿传授琴技；俊荫之女与儿子仲忠隐居于深山树洞，进行秘琴传授，此二人也曾多次拒绝为权贵弹琴。俊荫一族抗拒以琴入仕、拒绝为权贵奏琴、避世隐居的行为无疑体现出了物语作者对中国古琴文化要素中文人风骨、隐逸思想、叛逆精神的接受。而从俊荫一族采取这些行为之目的来看，其又绝非是要"越名教而任自然"，而是为谨遵

---

① 中野幸一（校注・訳）『うつほ物語』、東京：小学館、1999 年、第 112—113 頁。

天人所给"以琴立族"的预言中附加的"秘传"要求。因而可以说《宇津保物语》表面上接受了中国"文人琴"精神，让俊荫一族敢于在行为上拒绝王权；但在实质精神方面却又难以抵抗"立族"的世俗诱惑，让其遵照天人预言，凭借琴逐步向王权靠拢——从俊荫一族的内部传承来看，俊荫将琴技传与女儿，让她通过琴实现与权贵藤原一族的血脉相交；俊荫女之子仲忠，借助琴技以及藤原一族的高贵血统，顺利迎娶天皇之女，初步实现与王权的血脉相通；而后，位极人臣的仲忠将琴技传给女儿犬宫，并为其建造华丽的演奏舞台。虽然物语的最后并未明言，但不难想象犬宫极有可能嫁入皇室，在仲忠的支持下实现与皇族血脉的最终融合。因而，俊荫一族看似反叛、孤傲的"出世"行为实际上是为更好地达到"入世"效果。这样的"立族"方式，可以说几乎完美地复刻了"摄关政治"时期摄关家接近王权的手段。

此外，十分引人注目的是《宇津保物语》中"琴"意象内蕴含的中国儒家之孝文化。从俊荫在阿修罗面前痛诉自己因渡唐犯下不孝之罪，仲忠孝养母亲引发奇瑞，俊荫之女、仲忠谨遵俊荫之命，坚守琴技秘传等情节来看，"秘琴一族"确实展现了丰富的孝道内涵。赵俊槐认为物语赋予琴以孝的内涵是为了提高琴在物语中的层次，压缩琴技作为"小道"的空间。[①] 而笔者认为，作者赋予琴、弹琴一族以孝道的要素，实则是为彰显对于儒家思想中礼乐教化的强调。儒家思想在中国王朝统治时期长久处于统摄地位，建立了礼乐教化的崇高目标，古琴正是倍受其推崇的礼乐教化之正统、王权统治之宝器，而孝也恰是最受其重视的基本道德要求。琴与孝的结合，很可能是物语作者对儒家礼乐教化、王权正统思想的强调。结合"国风文化"时期摄关政治隆盛、天皇权力失坠的社会现实，推测身份为男性贵族文人的物语作者，不乏意图借儒家礼乐教化之思想，以古琴作为礼乐正统宝器的身份来表达自身政治诉求的可能。让凭借摄关

---

① 赵俊槐：《宇津保物语对孝思想的接受》，载《日语学习与研究》2014 年第 1 期，第 119—127 页。

家接近王权之手段来立族的"秘琴一族"垄断秘琴,或许一定程度体现出物语作者意图彰显摄关家权力的正统性,合理化摄关家对王权之垄断的尝试与努力。因而一定程度上可视作日本物语文学之政治性[①]的例证。

和琴具有的宗教性、飨宴性、秘传性为物语"琴"意象增添了奇幻色彩与神秘特质。文人风骨、叛逆精神与摄关家掌权手段的组合,体现出古琴文化要素在"摄关政治"这一特殊社会现实中的流变;琴与孝的结合,或许又一定程度体现了物语作者的政治性诉求。综上所述,《宇津保物语》中的"琴"意象兼具中国古琴与日本和琴两种文化要素,且与"国风文化"时期日本的社会现实发生了深度融合。

五、日本"国风文化"背景下"琴"意象的生成

所谓日本"国风文化",是相对奈良时代及平安时代前期的"唐风文化"而言的概念。一般认为是以日本在宽平六年(894)终止遣唐使派遣、中断与中国的直接联系为开端,以10世纪初至11世纪的"摄关政治"为中心展开,强调日本本土文学、文化的发展。"国风文化"之真实样态广受关注,但鲜有结合音乐史阐释这一时期的先行研究。《宇津保物语》中极突出的"琴"意象作为内涵丰富的音乐意象,加之该作品在物语文学史的独特地位,让其成为探究"国风文化"之真相样态,思索"国风文化"之合理定义的极佳入手点。

由上文分析可知,平安前期的日本,中华文化占主导地位,以天皇和贵族为主体的文化接受层以近乎虔诚的态度对中国古琴文化要素进行了积极且广泛的接受。从文化触变、文化适应的视角来看,当文化交流的双方存在较大的文化差异时,处于相对低位的接受方首先要做的必然是进行引入、模仿,进而再

---

① 長谷川政春、伊藤博、今西祐一郎、吉岡曠野『新日本古典文学大系24』、東京:岩波書店、1989年、第515—534頁。

用较长的时间去进行内化吸收，从而让接受来的文化适应本国特质。奈良时代、平安时代前期的日本文化接受层对中国古琴文化要素的接受带有机械模仿的倾向。而平安时代"国风文化"时期可看作是日本对此前在"唐风文化"时期从中国接受来的文化进行系统消化吸收的时期。成书于此时期的《宇津保物语》的"琴"意象便是很好的例证——物语中的"琴"意象内含大量中国古琴文化要素的投射，也融合了日本和琴文化要素，并受到"国风文化"时期特殊社会背景的影响，呈现出中日两国文化要素融合的特征。此种特征的产生无疑是物语作者在进一步内化、吸收中国古琴文化要素的过程中，将古琴这一外来文化要素与自己本国文化要素进行融合，并试图将其纳入自身文化体系而最终达成的文化适应效果。《宇津保物语》的"琴"意象表面看来不过是某物语作品中的单个意象，然而该意象实则是文化要素的投射，反映了在"国风文化"这一特殊社会、思想背景下日本本土文化要素与这一时期以前大量接受进来的中国文化要素之间的关系。同时，作为"秘琴东传"这一母题的开端，《宇津保物语》中的"琴"意象给其后的物语文学带去了深远影响。可见该物语中"琴"意象具有一定的典型性，可作为"以小见大"探究"国风文化"之真实样态的凭借。

十分值得注意的是，《宇津保物语》虽是"渡唐"物语，然而"秘琴一族"的始祖俊荫在途中遭遇了风暴，漂流到了波斯，但俊荫回到日本后却闭口不提波斯，屡次提及唐土；为突出给俊荫出题的博士学识渊博，强调此人三次渡唐；为表现源凉之外祖父神南备种松建造的豪宅之奢华程度，称其中充满唐物。上述例子均反映了在"国风文化"背景下，"唐"依然占据文化特权地位，被视作正统的表征。遣唐使派遣的中断不等同于中日文化交流的终结，也不代表中华文化在日本失去了影响力。相反，在摄关家隆盛、王权失坠的"国风文化"时期，仍有贵族文人意图假借古琴王权正统之宝器、儒家礼乐教化之表征的身份来表达自身的政治诉求。而这无疑也体现出这一时期的日本文化接受层对古琴文化要素的理解与吸收相较平安前期停留在表面的模仿已有了更深入的理解与领悟。

在日本国家意识逐渐强化的时期，将进一步内化、吸收的外来文化要素同本国文化要素进行融合，因而日本平安时代"国风文化"时期实则是一个有着二元性构成的别具魅力的特殊时期。

六、结语

日本平安时代"国风文化"时期绝非是断绝了与中华文化之联系的时期。相反，那是一个对于此前以类似于囫囵吞枣的方式接受进来的中华文化进行系统地消化吸收的时期。在此期间，传播方与接受方的文化在触变以后相互适应、相互融合。《宇津保物语》中的"琴"意象便是在这一特殊历史背景下的产物。该意象带有丰富的中国文化要素的投射，同时融入了日本和琴的宗教性、飨宴性以及秘传性特质，并与平安时代"国风文化"时期特殊的社会背景发生了融合，呈现出中日两国文化要素相交融的特质。由于该意象的特征实际上反映了"国风文化"时期中日两国文化要素之间的关联，具有典型性，因而可通过该意象的生成及特征，以小见大，一定程度窥见日本"国风文化"的二元性构成。

本文在音乐史背景下，结合比较文学接受学、阐释学的理论基础，加以文化触变、文化适应的视角，探究《宇津保物语》中"琴"意象的生成及特征，弥补了先行研究对该物语"琴"意象内含的和琴文化要素之关注的不足。本文尝试结合音乐意象阐释"国风文化"，在跨文化语境下引入比较文学的考察，且考察的视角较为新颖，或许能够为"国风文化"之再定义提供一些新的参考。

然而由于篇幅所限，本文未能够详细考察《宇津保物语》中至关重要的"琴"意象在此后的物语文学中发挥的作用。对先行研究中尚未指出的《宇津保物语》中"琴"意象可能受到的白居易之琴诗中物候观、自然观之影响也未做展开。上述两点不足将在后续研究中弥补。

The Japanese-style culture in Heian period as seen through the imagery of 'qin' in the *Tale of the Hallow Tree*

Abstract: The 'qin' is an important imagery throughout the *Tale of the Hallow Tree*, showing the intermingling of two cultural elements of Chinese guqin and Japanese wagon. This paper attempts to investigate the generation of 'qin' imagery in the *Tale of the Hallow Tree* by combining theories of comparative literary reception and hermeneutics with the perspectives of cultural change and cultural adaptation in the context of music history, and by examining the flow of cultural elements of guqin in the literary works before and in Japanese-style culture in Heian period (794-1185), this study examines the generation and characteristics of 'qin' imagery in the *Tale of the Hallow Tree*. Then, from the characteristics of the cultural elements contained in this imagery, we will reveal the composition of Japanese-style culture in Heian period to some extent. It would do help to provide a new reference for the discussion of the pure Japanese-style culture theory with a tendency toward nationalism, which was emphasized by Japanese scholars represented by Motoori Norinaga, and to redefine Japanese-style culture in the context of Janpanese literature.

Keywords: *Tale of the Hallow Tree*; 'qin' imagery; guqin; wagon; Japanese-style culture

作者简介：周爽，南京大学外国语学院日语语言文学专业硕士生，研究方向为日本古典文学。

书评

跨学科和超领域教育实践的成果：
《表象文化：色彩》评述

南京邮电大学　梅定娥

书名：《表象文化：色彩》
编者/译者：李斌、刘东波
出版时间：2023 年 5 月
出版社：青岛出版社

　　2023 年 5 月，期盼已久的日本东京大学教授们的讲义文集《表象文化：色彩》终于出版了，笔者第一时间得到赠书，一睹为快。

　　南京大学自 2006 年开始与东京大学联合举办"南京大学－东京大学教养学论坛"，南大学生每年有两周时间可以直接修读东京大学本科的通识课课程。笔者也曾去旁听过，每次集中授课都会围绕同一个主题，由不同研究者从各自的研究领域进行考察、讲授。这不仅仅是文学、史学等文科领域内的交互，更多授课内容横跨了文理界限，是真正意义上的跨学科知识。因为很多修读者不懂日语，所以南大日语系要做好配套资料的笔译工作，以及授课现场内容的同声传译。在参与过程中，全校选修这门课程的学生不仅能参与跨文化交流，学到相关知识，日语系学生还能锻炼外语实践能力。笔者一直非常佩服引进这个项目的团队，赞叹有他们远见卓识，寻找到一条非常好的国际化教育交流模式。

不过，对于像笔者这种对该项目有兴趣但又不属于南京大学的人来说，虽然有机会旁听，但毕竟存在时间和距离的问题，如果这些授课内容能以文字或音视频的形式留下来并共享，那就再好不过了。而《表象文化：色彩》正是文字化的通识课讲义文集，由南大日语系的老师和同学通过转写、翻译、改编等复杂流程完成了一系列编辑和翻译工作。无须亲临南大现场，也能接触到最前沿的跨学科知识分享，真是让人拍手称快。何况，本书的优点还不止于此。

一、本书的内容和特色

本书围绕的主题是"色彩"，共有七篇文章，第一篇是《美术与色彩》，演讲者是西洋近代美术史、比较艺术研究者三浦笃教授。本文以西洋和日本绘画为例讲述了不同文化中色彩使用的不同、色彩所代表意义的不同、不同文化中色彩运用的历史发展变化情况等；第二篇是《夏目漱石〈我是猫〉中猫毛的颜色》，演讲者是日本著名文学研究者、文艺评论家小森阳一教授。文章通过对小说的文本分析、文本与当时社会现实的联系的考察等方式，明确了夏目漱石小说《我是猫》中猫毛的颜色；第三篇《色彩感觉的多样性与色彩通用设计》，演讲者是分子细胞研究专家伊藤启教授，文章从人眼感知色彩的机制开始，讲到大多数人和少数色觉障碍者对色彩感知的不同，指出一直以来公共场所的公告牌都是从大多数人色彩感觉出发制定的，给少数色觉障碍者带来不便。所以，本身也是色觉障碍者的伊藤教授带领团队创立了"色彩通用设计",制作既能适应色觉正常者也能适应色觉障碍者的公告牌,并推广使用。笔者认为这是科研向社会服务转化的绝佳案例,伊藤教授的研究为社会少数群体提供了便利,提高了社会的宜居度。第四篇是《佛教思想中的"色"》,演讲者是佛教研究者斋藤明教授,文中主要探讨佛教中是如何解释说明"色"的;第五篇是《天空的蓝色是其真正的颜色吗?》,演讲者是物理学家鸟井寿夫教授,他从人类对光的感知特点、光的构成等角度阐释人类眼里的天空为什么是蓝色的;第六篇是《颜色的欺骗与干扰——不可思议的昆虫拟态》,演讲者是生物化学家藤原晴彦教授。藤原教授指出,昆虫的拟态有自我保护型(为了不被吃掉)和攻击型(为了捕食),都是通过自身形状和颜色的变化来实现,而颜色的变化与基因表达相关。这篇文章是七篇中最长的,喜欢昆虫的读者会觉得非常有意思。每种生物都有自己的生存智慧,昆虫的世界也是一样。最后一篇是东京大学史料编撰所的村冈由加利教授的《着色材料与临摹技法》,文章从古画的修复和摹写的角度探讨日本传统绘画"大和绘"的着色材料及临摹技法。

以上七篇文章的作者分别来自美术史、文学、分子细胞、宗教、物理学、生物化学、哲学等不同领域,但他们所探讨的课题都与色彩有关。他们分别从各自的研究领域出发,从各自学科角度对色彩进行了探讨。全书通读下来,读者了解了人类感知色彩的机制、个体差异及社会生活中解决差异问题的方法;人类在美术和文学中对色彩的表现及意义;东方哲学中对色的理解;光本身的物理构造及与色彩的关系;人类以外的生物世界中对色彩的利用和模拟;古代绘画中色彩的表现及再现等知识,比较全面地了解了与色彩有关的问题。如果学习者因此对哪个领域的色彩现象产生兴趣,就可以自己做进一步调查。

这些内容是东京大学本科生通识教育课程的一部分,担任授课教师的教授同时也负责研究生教学,有些教授甚至是其专业领域的权威。他们知识面非常广博,讲解深入浅出,通俗易懂。非文科教授讲解时,内容还体现出与文科的联系，如物理学家鸟井寿夫教授在讲解天空的颜色时，以《庄子·逍遥游》中的一段话中"天之苍苍，其色正邪？"为导入，并提到日本诺贝尔物理奖获得者汤川秀树非常感佩这句话。鸟井教授接下来讲解的内容也可以说是在探讨庄子这句话的实质。

通识课与专业课不同，重在对学生进行广泛的基础知识和文化素质的培养，近年"新文科"建设中，我国很多大学也更加重视基础教育，意识到广泛的基础知识教育对创新人才培养的重要性。同时也提倡跨学科研究，像本书呈现的从文、理等不同学科对同一问题进行探讨，也是跨学科研究的一种方式。如果把色彩相关知识视为一个整体，并把它比喻为大象，那么通过本书的七篇文章，读者即便不能了解大象全貌，但至少知道了大象是由身体、耳朵、脚、象牙等各部分构成，而不会指着其中的一个部分，如脚，说这就是大象了。

知识本来就是浑然一体的，人们为了认识方便才把它划分为多个不同领域。随着学科和研究领域的细分，人们对知识的了解容易局限于某个领域甚至某个部分。在当今互联网信息爆炸而又碎片化的时代，如何全面获取超领域的知识，便是一个无法回避的问题。同时，在"新文科"建设中，如何在通识课教育中把科技革命与文科进行融合，又是一个不得不考虑的问题。而这两个问题都能从本书中得到了启示。

二、对"战略性学习能力"培养的启示

2017 年，英国牛津大学的迈克尔·奥斯本（Michael Aosborne）教授发表《未来的技能》（*The Future Skills*）一文，对 2030 年人才所需技能进行了调查并按照与雇佣的相关度进行了排行。他把现代社会称为 VUCA 时代，即 Volatility（变动性）、Uncertainty（不确定性）、Complexity（复杂性）、Ambiguity（暧昧性），在这个时代，随着 AI 的发展，社会所需职业将发生改变，所需技能相应地也会

发生变化。未来技能排列第一的是"战略性学习能力"（Learning Strategies），这个能力最重要，排在心理学、指导能力、社会洞察力等能力之前。所谓战略性学习能力指的是"在学习或教授新的知识的时候，按照不同情况选择最佳的学习方法和程序"的能力，也就是学习新知识的能力。比如，学习英语，首先要明确学习目的和目标；不是被动地学习，而是主动向老师提问；要做一些比自己实际水平高、难度大的课题；要使学习行为习惯化等等，总之，就是尽可能高效率地掌握知识的能力。现代社会知识极大丰富，知识壁垒已经打破，只要他愿意，每个人都可以轻松获取知识。而这其中，只有敏锐捕捉社会发展方向，选择社会需求最旺盛的知识，并在最短时间内进行掌握的人，才能脱颖而出，在激烈竞争中立于不败之地。

现在的很多学生很少阅读纸质书籍，知识来源几乎完全依赖互联网，每天刷帖或短视频。他们觉得这就是学习。但与他们交谈就会发现，即便是他的专业，他能输出的知识也很难超过互联网的观点。不能否认，互联网帖子或视频中也有相当多质量高的知识普及型东西存在，但是，如果只是跟随互联网被动浏览，所获取的知识信息很容易流于简单化、碎片化，很难形成有内在逻辑的系统性存在，那就很难相对全面地、全局性地掌握知识，也就很难输出使用。因而，这种学习方法谈不上高效率，更不具备战略性。

通识教育主要是扩大知识面，重视的是广度。知识面越广眼界越开阔，思维越敏捷，解决问题的能力一般也会越高。如何在短时间内获得所需知识的广度，就是一个必须思考的问题。有意识地围绕某一问题进行多角度多层次的探索是比较高效的获取知识的方法之一。就如本书的"色彩"一样，首先是光学问题，其次必须通过眼睛感知，不同人的眼睛、不同物种的眼睛对色彩的感知又不一样；色彩问题是伴随着人类文化发展的，不同文化有不同的色彩观念等。这些知识都集中在一本书中，对于要了解色彩相关问题的学习者来说，阅读本书是非常高效的学习方法。所以，如果编者或出版社等能多从这个角度编辑出版书籍，为学习者提供知识，那会大大节省学习者搜索知识的时间。另一方面，学习者也可以借鉴本书的方法，把课题或问题分解成几个不同的侧面，然后寻找各个方面的知识介绍或论文，也能节省相当多的时间，从而达到高效学习的目的。所以，从这个层面来看，《表象文化：色彩》还为学习者提供了一个高效学习知识的方法，为学习者提高战略性学习能力提供了一个参考。

三、对"新文科"通识教育的启示

"新文科"建设，其中一个维度就是交叉融合，不仅是文、史、哲内部、人文与社会科学等的融合，还是与工、农、理等学科的融合。新的科技革命与文科的融合，显得尤为重要。新科技革命对文科的人才培养提出了新要求，文科通识课教育必须顺应时代的发展，培养符合时代发展的新型人才。关键问题是如何将科技革命与文科融合，如何在通识教育里体现跨学科和超领域，并取得应有的教学效果。

目前很多学校通识课都开设文科数学和文科物理，但教学现场学生的反应并不一定理想。往往是老师讲得津津有味，学生听得一头雾水，有的学生甚至不理解、不知道开这个课的意义何在。各专业一到修订培养方案时，文科数学、文科物理也经常成为话题。

当然，这两门课的教学目前还收获不了应有效果的原因有很多，包括长期以来形成的文理分断的根深蒂固的思维方式等等，教学方式也是其中一个很重要的原因。一般开课是一个学期，从头到尾都是老师在讲解各种概念和公式，没有基础、或本身对物理数学不感兴趣的文科生很难进入状态。况且，在实际教学中，文科数学、文科物理也仍然是数学和物理，只是内容相对简单一些，至于与"文科"的关系，似乎仍然不甚明了。所以，要想取得理想的教学效果，首先要打破固有的文科与其他学科无关的思维。文科与其他学科虽然关注的问题和使用的工具、研究方法有很大的不同,但他们根本上是相通的,就如色彩既是人类的感知问题,同时也是大自然的物理现象,他们本来就是一个整体,是一个问题的不同侧面。只是文理因为分科太久,给人造成互不相关的印象。其次,在教学方法上进行一些改进。像本书一样设定一个课题"色彩",请不同领域的研究者分别从文学、艺术、哲学、物理、数学等不同角度对色彩进行考察和讲解,也是一个不错的选择。同一个课题,不同学科关注不同侧面,用不同的研究方法得出各自的结论,最后综合到一起,问题的整体性、综合性就自然而然体现出来,读者就能得到关于"色彩"问题的比较全面的综合的认识。这样的课程不仅趣味横生,能抓住学生的求知欲,同时也让学生在了解问题的过程中,认识到学科本来就是一体,领悟到文科学习数学、物理的趣味性和重要性。在这个过程中,原本对其他学科不感兴趣的文科生也会有萌生对数学和物理产生兴趣的可能性。

总之,《表象文化:色彩》一书不仅给读者呈现了关于色彩的知识,还展示了一个高效获取广泛基础知识的方式,同时对"新文科"建设中通识课的教学也提供了一个范本。期待南京大学-东京大学"表象文化"课程其他系列讲义文集的出版。

作者简介:梅定娥,博士,南京邮电大学外国语学院副教授,南京大学 MTI 专业硕士校外导师。